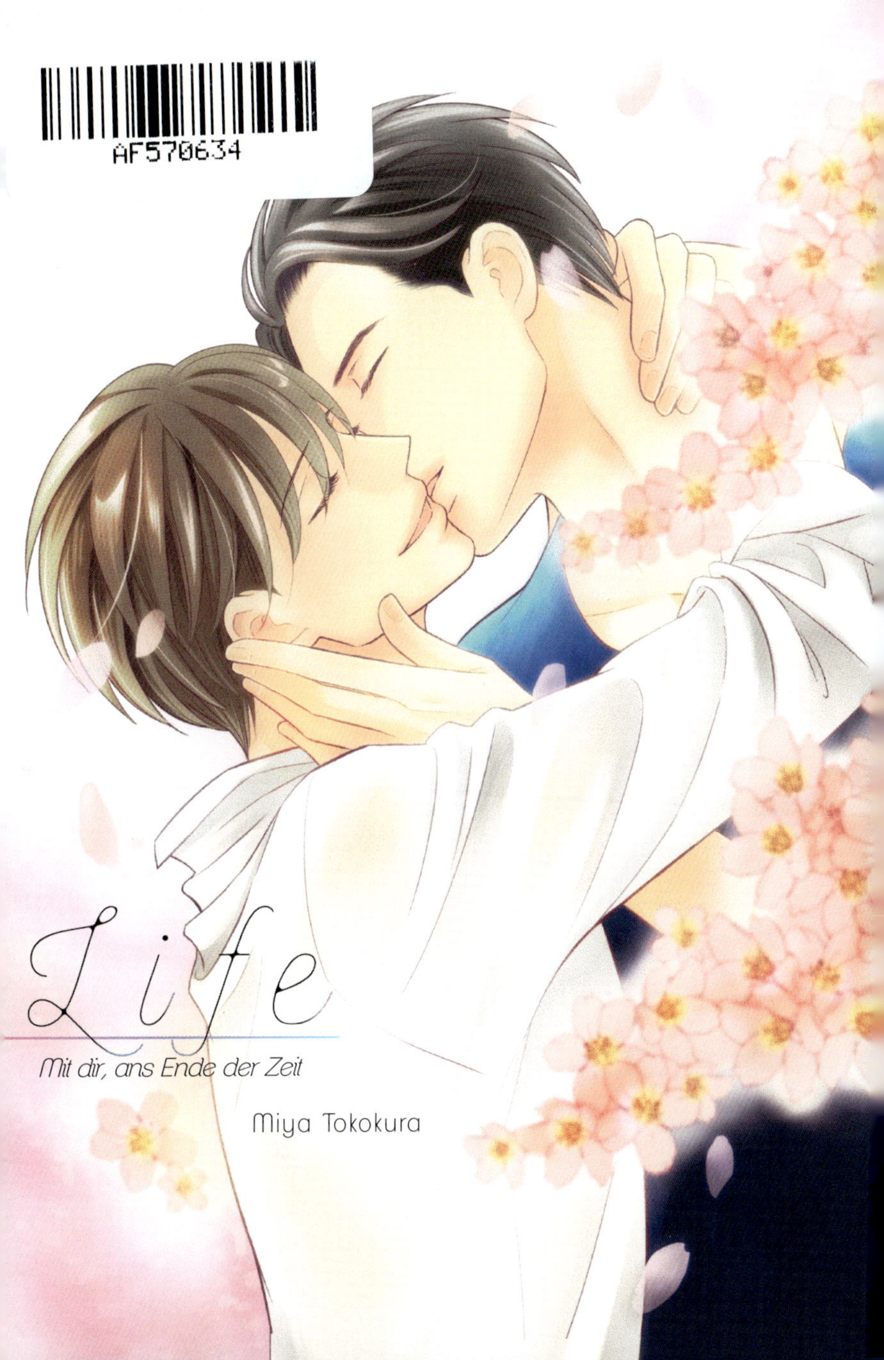

AF570634
Life
Mit dir, ans Ende der Zeit
Miya Tokokura

Inhalt

Life - Mit dir, ans Ende der Zeit

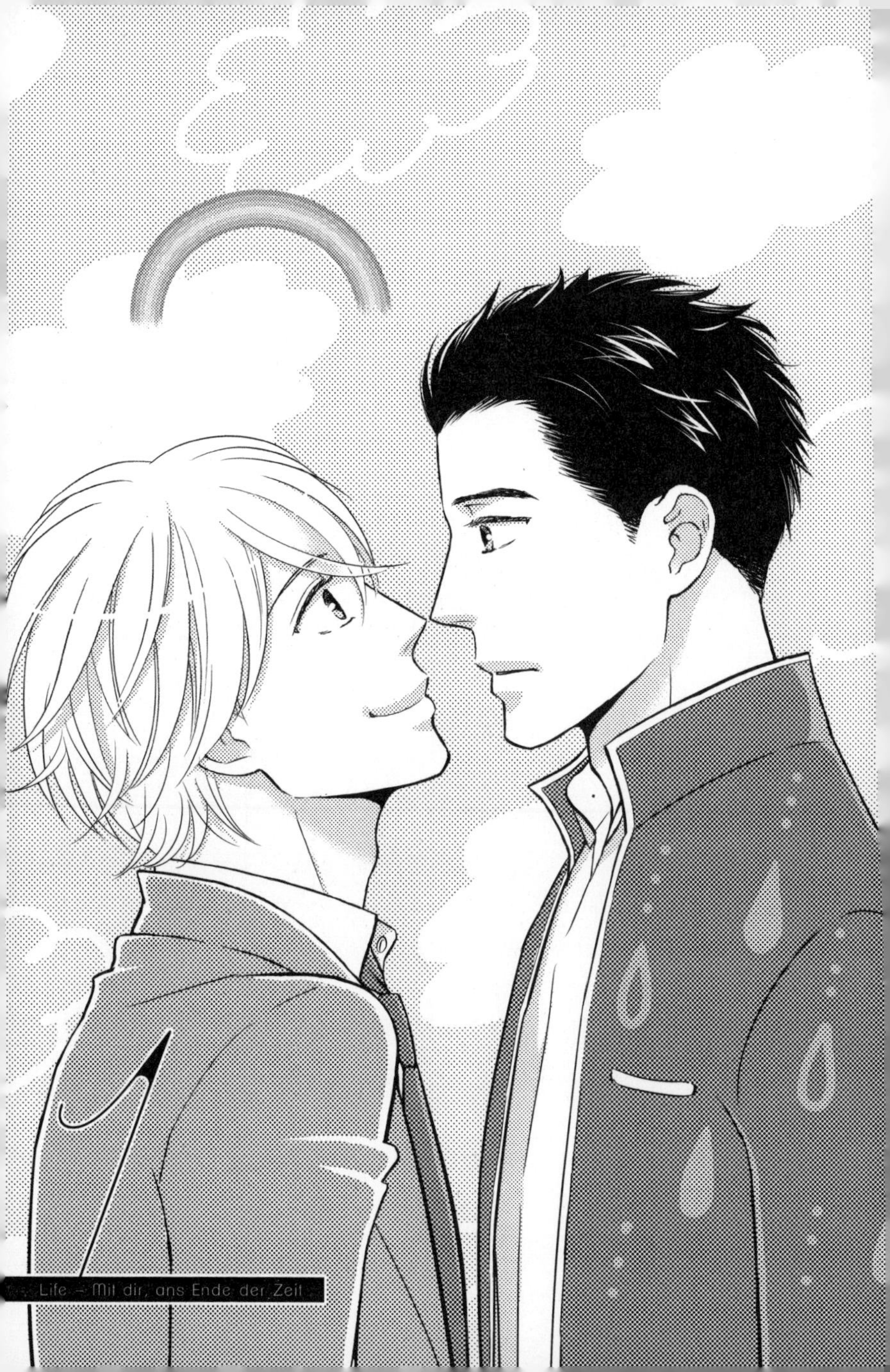
Life – Mit dir, ans Ende der Zeit

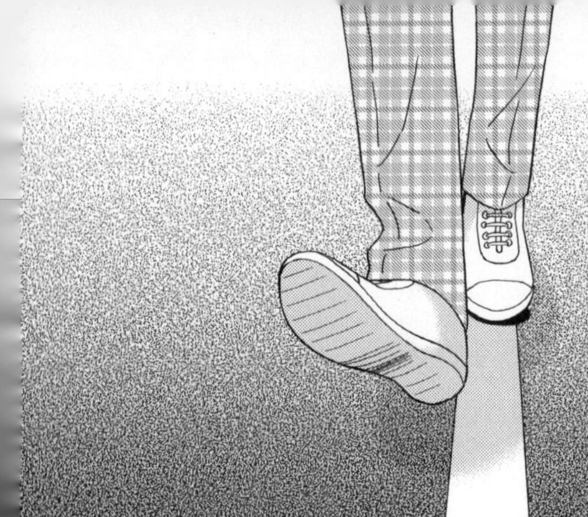

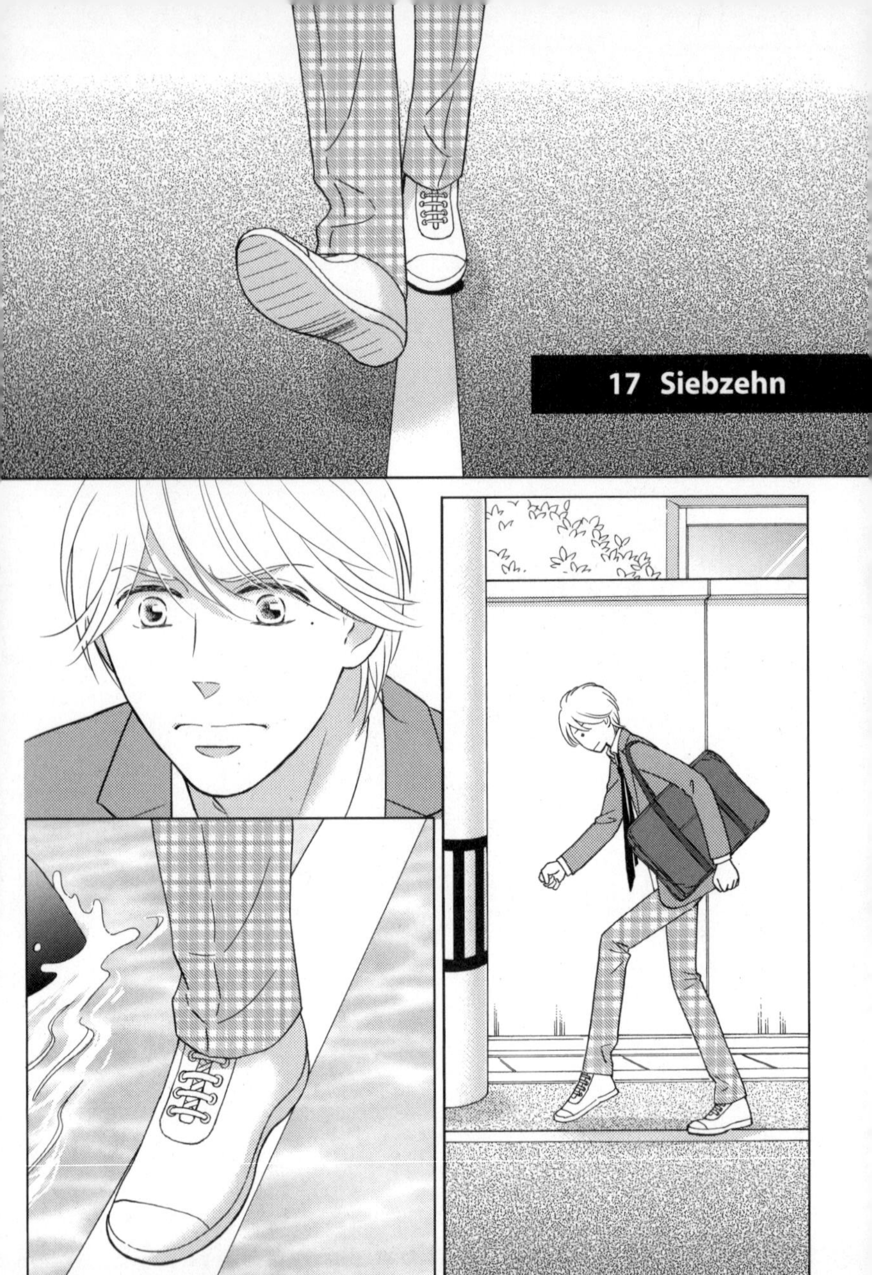

17 Siebzehn

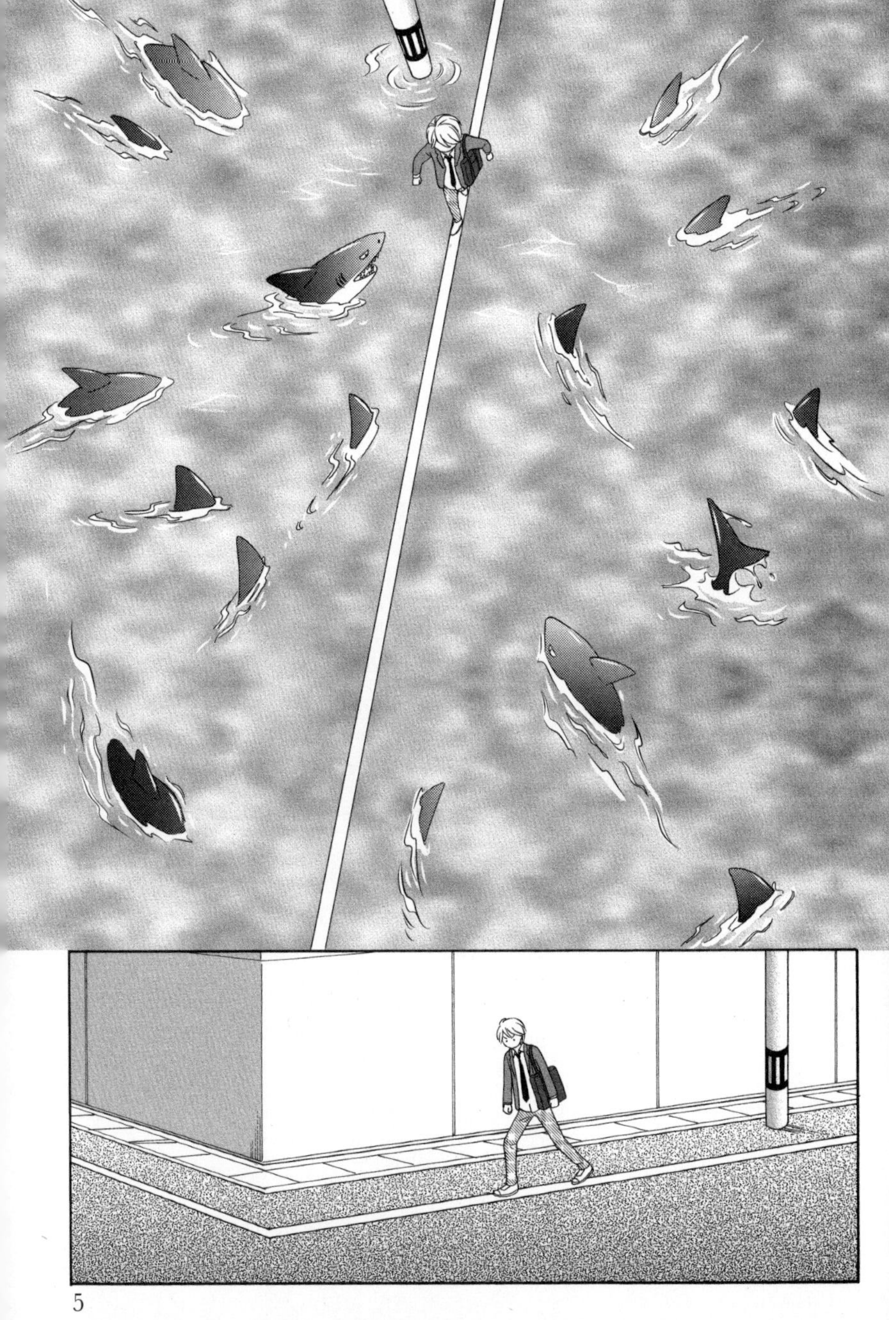

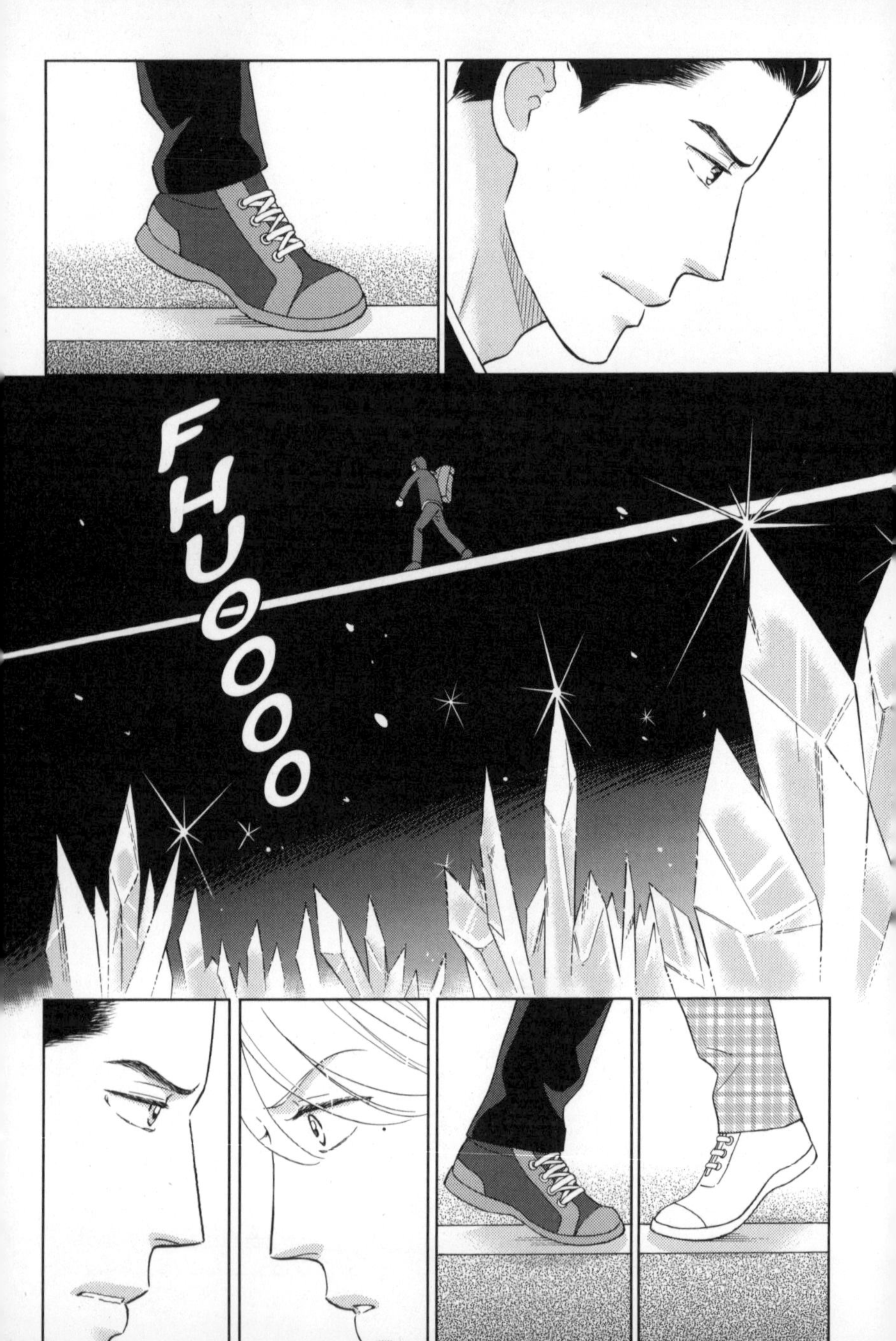
FHUOOOOO

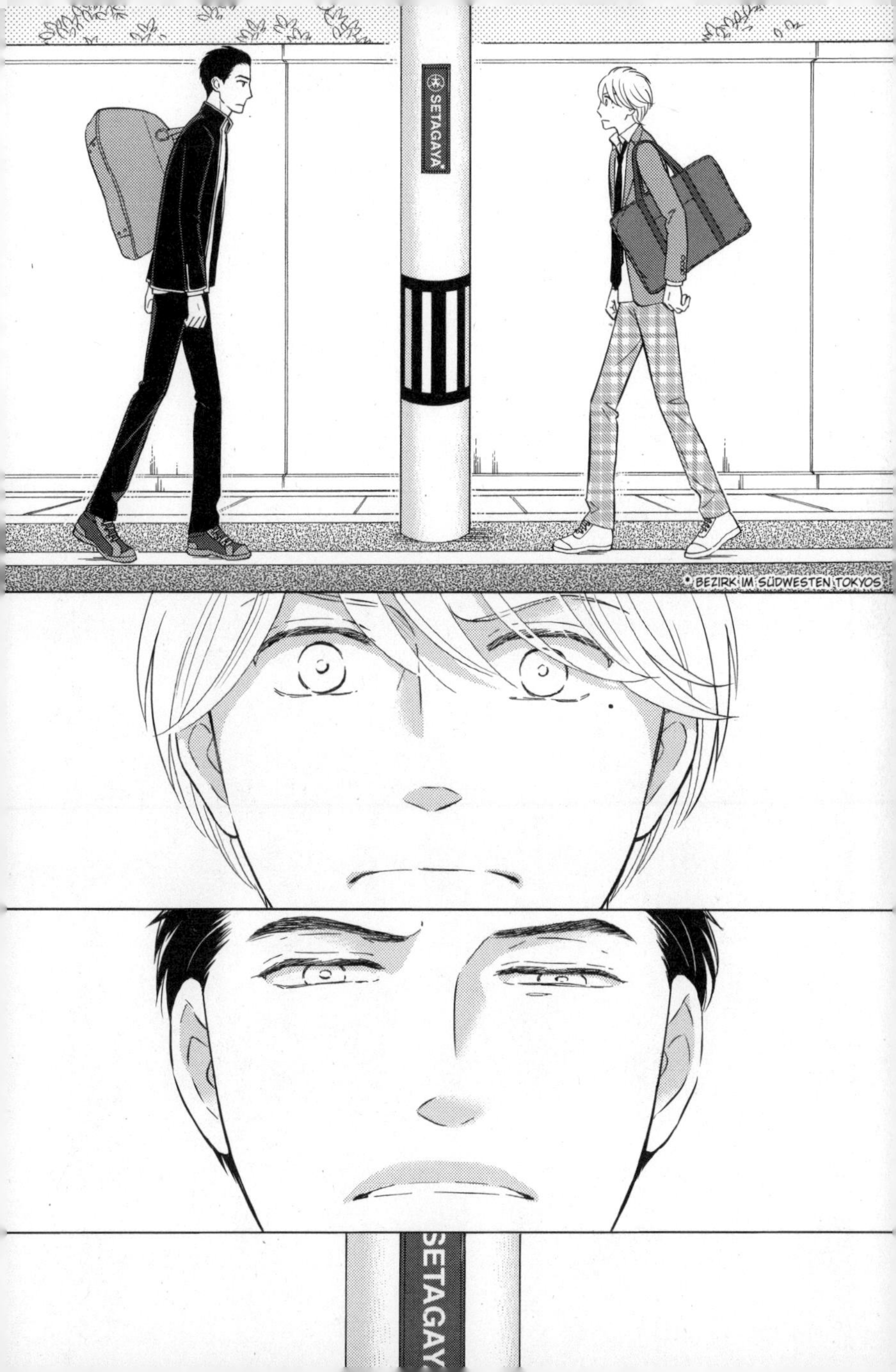
SETAGAYA*
* BEZIRK IM SÜDWESTEN TOKYOS
SETAGAY

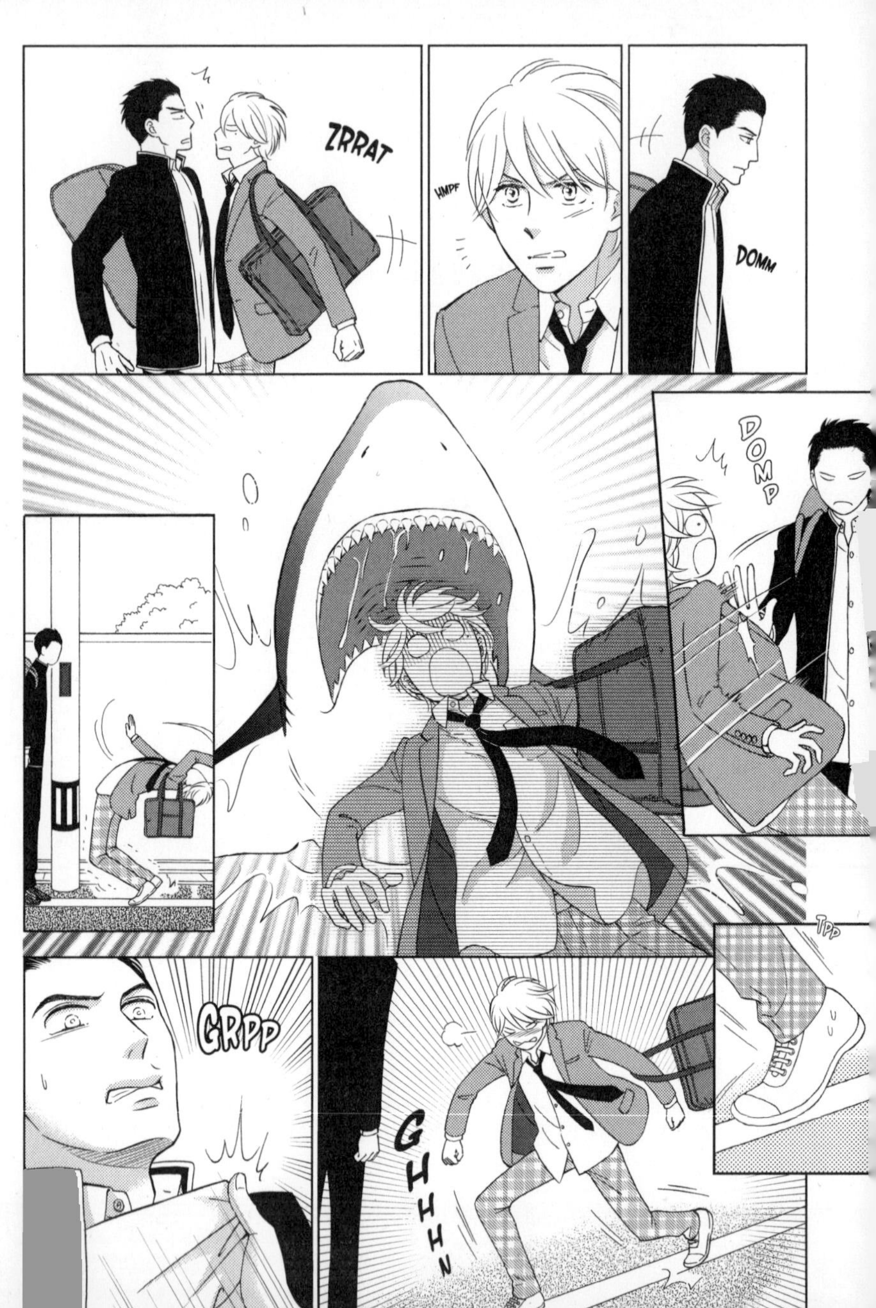

DOMM
HMPF
ZRRAT
DOMP
TPP
GHHHN
GRPP

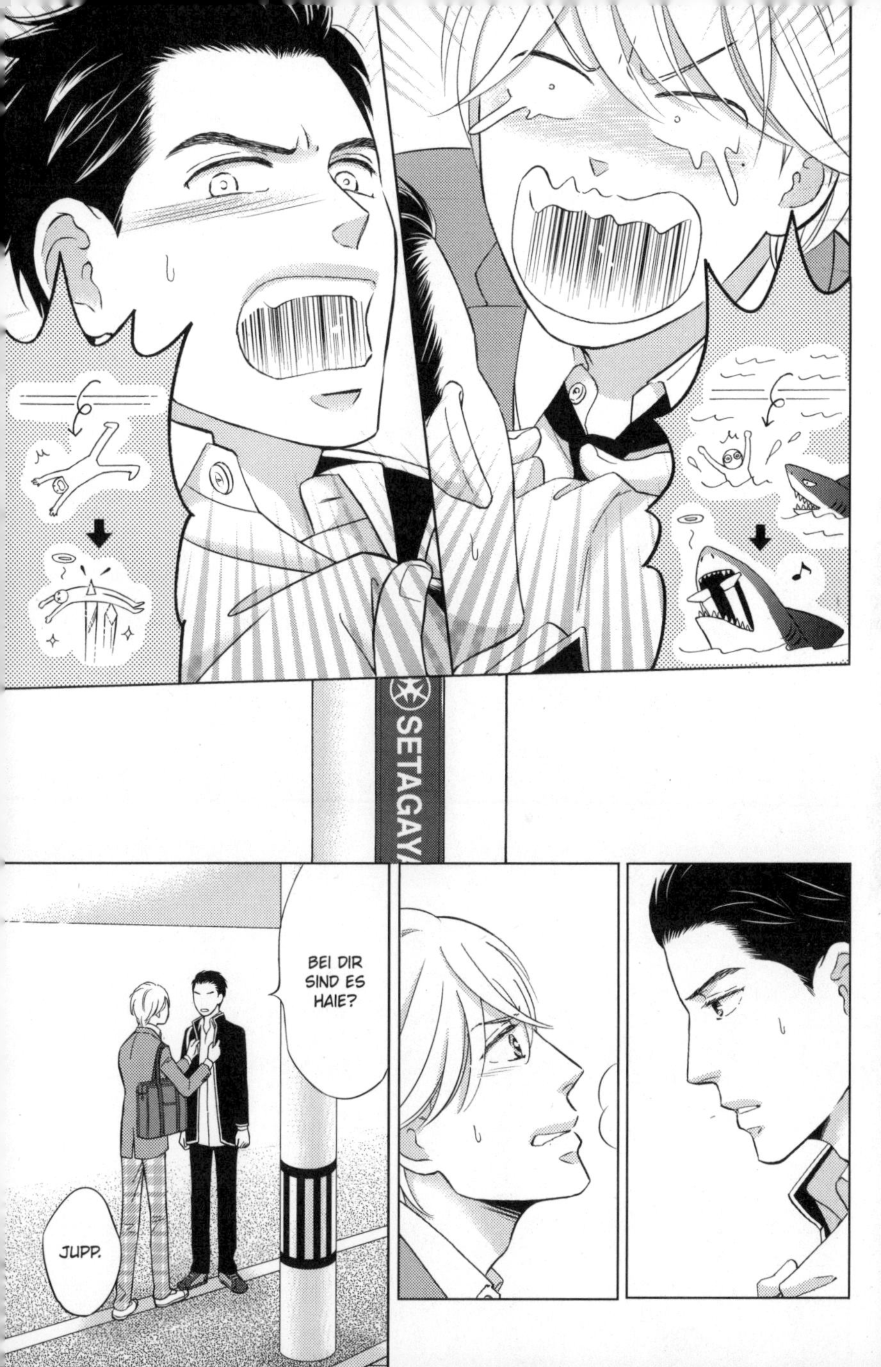
SETAGAYA
BEI DIR SIND ES HAIE?
JUPP.

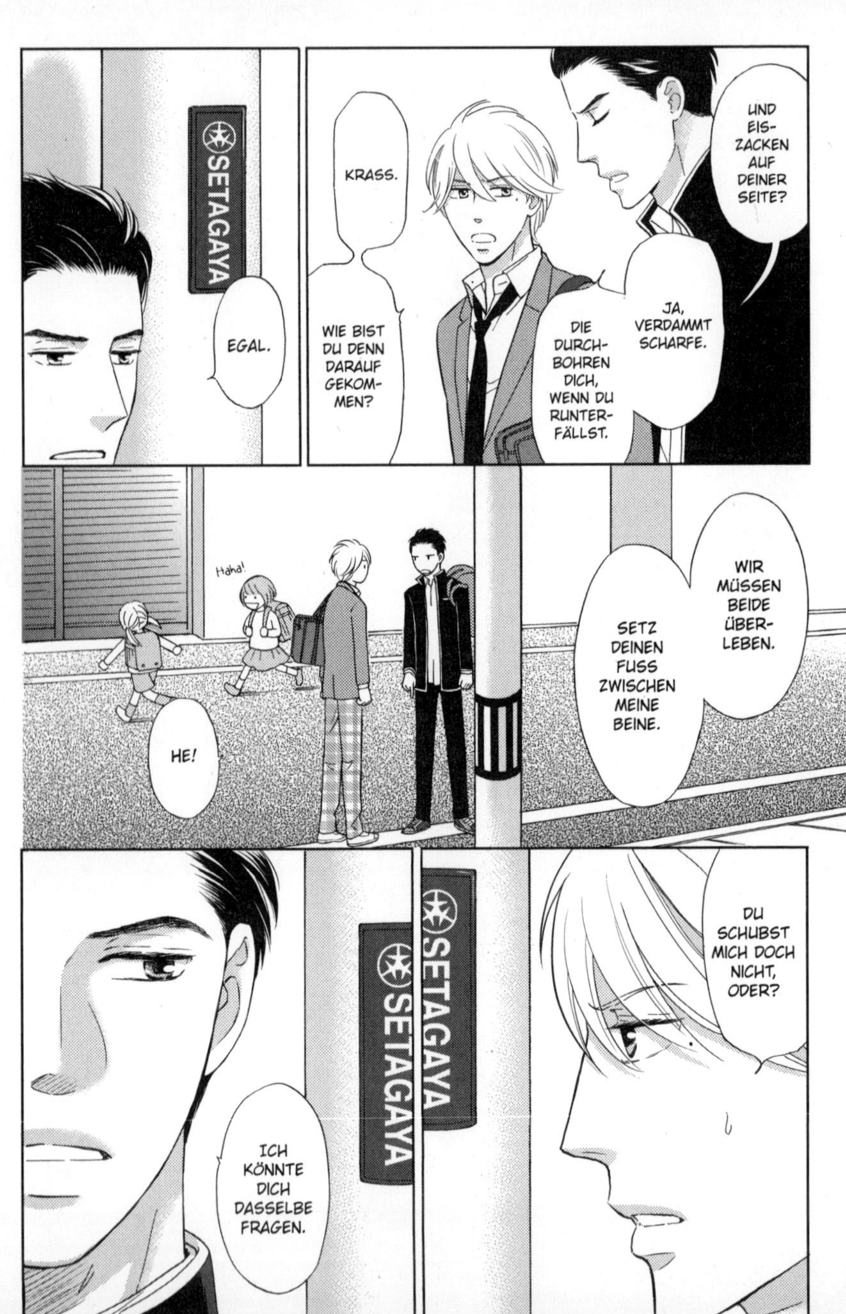
UND EIS-ZACKEN AUF DEINER SEITE?
JA, VERDAMMT SCHARFE.
DIE DURCHBOHREN DICH, WENN DU RUNTERFÄLLST.
KRASS.
WIE BIST DU DENN DARAUF GEKOMMEN?
SETAGAYA
EGAL.
WIR MÜSSEN BEIDE ÜBERLEBEN.
SETZ DEINEN FUSS ZWISCHEN MEINE BEINE.
Haha!
HE!
DU SCHUBST MICH DOCH NICHT, ODER?
SETAGAYA
SETAGAYA
ICH KÖNNTE DICH DASSELBE FRAGEN.

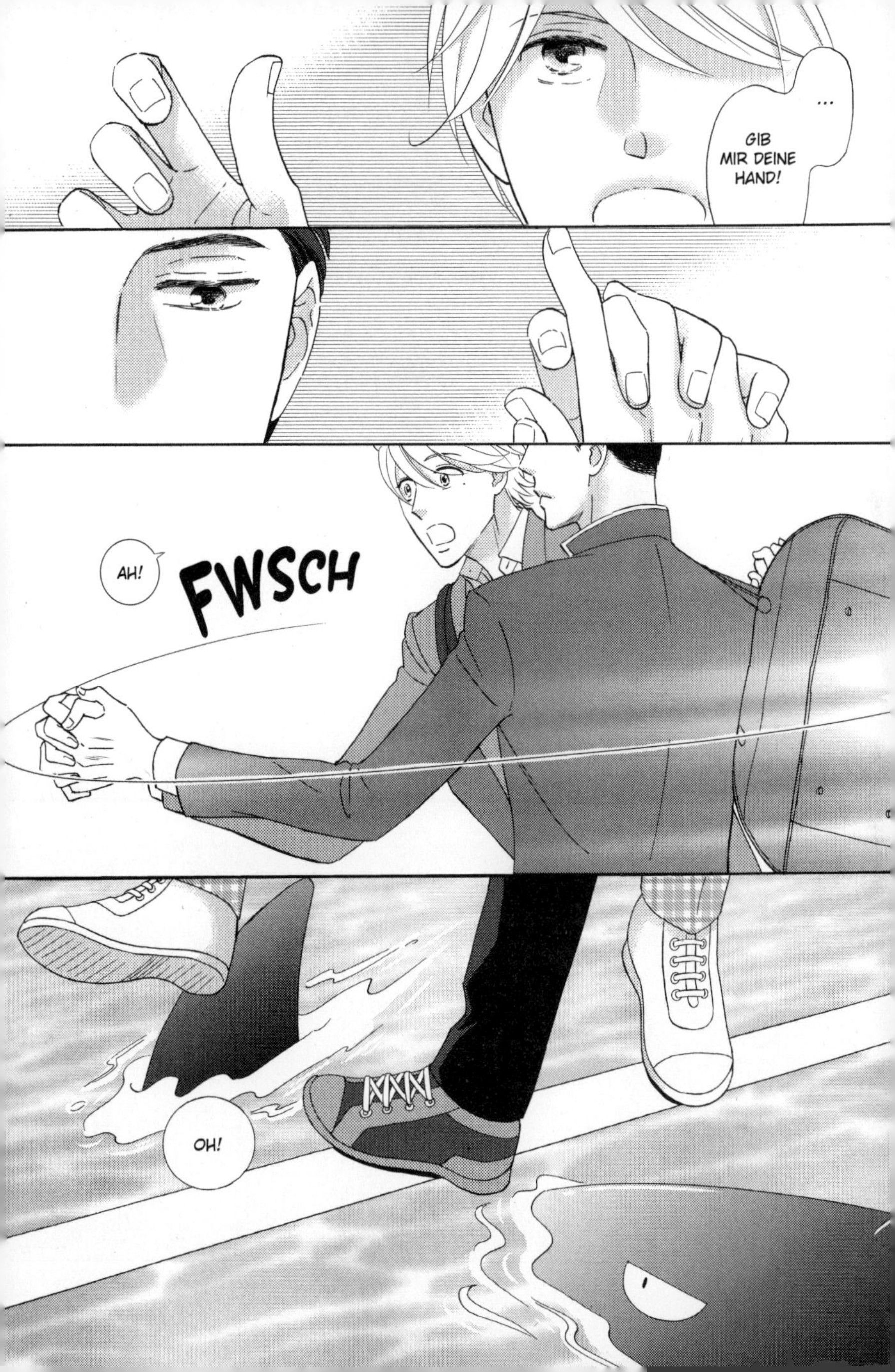
...
GIB MIR DEINE HAND!
FWSCH
AH!
OH!

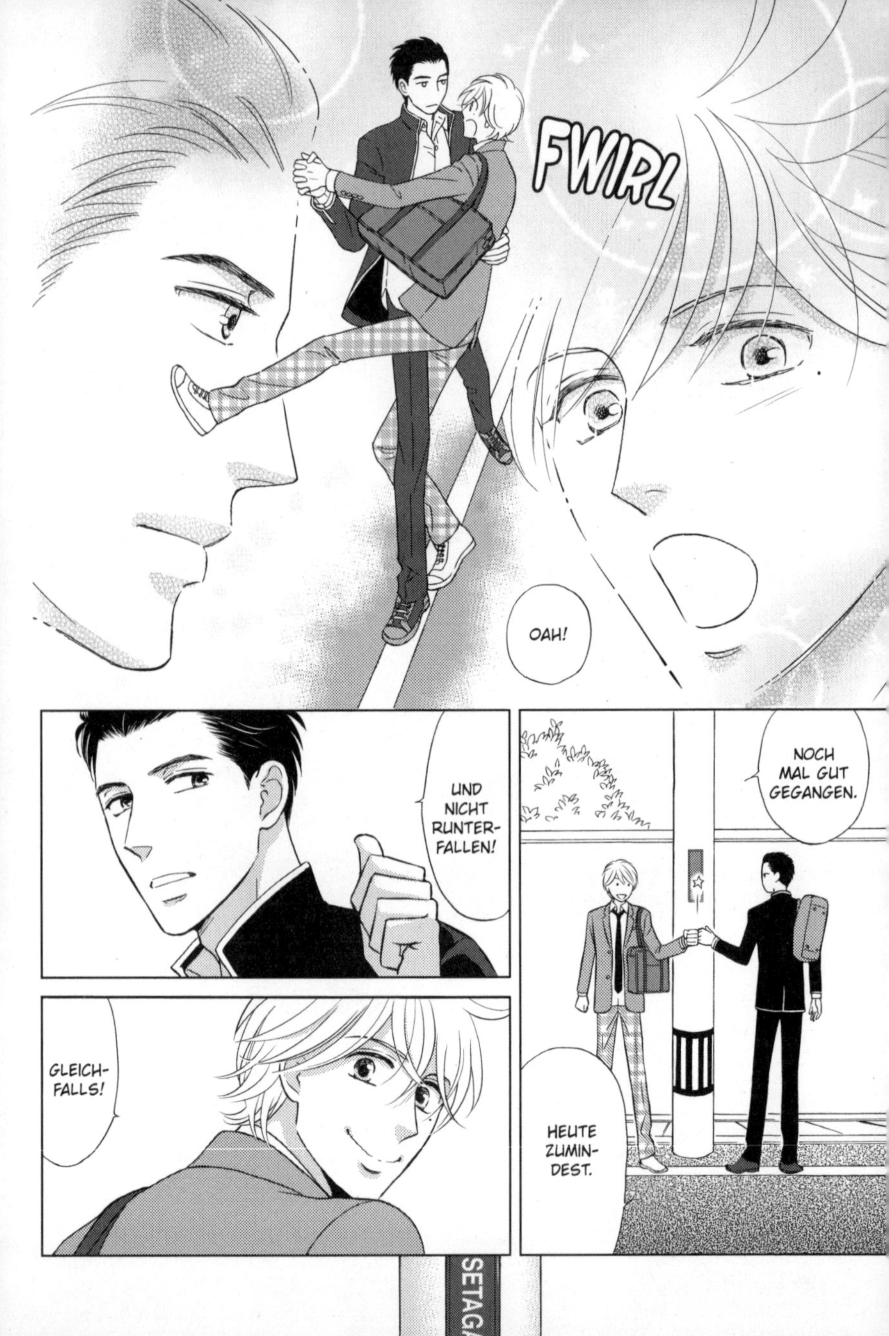
FWIRL
OAH!
NOCH MAL GUT GEGANGEN.
HEUTE ZUMINDEST.
UND NICHT RUNTERFALLEN!
GLEICHFALLS!

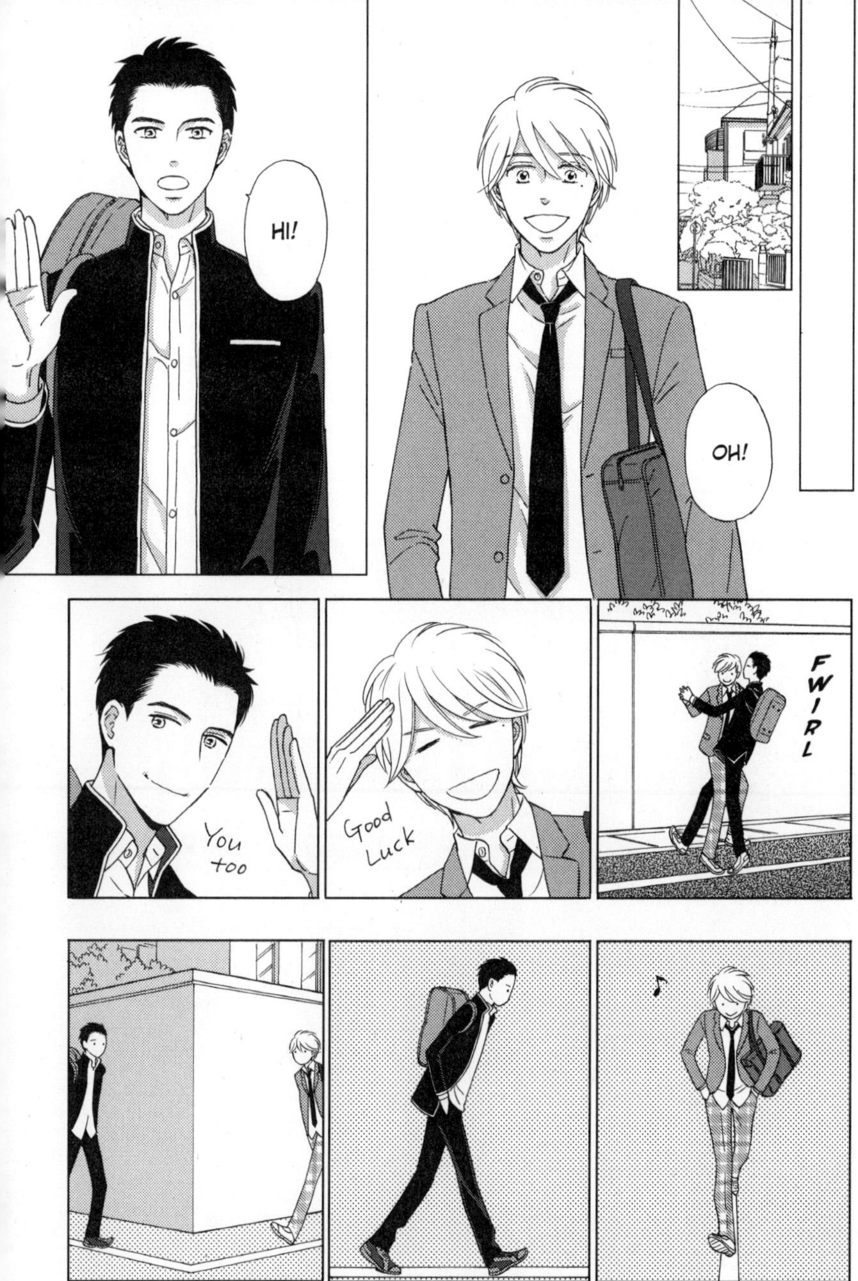
OH!
HI!
FWIRL
Good Luck
You too

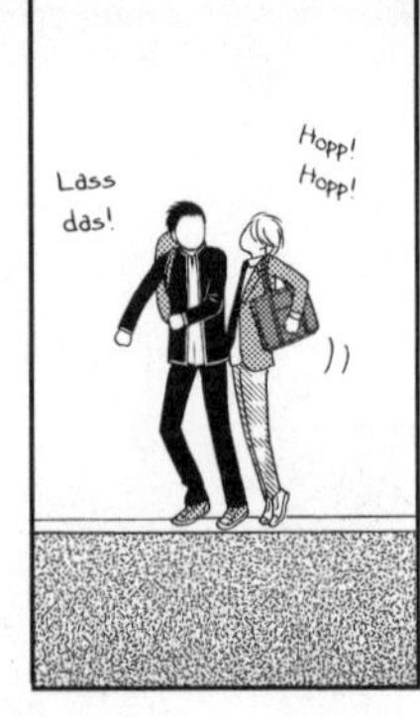
Hopp! Hopp!
Lass das!

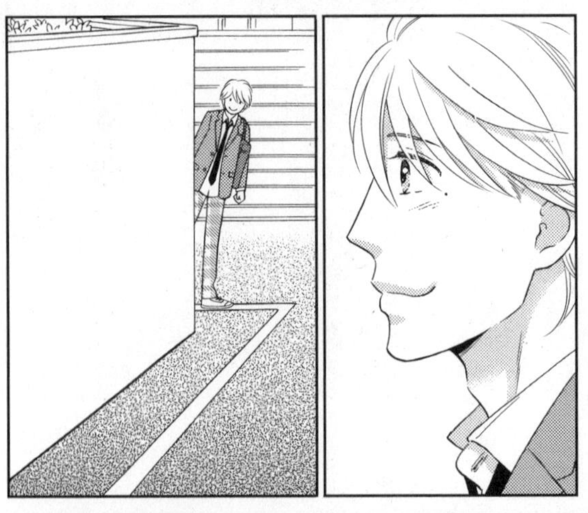

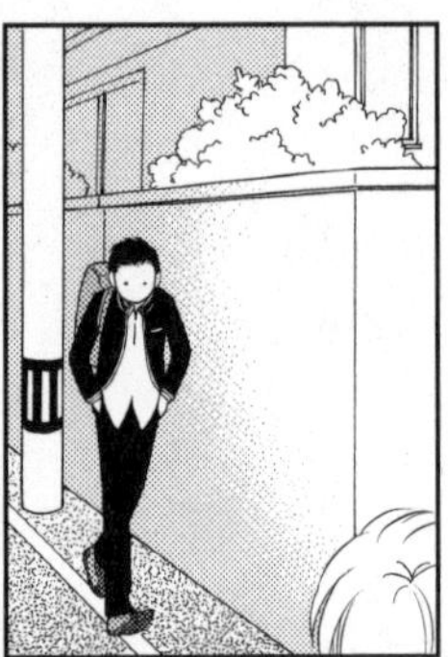

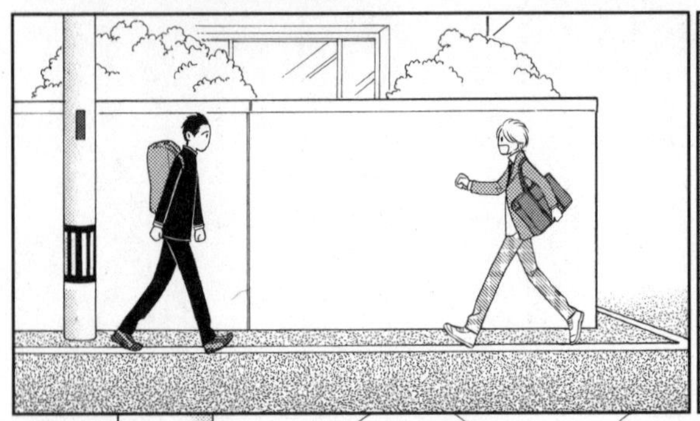

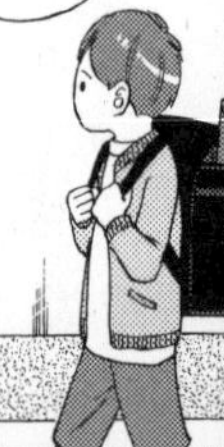
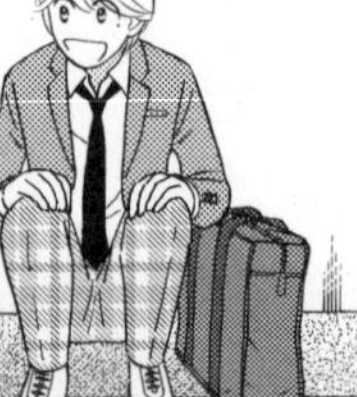
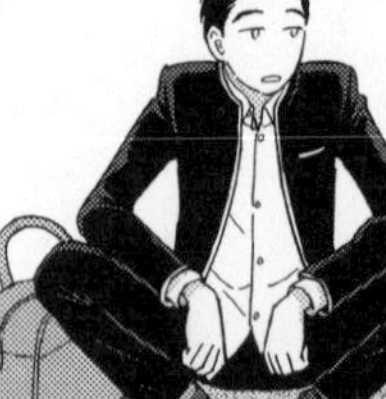
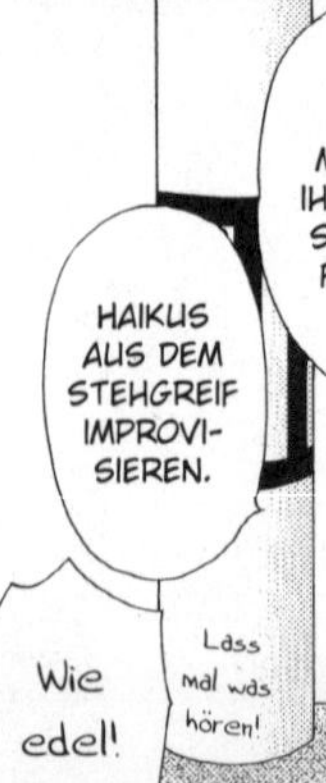
BIST DU AUCH IM KLUB DER KLUBLOSEN, AKIRA?
NEE, BEI UNS SIND DIE VERPFLICHTEND. BIN IM LITERATURKLUB.
SO SIEHST DU GAR NICHT AUS!
NUR, WEIL MAN UNGESTRAFT SCHWÄNZEN KANN.
WAS MACHT IHR BEIM SCHULFEST?
HAIKUS AUS DEM STEHGREIF IMPROVISIEREN.
Lass mal was hören!
Wie edel!

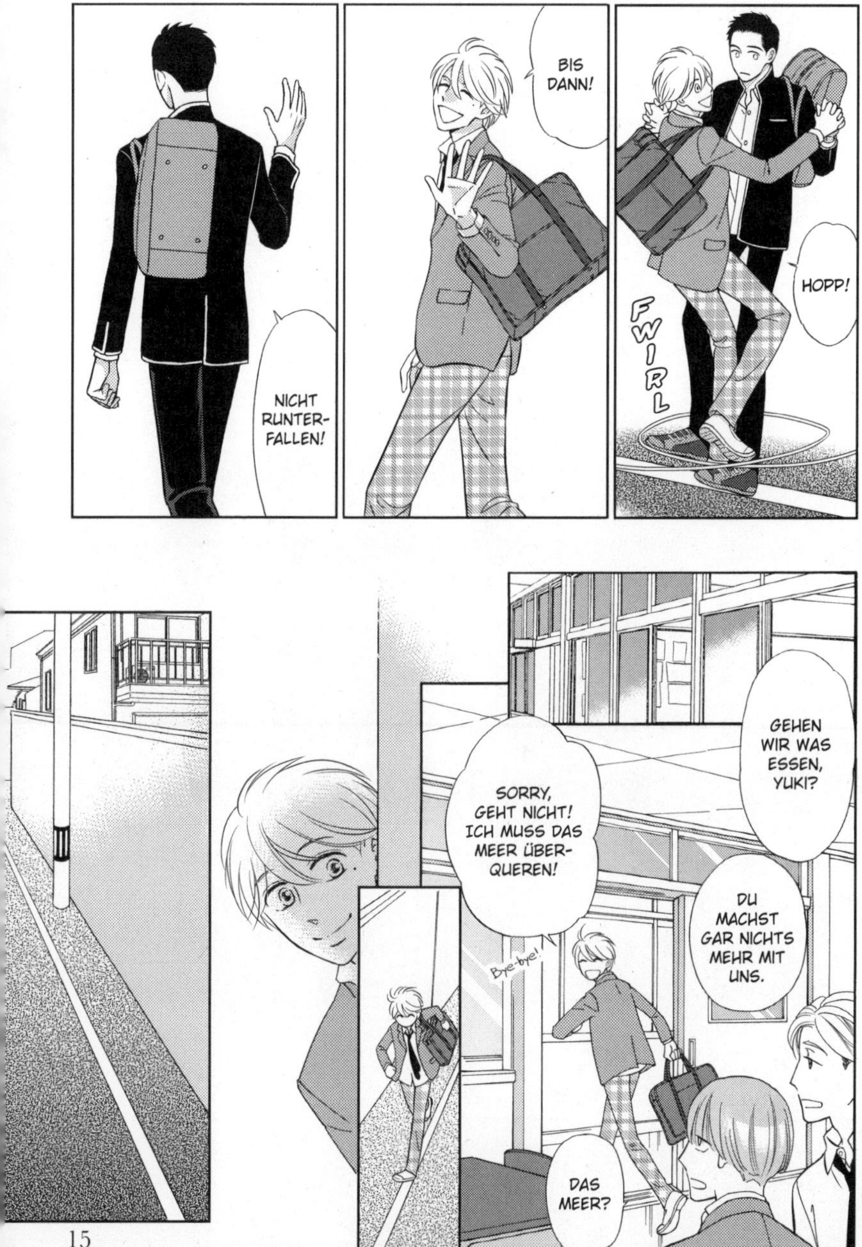

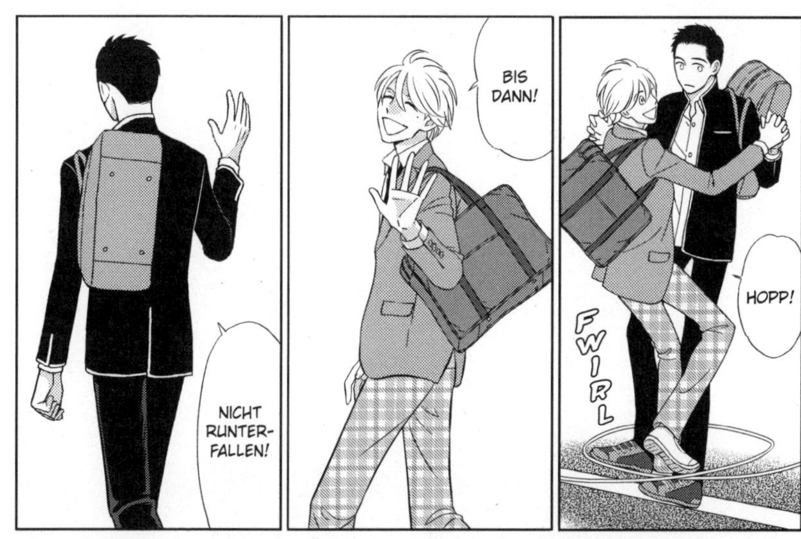

GEHEN WIR WAS ESSEN, YUKI?

SORRY, GEHT NICHT! ICH MUSS DAS MEER ÜBERQUEREN!

Bye-bye!

DU MACHST GAR NICHTS MEHR MIT UNS.

DAS MEER?

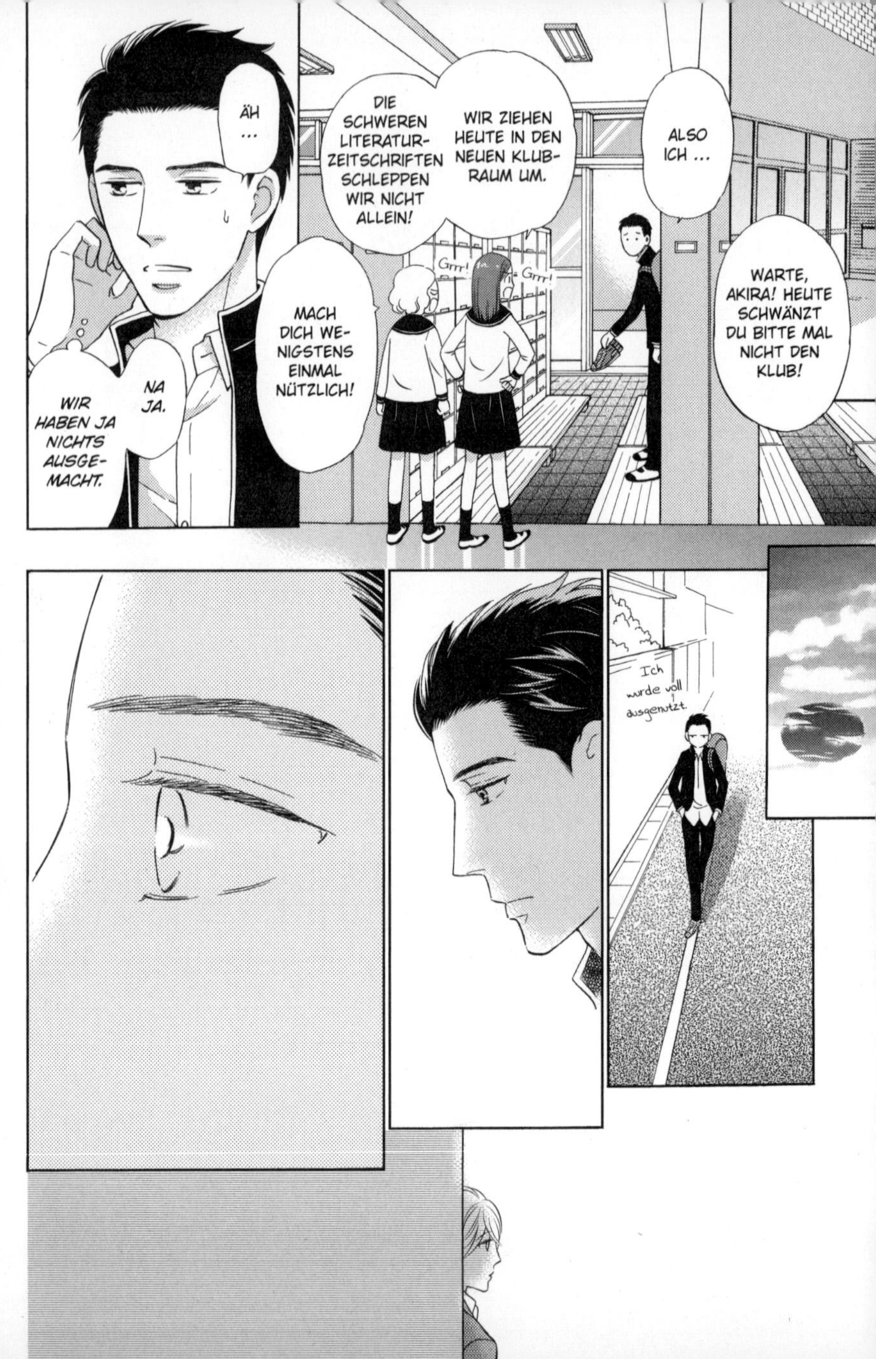
WARTE, AKIRA! HEUTE SCHWÄNZT DU BITTE MAL NICHT DEN KLUB!
ALSO ICH …
WIR ZIEHEN HEUTE IN DEN NEUEN KLUBRAUM UM.
Grrr!
Grrr!
DIE SCHWEREN LITERATURZEITSCHRIFTEN SCHLEPPEN WIR NICHT ALLEIN!
MACH DICH WENIGSTENS EINMAL NÜTZLICH!
ÄH …
NA JA.
WIR HABEN JA NICHTS AUSGEMACHT.
Ich wurde voll ausgenutzt.

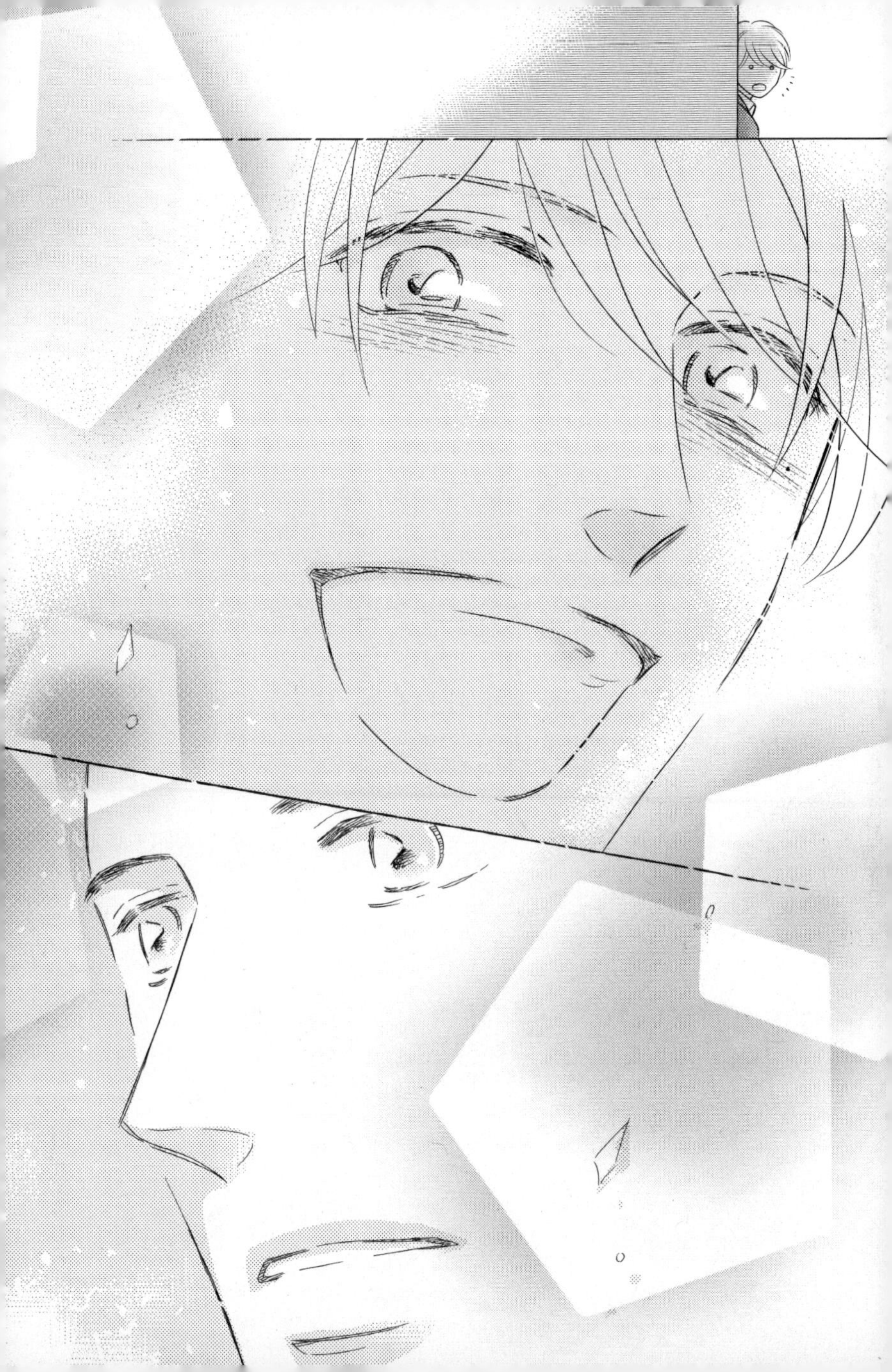

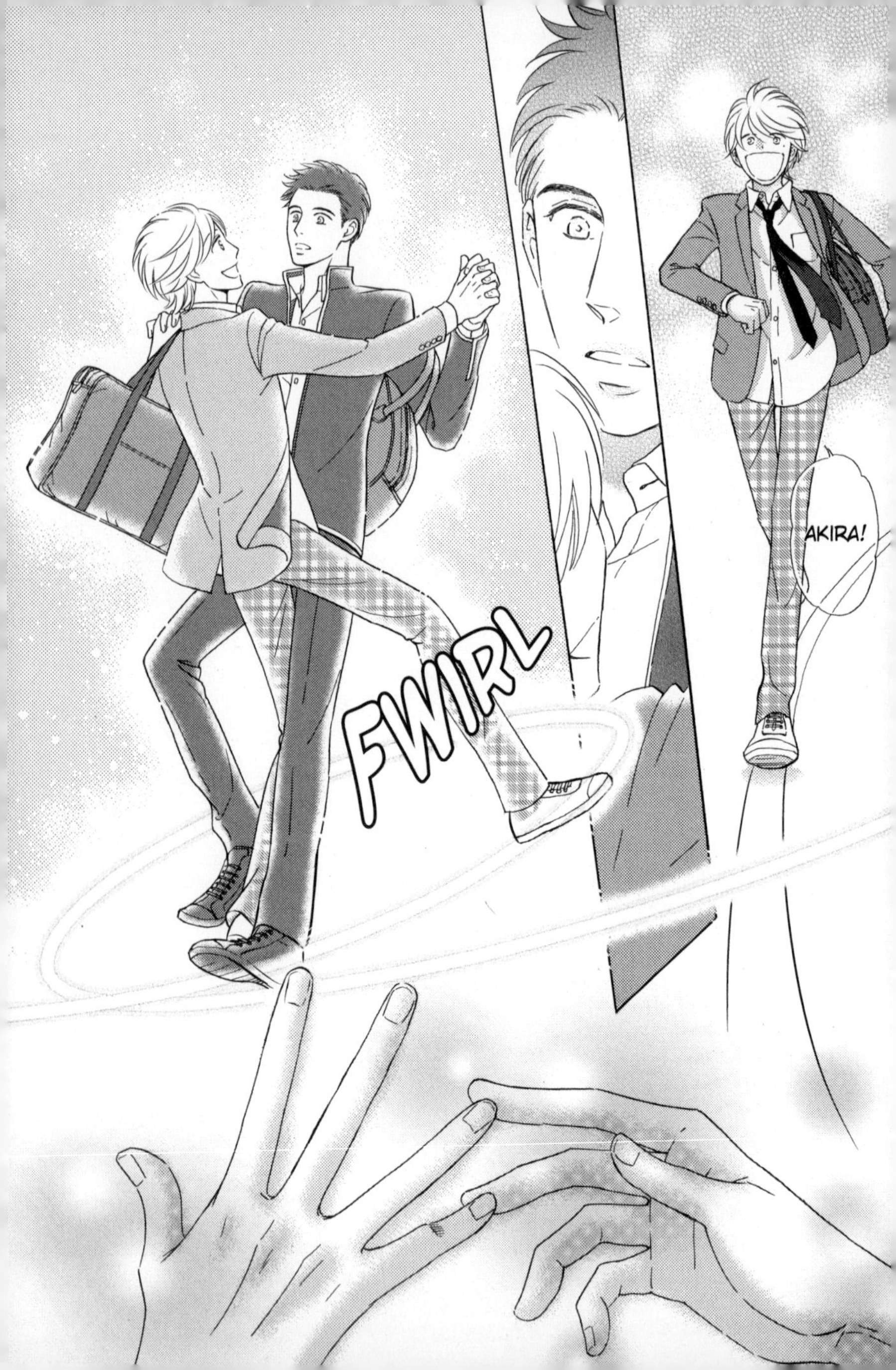
AKIRA!
FWIRL

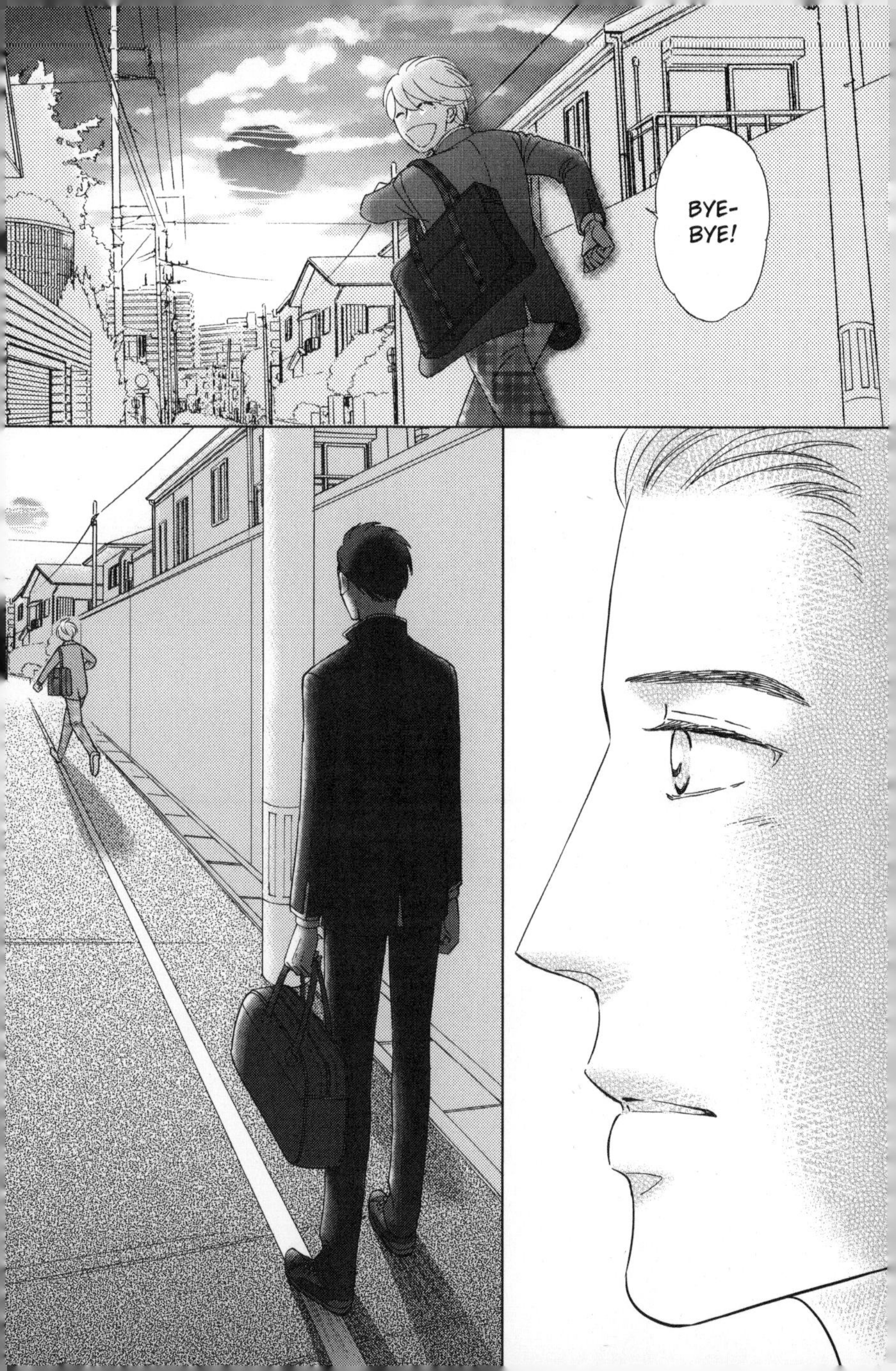
BYE-
BYE!

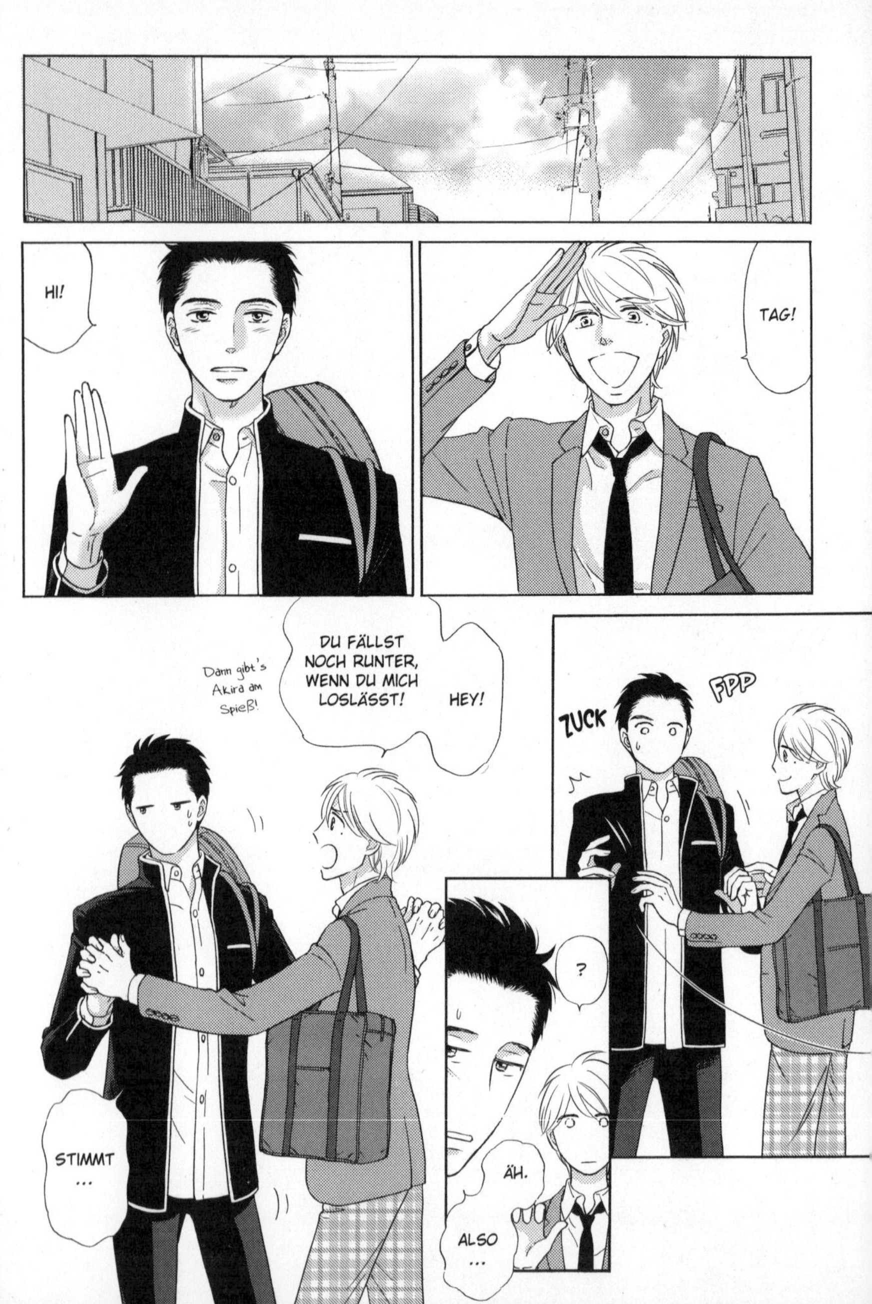
TAG!
HI!
ZUCK
FPP
?
ÄH.
ALSO ...
HEY!
DU FÄLLST NOCH RUNTER, WENN DU MICH LOSLÄSST!
Dann gibt's Akira am Spieß!
STIMMT ...

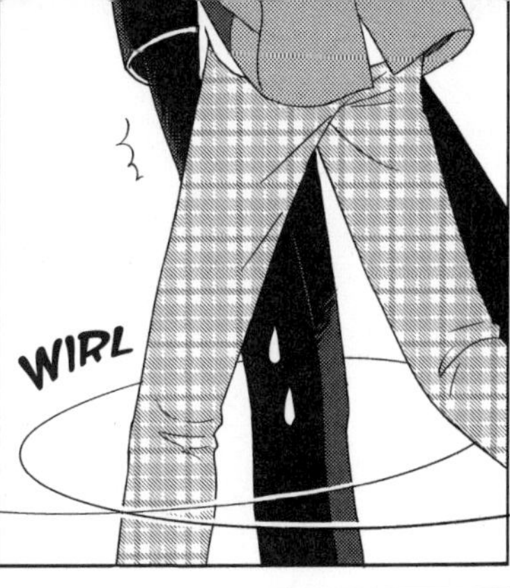
WIRL

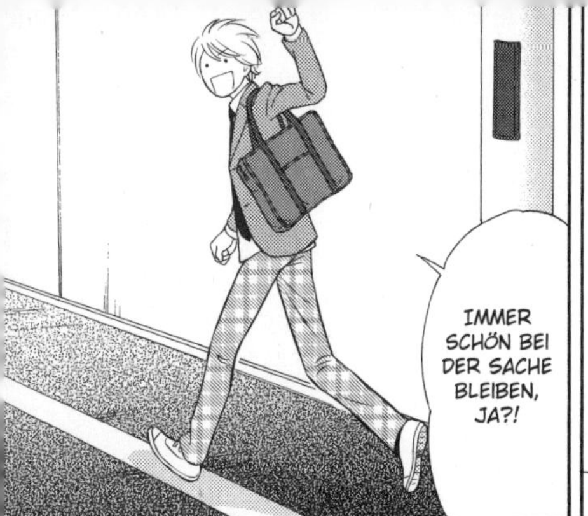
IMMER SCHÖN BEI DER SACHE BLEIBEN, JA?!

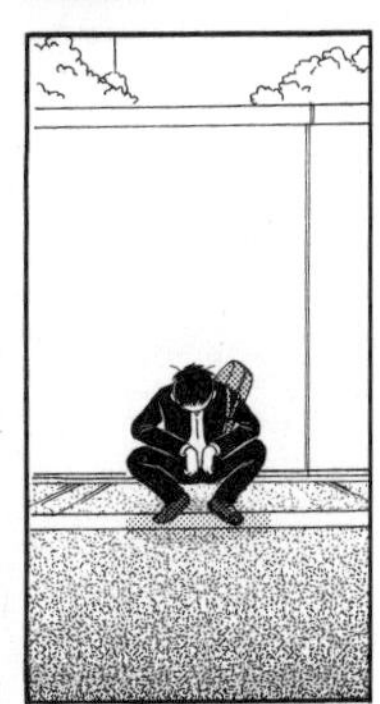

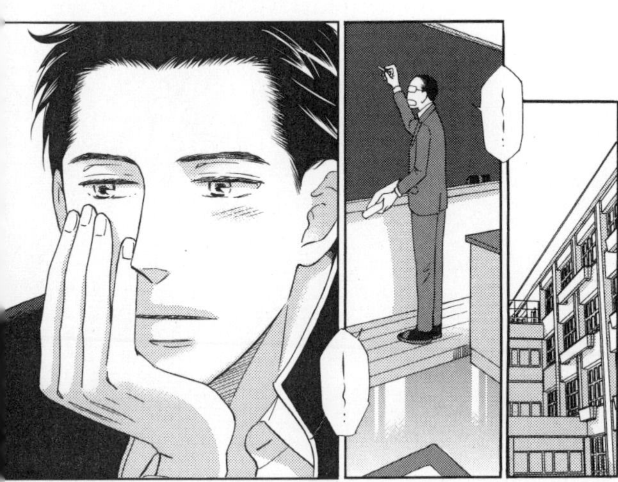
…
…

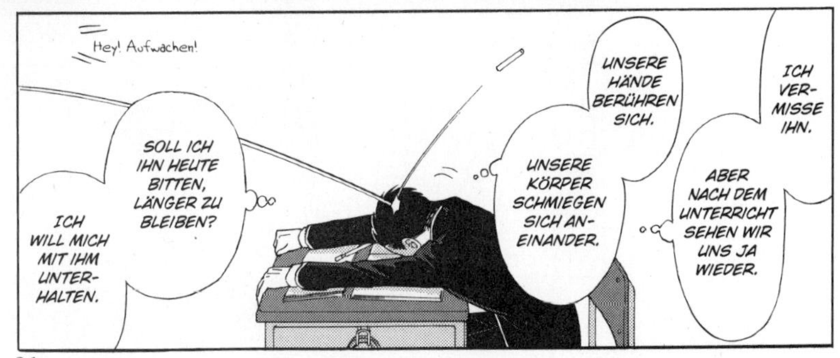
ICH VERMISSE IHN.
UNSERE HÄNDE BERÜHREN SICH.
ABER NACH DEM UNTERRICHT SEHEN WIR UNS JA WIEDER.
UNSERE KÖRPER SCHMIEGEN SICH ANEINANDER.
SOLL ICH IHN HEUTE BITTEN, LÄNGER ZU BLEIBEN?
ICH WILL MICH MIT IHM UNTERHALTEN.
Hey! Aufwachen!

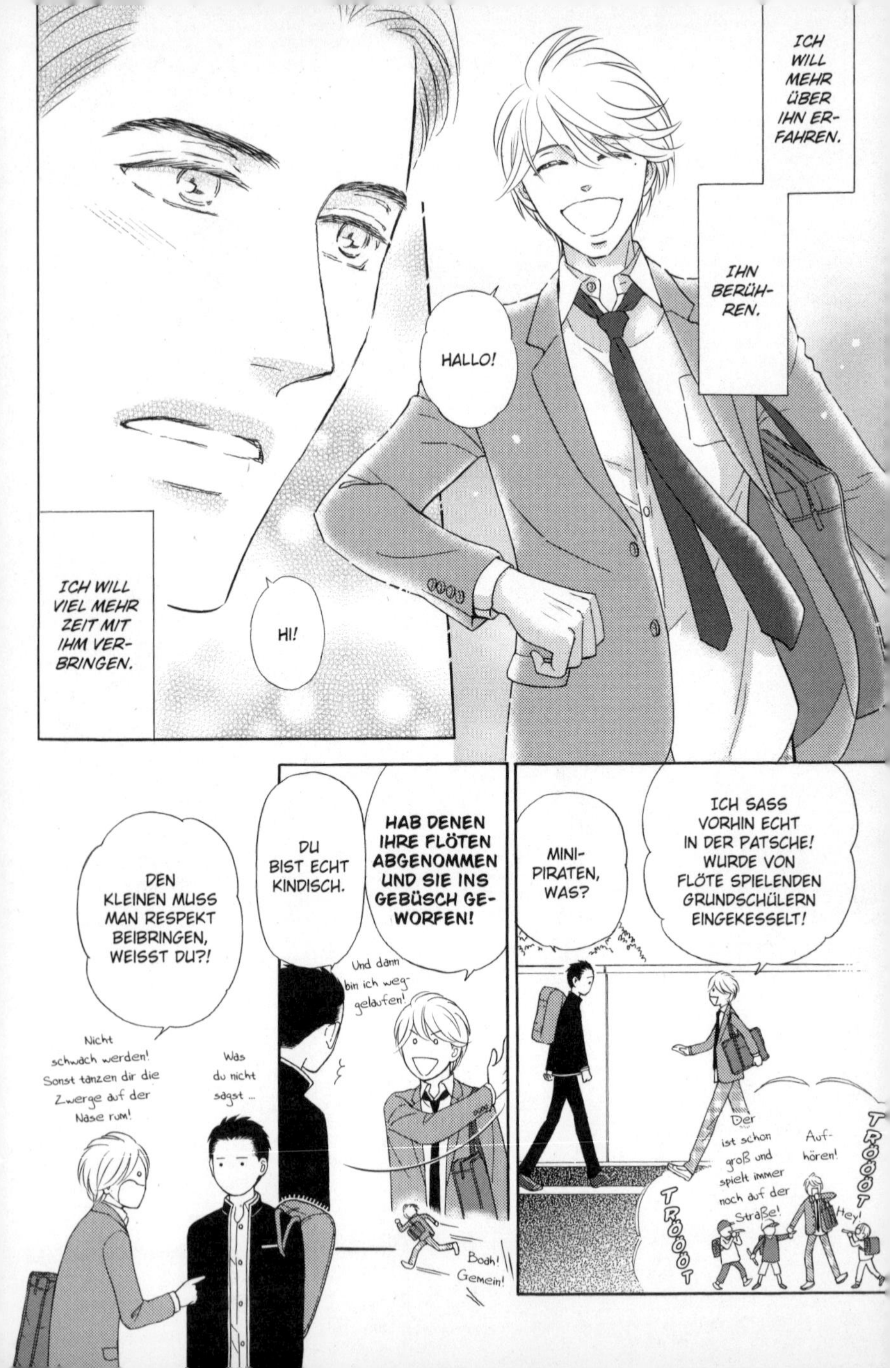
ICH WILL MEHR ÜBER IHN ERFAHREN.
IHN BERÜHREN.
HALLO!
ICH WILL VIEL MEHR ZEIT MIT IHM VERBRINGEN.
HI!
ICH SASS VORHIN ECHT IN DER PATSCHE! WURDE VON FLÖTE SPIELENDEN GRUNDSCHÜLERN EINGEKESSELT!
MINI-PIRATEN, WAS?
TRÖÖÖT
Der ist schon groß und spielt immer noch auf der Straße!
Auf-hören!
TRÖÖÖT
Hey!
HAB DENEN IHRE FLÖTEN ABGENOMMEN UND SIE INS GEBÜSCH GEWORFEN!
DU BIST ECHT KINDISCH.
Und dann bin ich weggelaufen!
Boah! Gemein!
DEN KLEINEN MUSS MAN RESPEKT BEIBRINGEN, WEISST DU?!
Nicht schwach werden! Sonst tanzen dir die Zwerge auf der Nase rum!
Was du nicht sagst ...

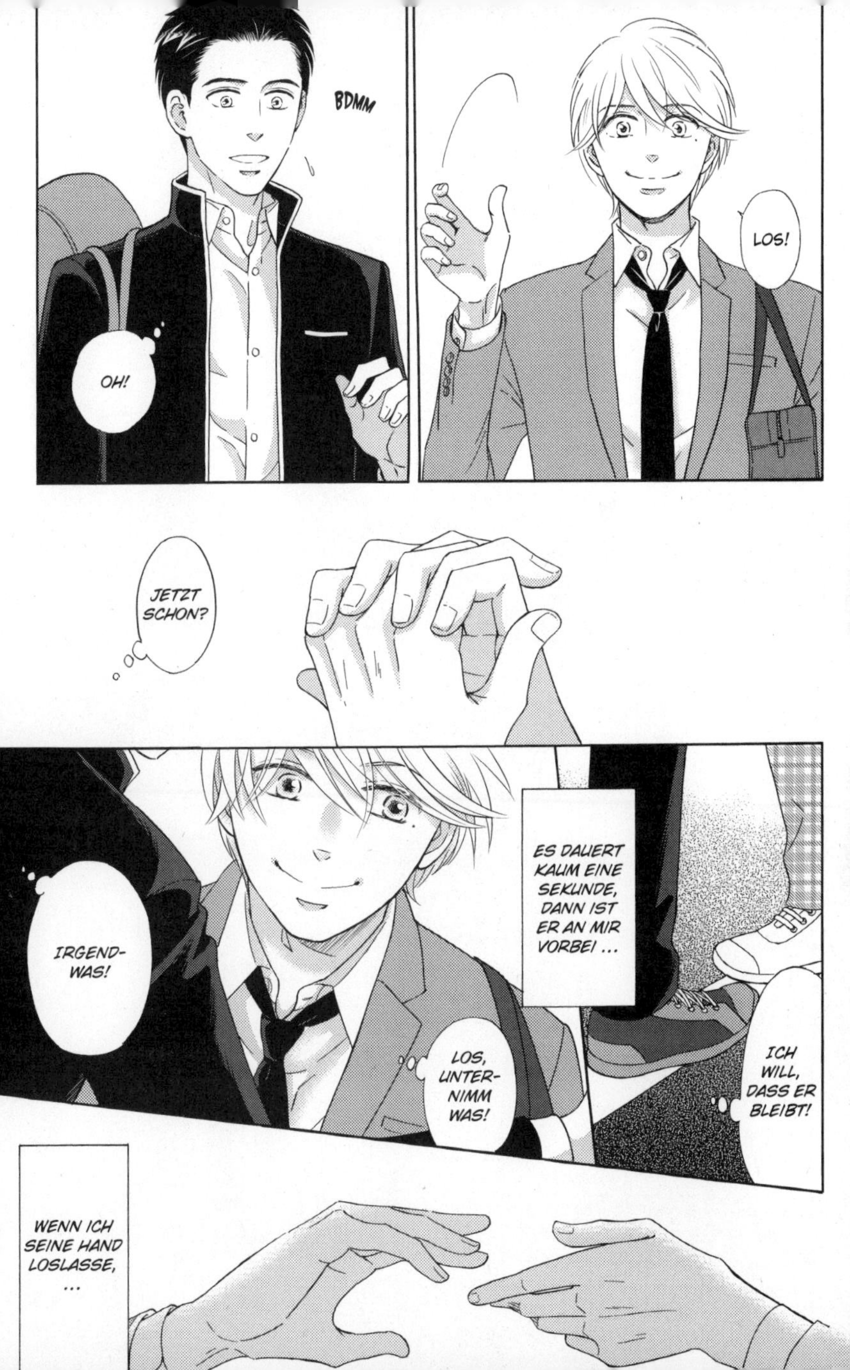
LOS!
BDMM
OH!
JETZT SCHON?
ICH WILL, DASS ER BLEIBT!
ES DAUERT KAUM EINE SEKUNDE, DANN IST ER AN MIR VORBEI ...
LOS, UNTER-NIMM WAS!
IRGEND-WAS!
WENN ICH SEINE HAND LOSLASSE, ...

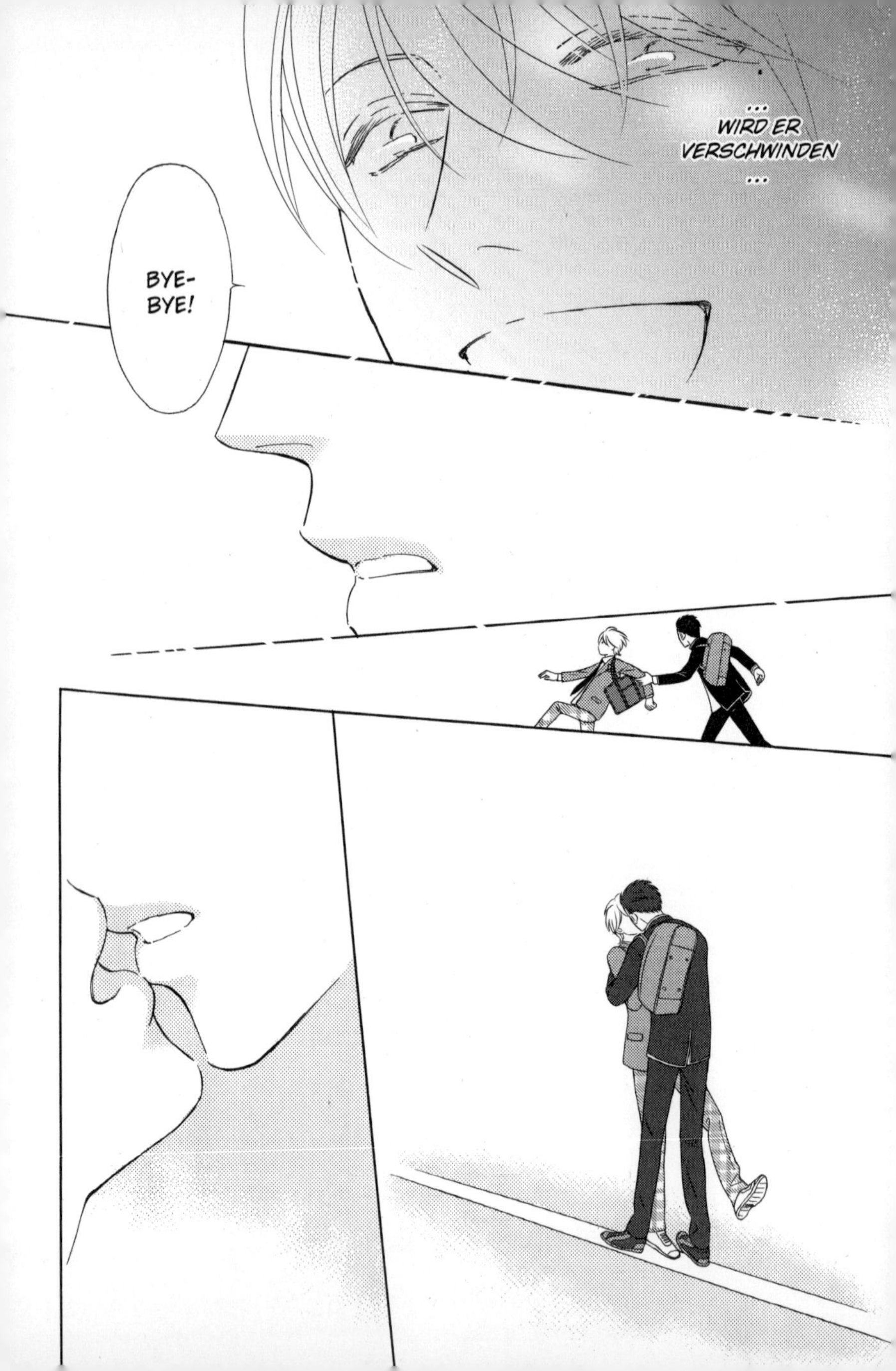
... WIRD ER VERSCHWINDEN ...
BYE-BYE!

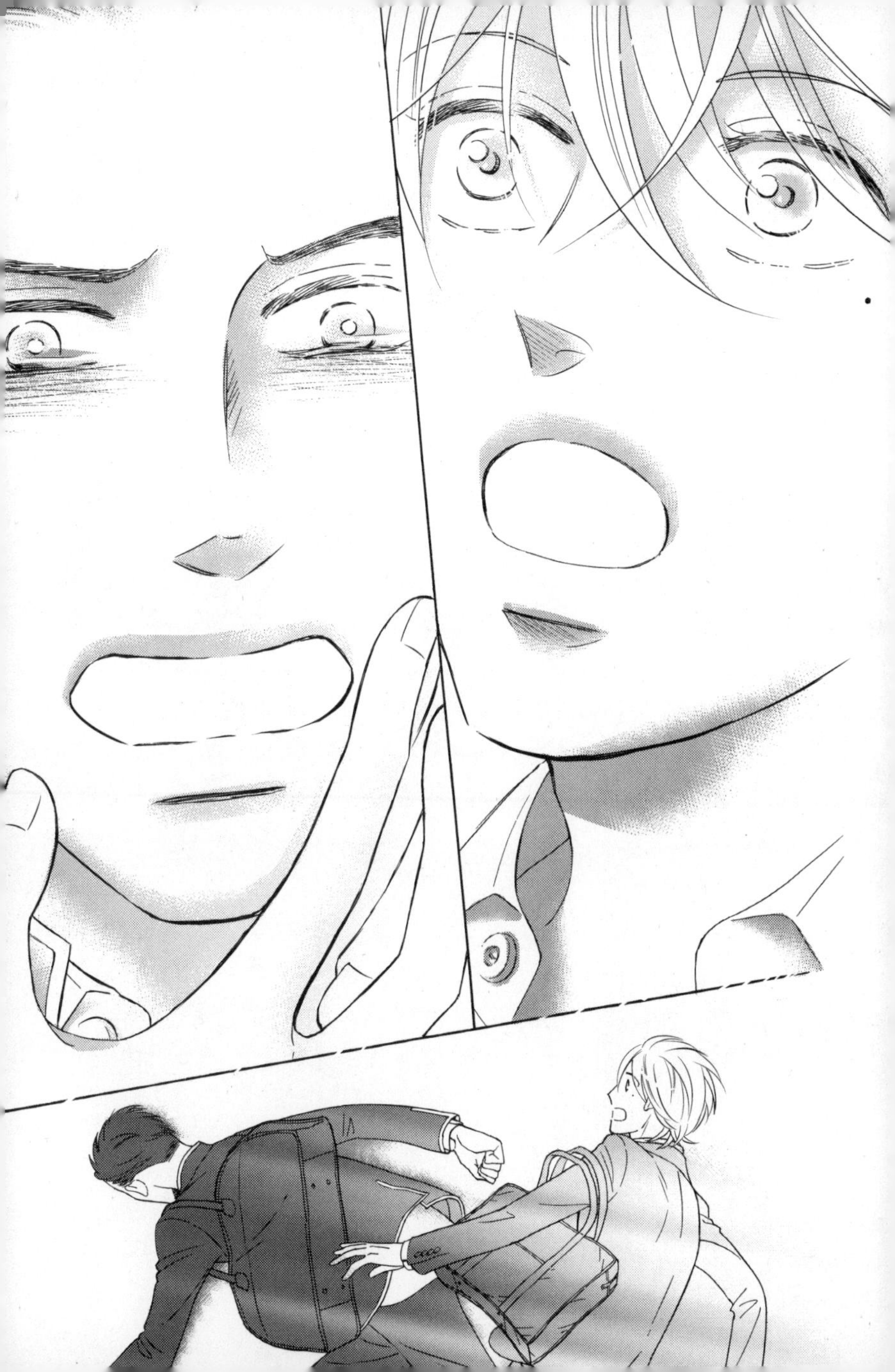

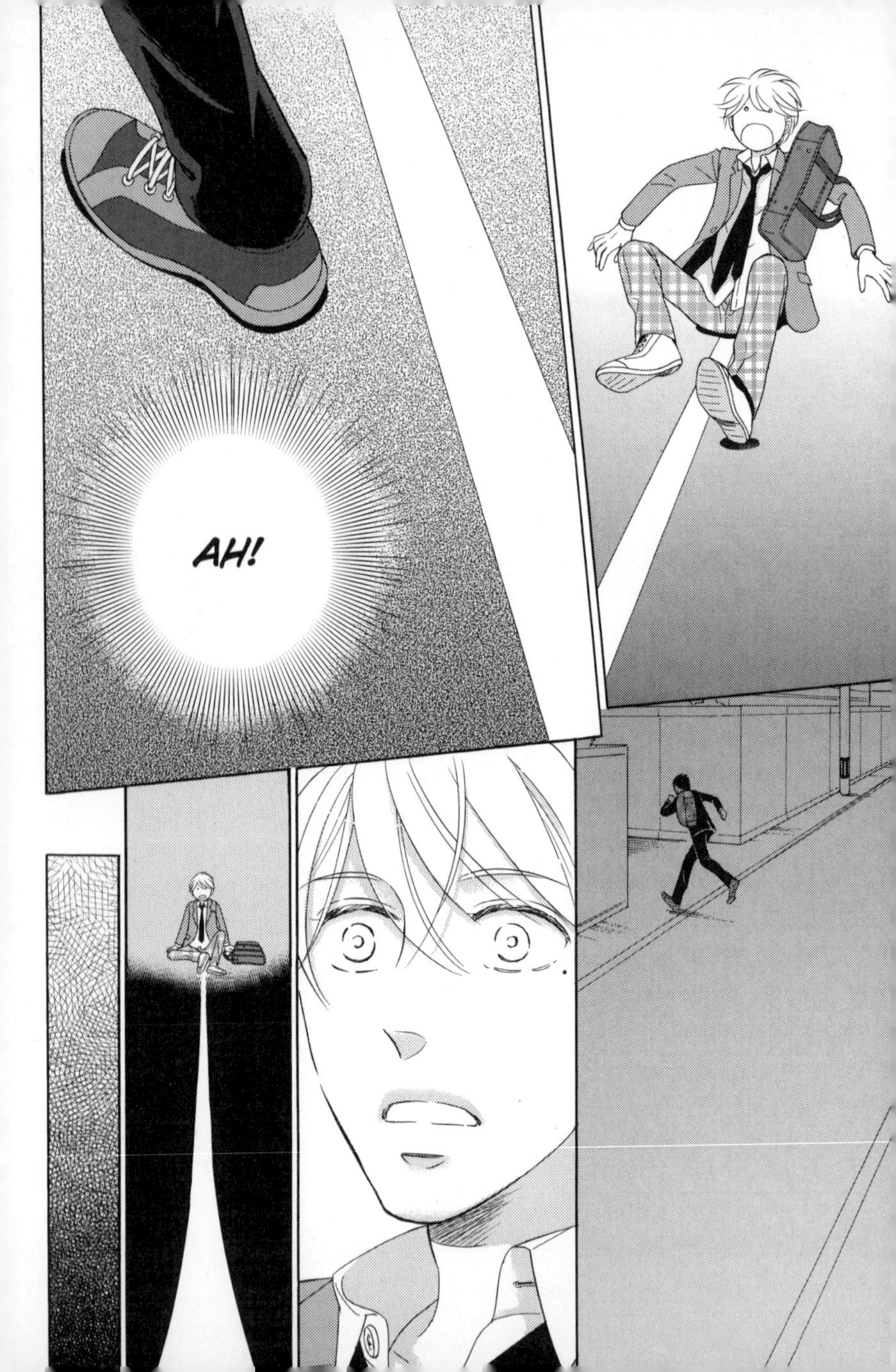
AH!

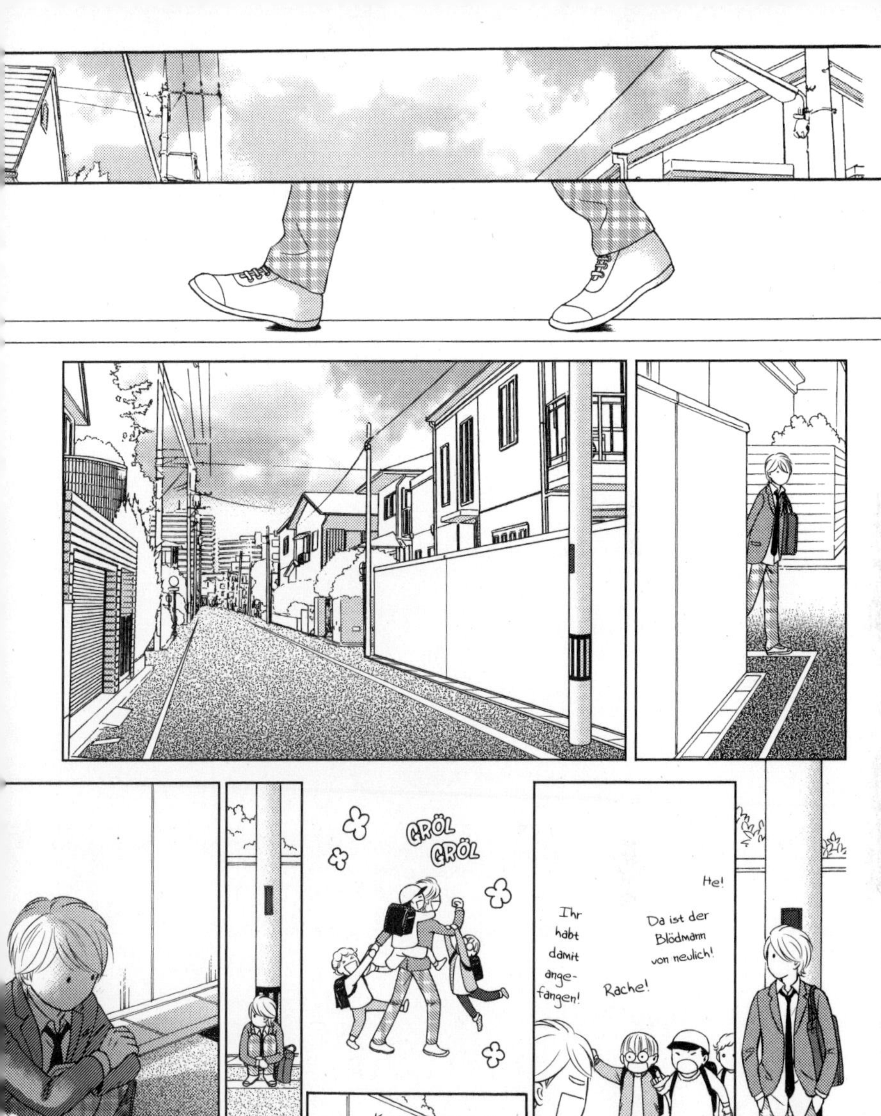
He!
Da ist der Blödmann von neulich!
Rache!
Ihr habt damit ange-fangen!
GRÖL GRÖL
Bye-bye!
Kommt gut nach Hause!

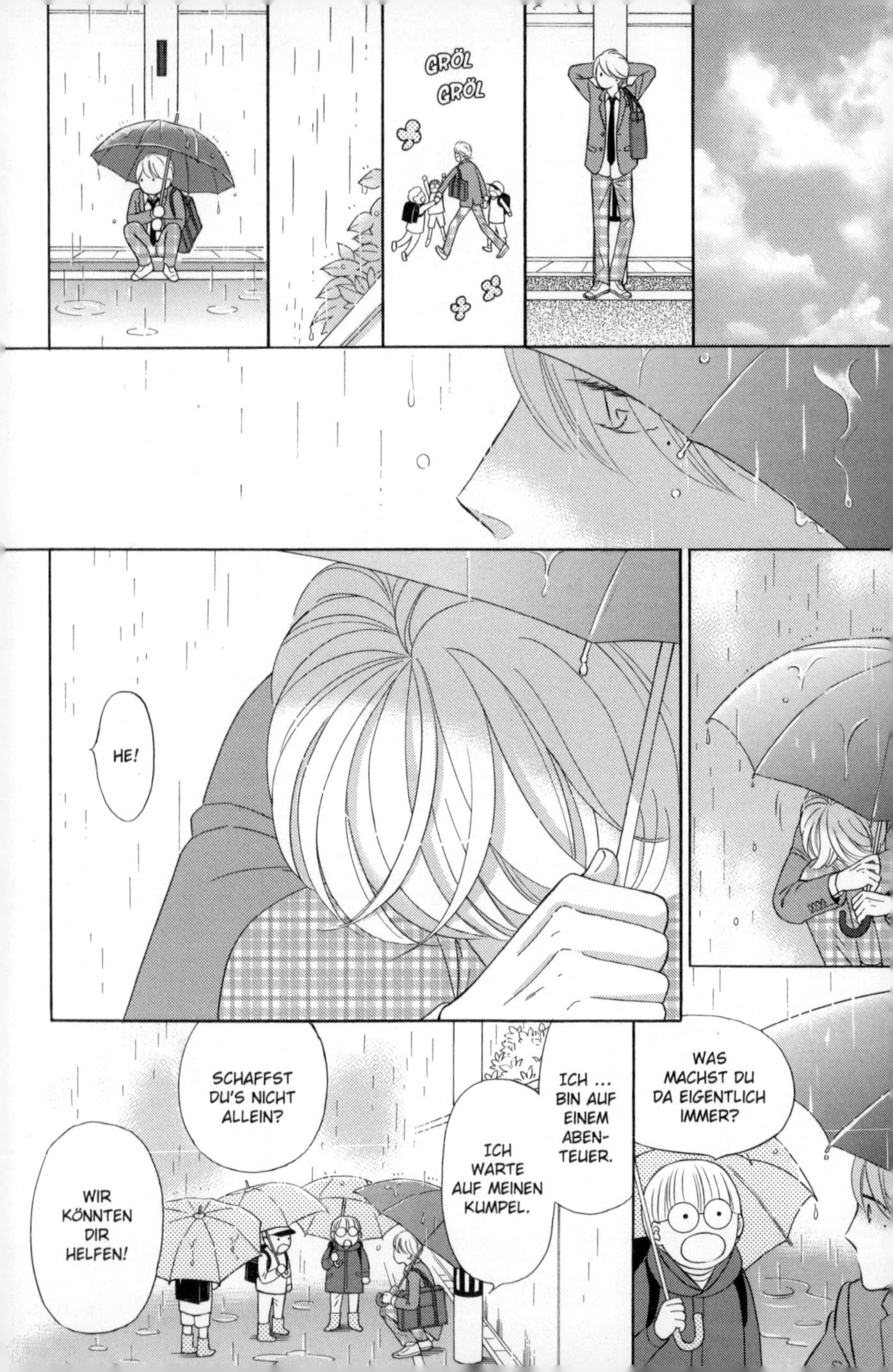
GRÖL
GRÖL
HE!
WAS MACHST DU DA EIGENTLICH IMMER?
ICH … BIN AUF EINEM ABEN-TEUER.
ICH WARTE AUF MEINEN KUMPEL.
SCHAFFST DU'S NICHT ALLEIN?
WIR KÖNNTEN DIR HELFEN!

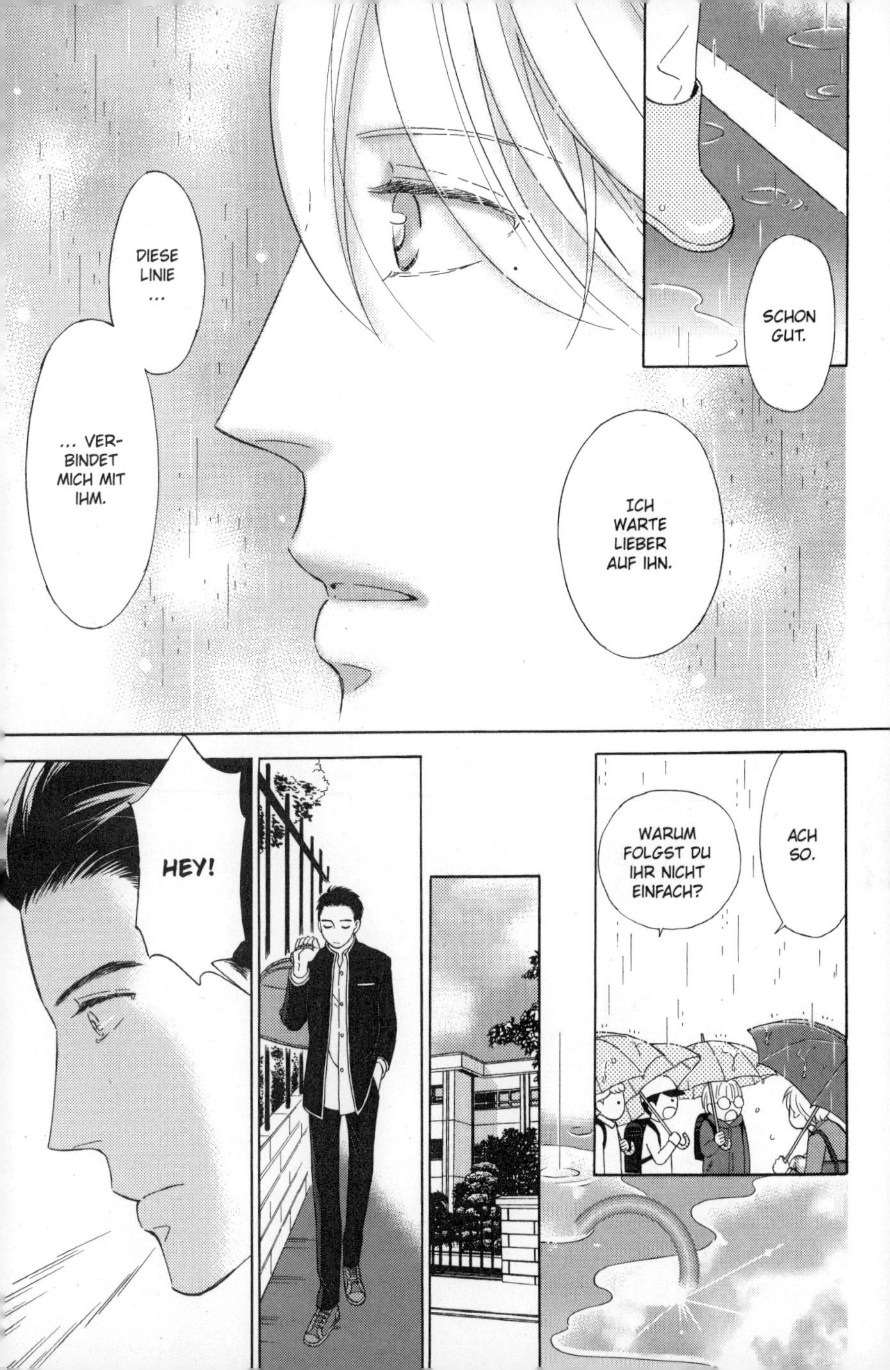
SCHON GUT.
ICH WARTE LIEBER AUF IHN.
DIESE LINIE ...
... VER-BINDET MICH MIT IHM.
ACH SO.
WARUM FOLGST DU IHR NICHT EINFACH?
HEY!

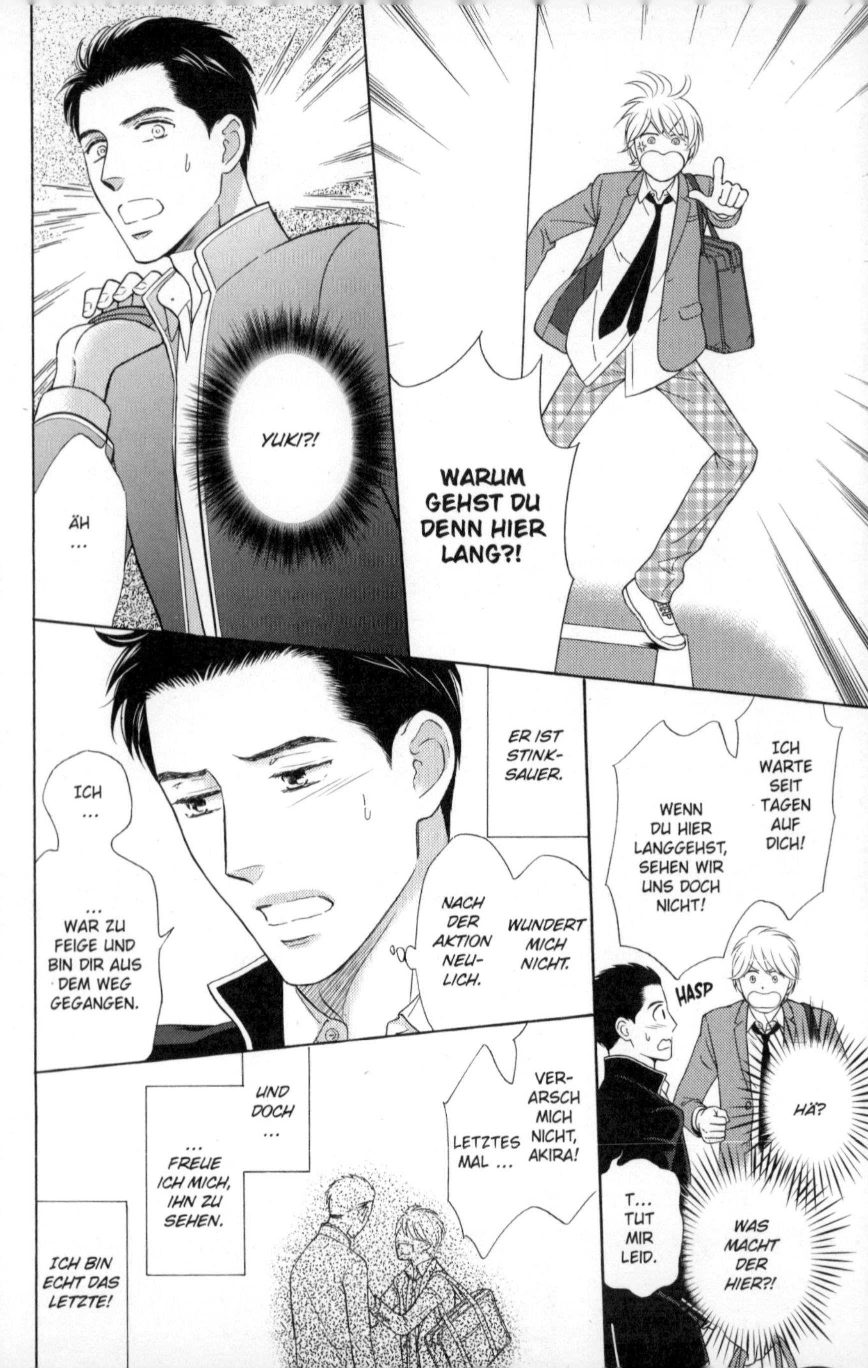
WARUM GEHST DU DENN HIER LANG?!
YUKI?!
ÄH …
ICH WARTE SEIT TAGEN AUF DICH!
WENN DU HIER LANGGEHST, SEHEN WIR UNS DOCH NICHT!
ER IST STINK-SAUER.
WUNDERT MICH NICHT.
NACH DER AKTION NEU-LICH.
ICH …
… WAR ZU FEIGE UND BIN DIR AUS DEM WEG GEGANGEN.
HASP
HÄ?
WAS MACHT DER HIER?!
T… TUT MIR LEID.
VER-ARSCH MICH NICHT, AKIRA!
LETZTES MAL …
UND DOCH …
… FREUE ICH MICH, IHN ZU SEHEN.
ICH BIN ECHT DAS LETZTE!

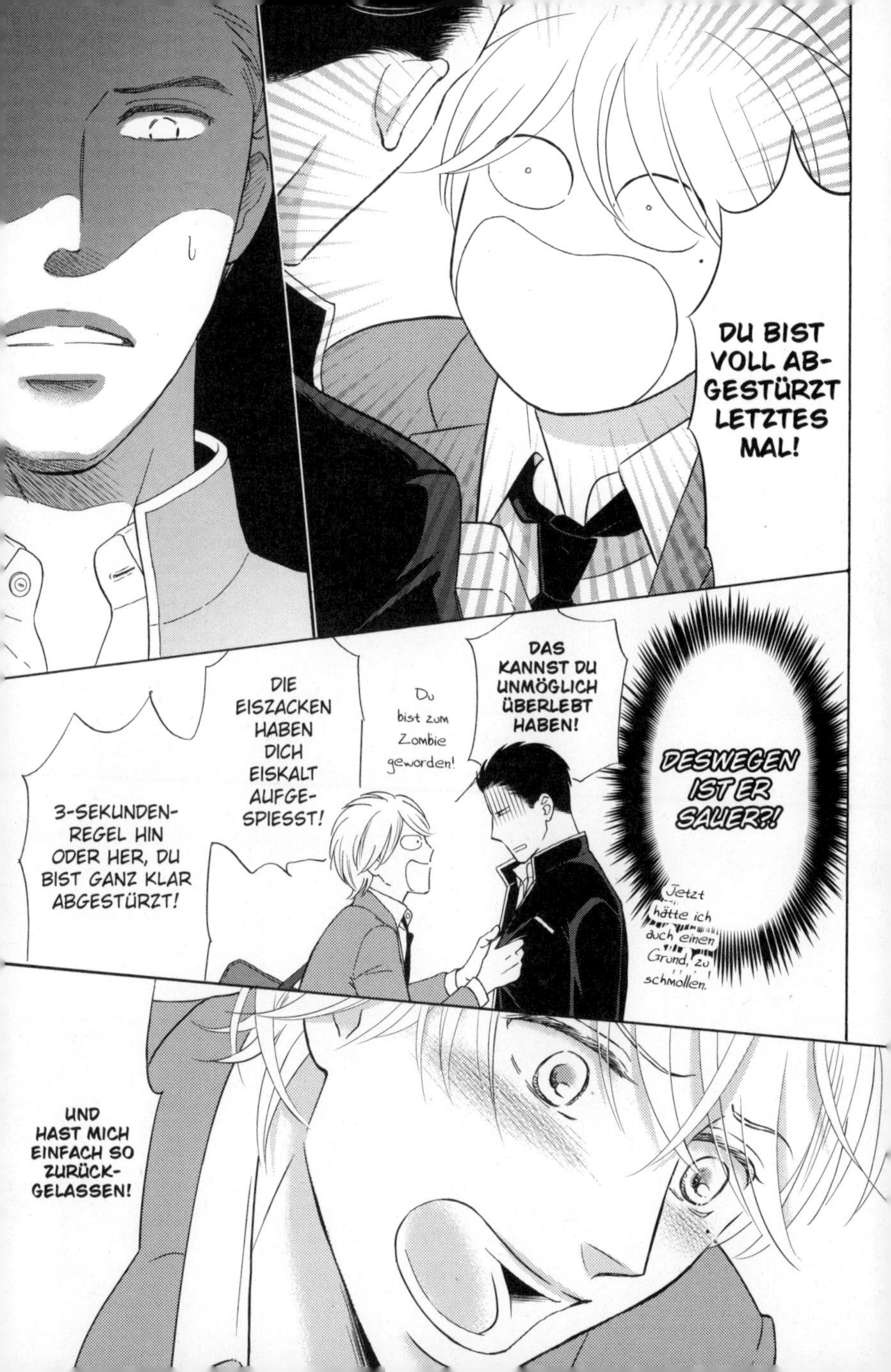
DU BIST VOLL AB-GESTÜRZT LETZTES MAL!
DESWEGEN IST ER SAUER?!
Jetzt hätte ich auch einen Grund, zu schmollen.
DAS KANNST DU UNMÖGLICH ÜBERLEBT HABEN!
Du bist zum Zombie geworden!
DIE EISZACKEN HABEN DICH EISKALT AUFGE-SPIESST!
3-SEKUNDEN-REGEL HIN ODER HER, DU BIST GANZ KLAR ABGESTÜRZT!
UND HAST MICH EINFACH SO ZURÜCK-GELASSEN!

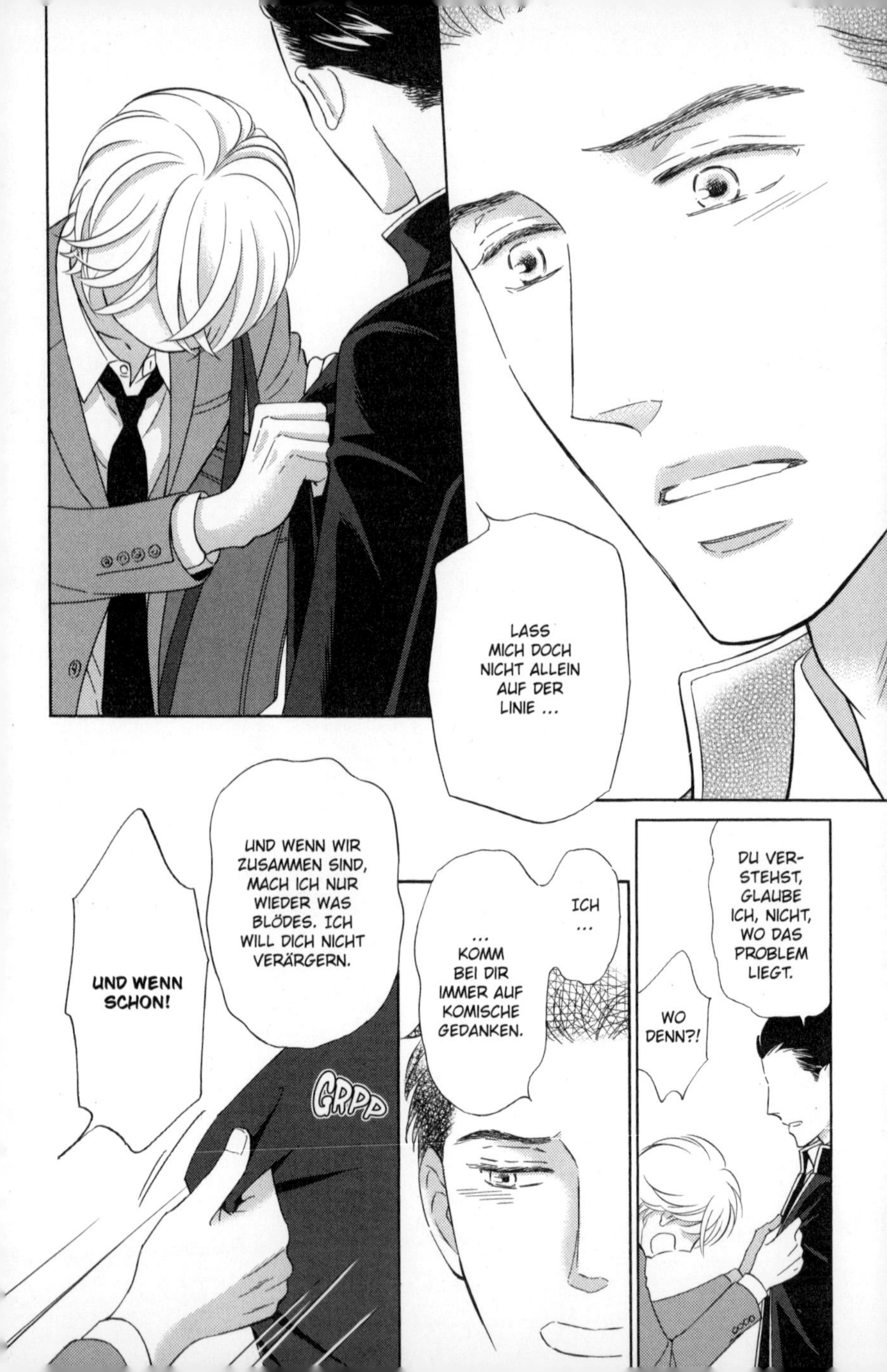
LASS MICH DOCH NICHT ALLEIN AUF DER LINIE …
DU VERSTEHST, GLAUBE ICH, NICHT, WO DAS PROBLEM LIEGT.
WO DENN?!
ICH …
… KOMM BEI DIR IMMER AUF KOMISCHE GEDANKEN.
UND WENN WIR ZUSAMMEN SIND, MACH ICH NUR WIEDER WAS BLÖDES. ICH WILL DICH NICHT VERÄRGERN.
GRPP
UND WENN SCHON!

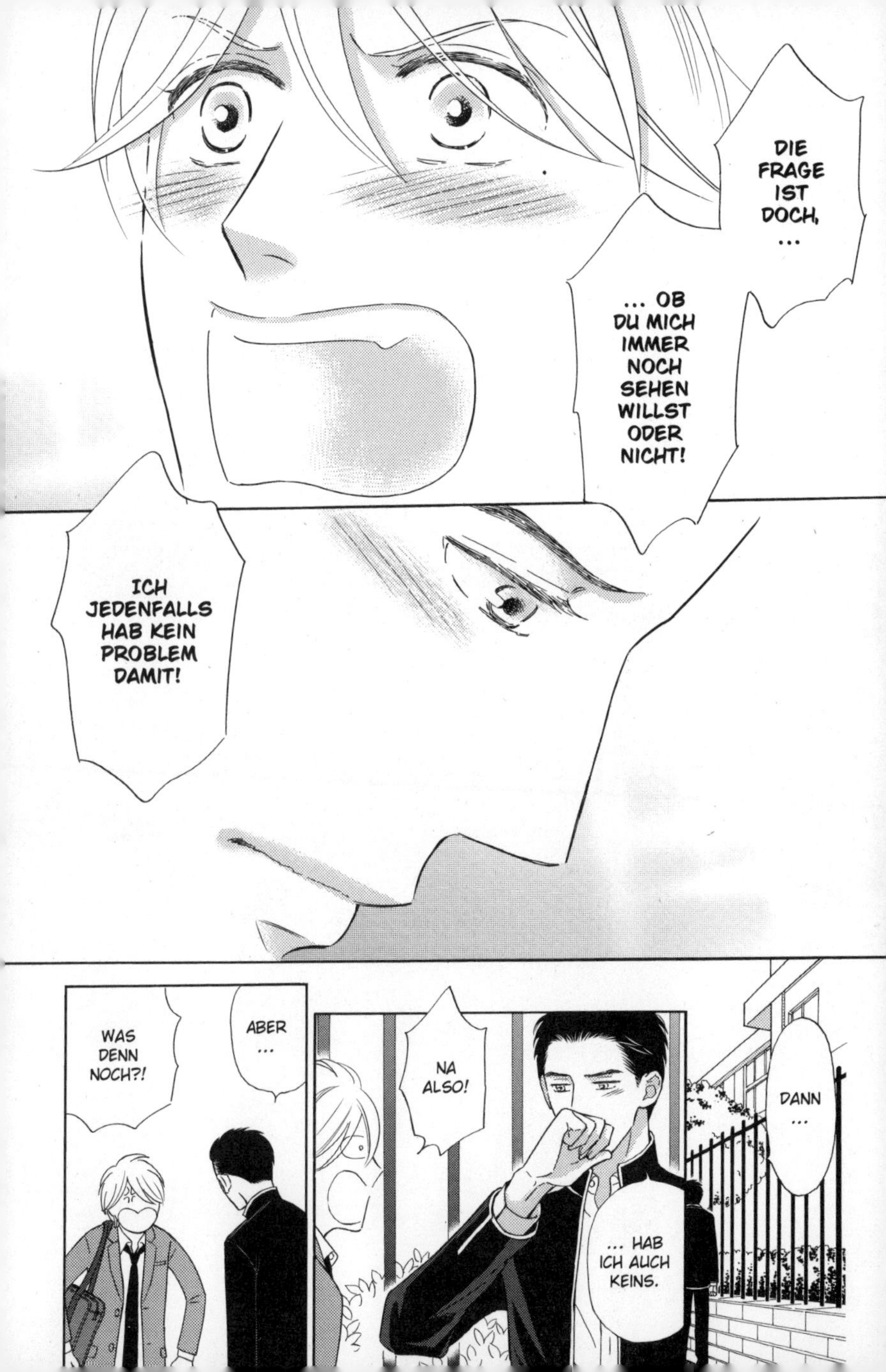
DIE FRAGE IST DOCH, …
… OB DU MICH IMMER NOCH SEHEN WILLST ODER NICHT!
ICH JEDENFALLS HAB KEIN PROBLEM DAMIT!
DANN …
… HAB ICH AUCH KEINS.
NA ALSO!
ABER …
WAS DENN NOCH?!

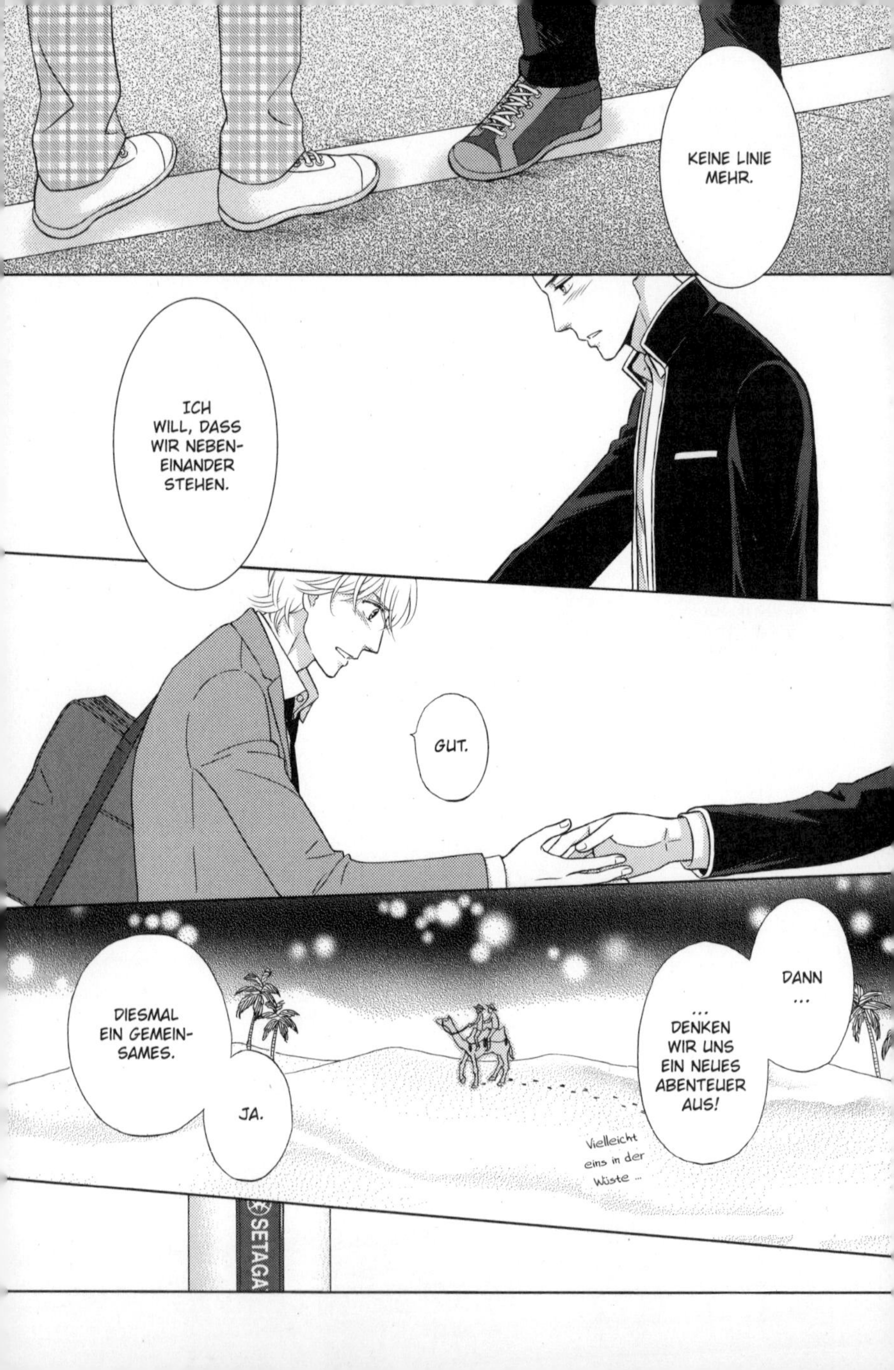
KEINE LINIE MEHR.
ICH WILL, DASS WIR NEBEN-EINANDER STEHEN.
GUT.
DANN ...
... DENKEN WIR UNS EIN NEUES ABENTEUER AUS!
DIESMAL EIN GEMEIN-SAMES.
JA.
Vielleicht eins in der Wüste ...
SETAGA

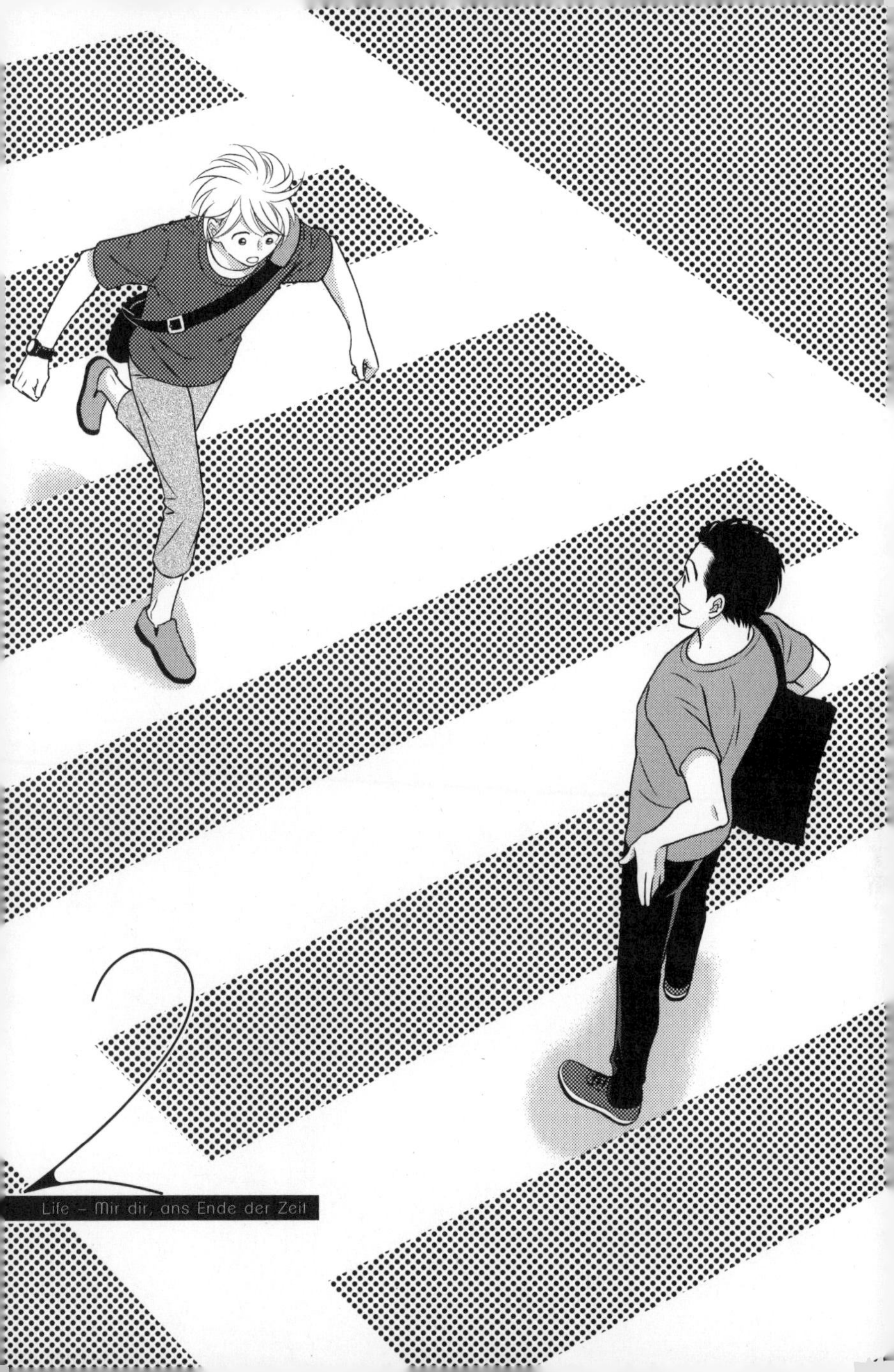
2
Life – Mir dir, ans Ende der Zeit

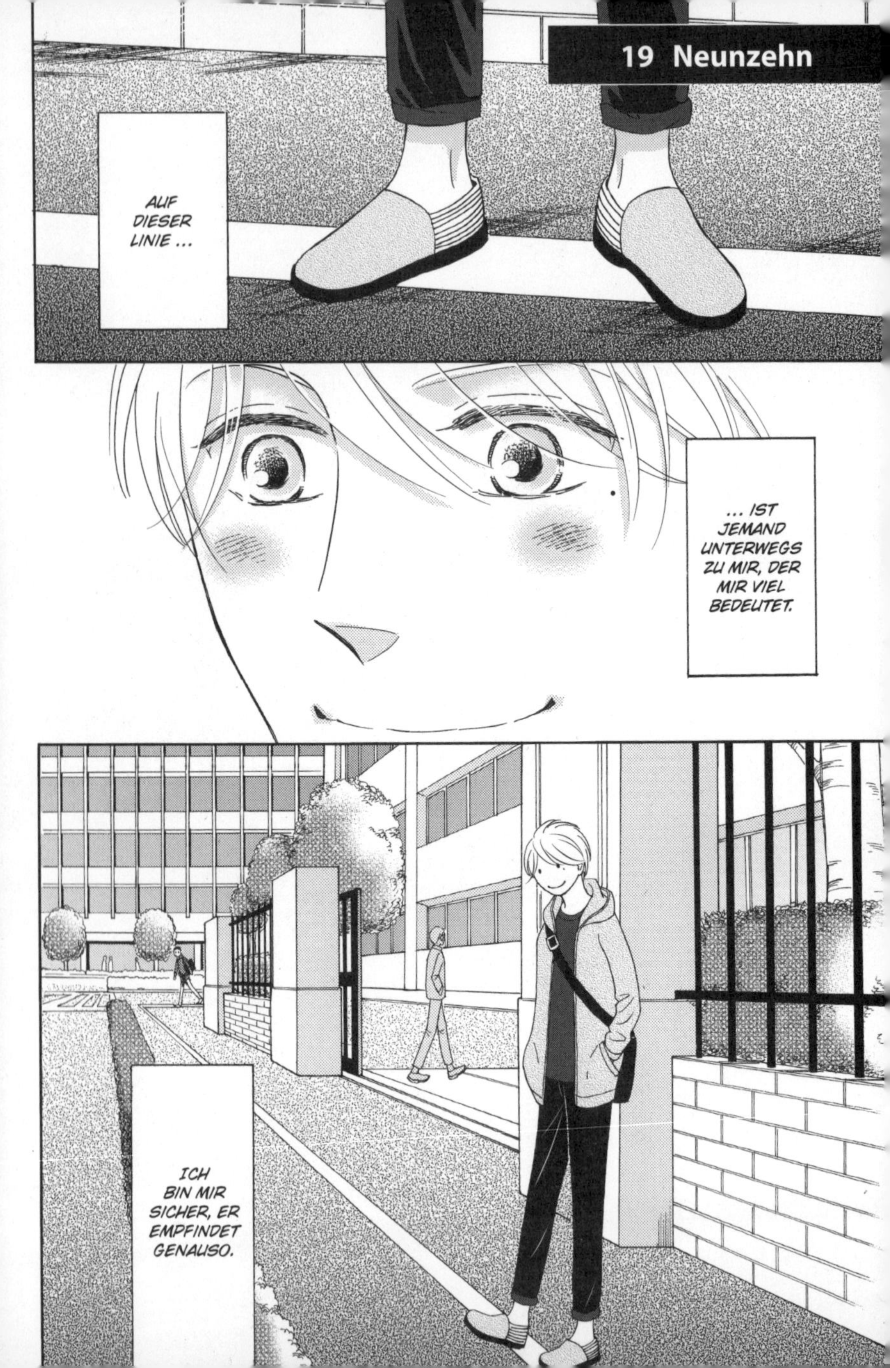
19 Neunzehn
AUF DIESER LINIE …
… IST JEMAND UNTERWEGS ZU MIR, DER MIR VIEL BEDEUTET.
ICH BIN MIR SICHER, ER EMPFINDET GENAUSO.

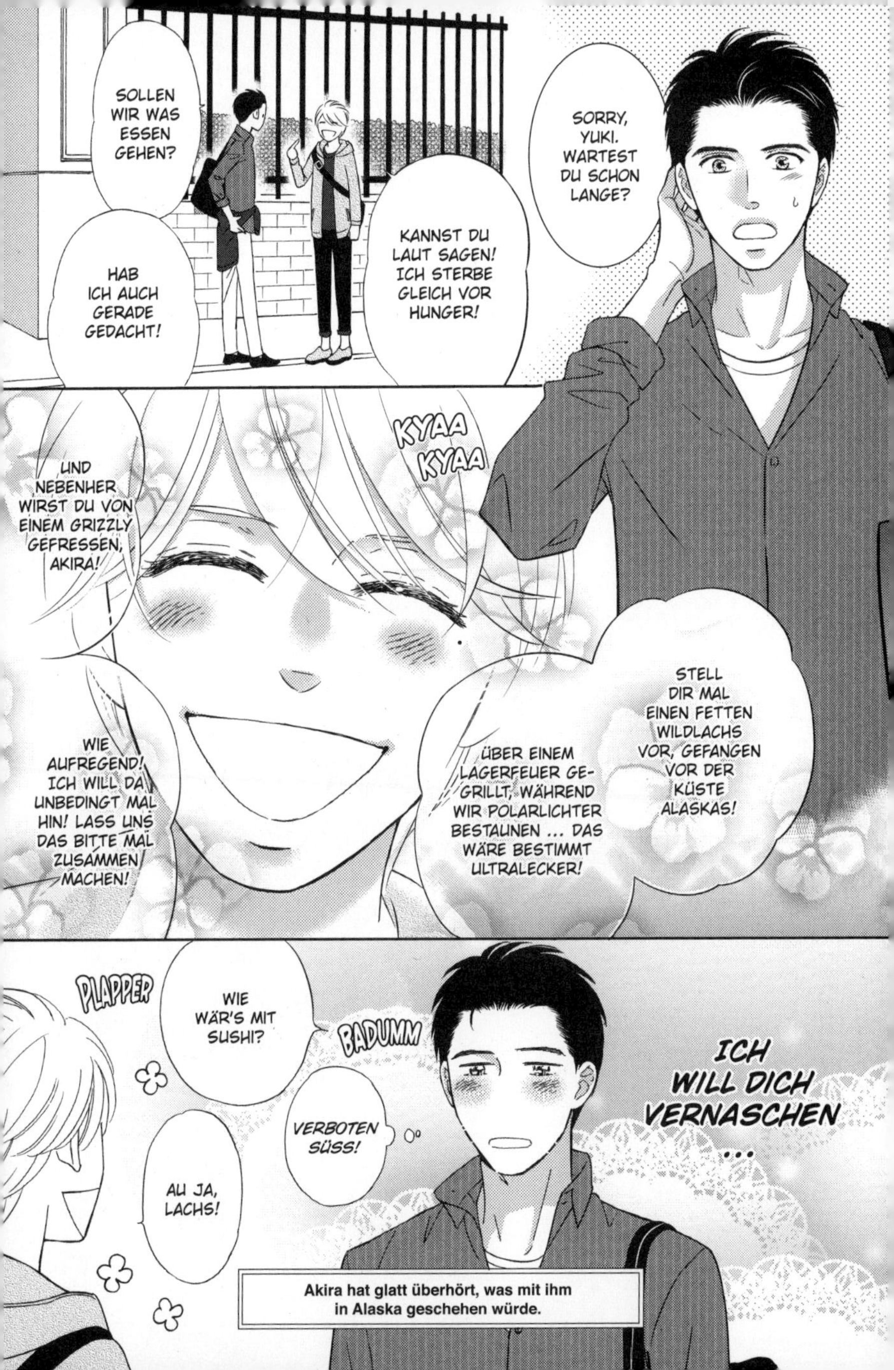
SORRY, YUKI. WARTEST DU SCHON LANGE?
KANNST DU LAUT SAGEN! ICH STERBE GLEICH VOR HUNGER!
SOLLEN WIR WAS ESSEN GEHEN?
HAB ICH AUCH GERADE GEDACHT!
KYAA KYAA
STELL DIR MAL EINEN FETTEN WILDLACHS VOR, GEFANGEN VOR DER KÜSTE ALASKAS!
ÜBER EINEM LAGERFEUER GE-GRILLT, WÄHREND WIR POLARLICHTER BESTAUNEN … DAS WÄRE BESTIMMT ULTRALECKER!
WIE AUFREGEND! ICH WILL DA UNBEDINGT MAL HIN! LASS UNS DAS BITTE MAL ZUSAMMEN MACHEN!
UND NEBENHER WIRST DU VON EINEM GRIZZLY GEFRESSEN, AKIRA!
ICH WILL DICH VERNASCHEN …
BADUMM
VERBOTEN SÜSS!
PLAPPER
WIE WÄR'S MIT SUSHI?
AU JA, LACHS!
Akira hat glatt überhört, was mit ihm in Alaska geschehen würde.

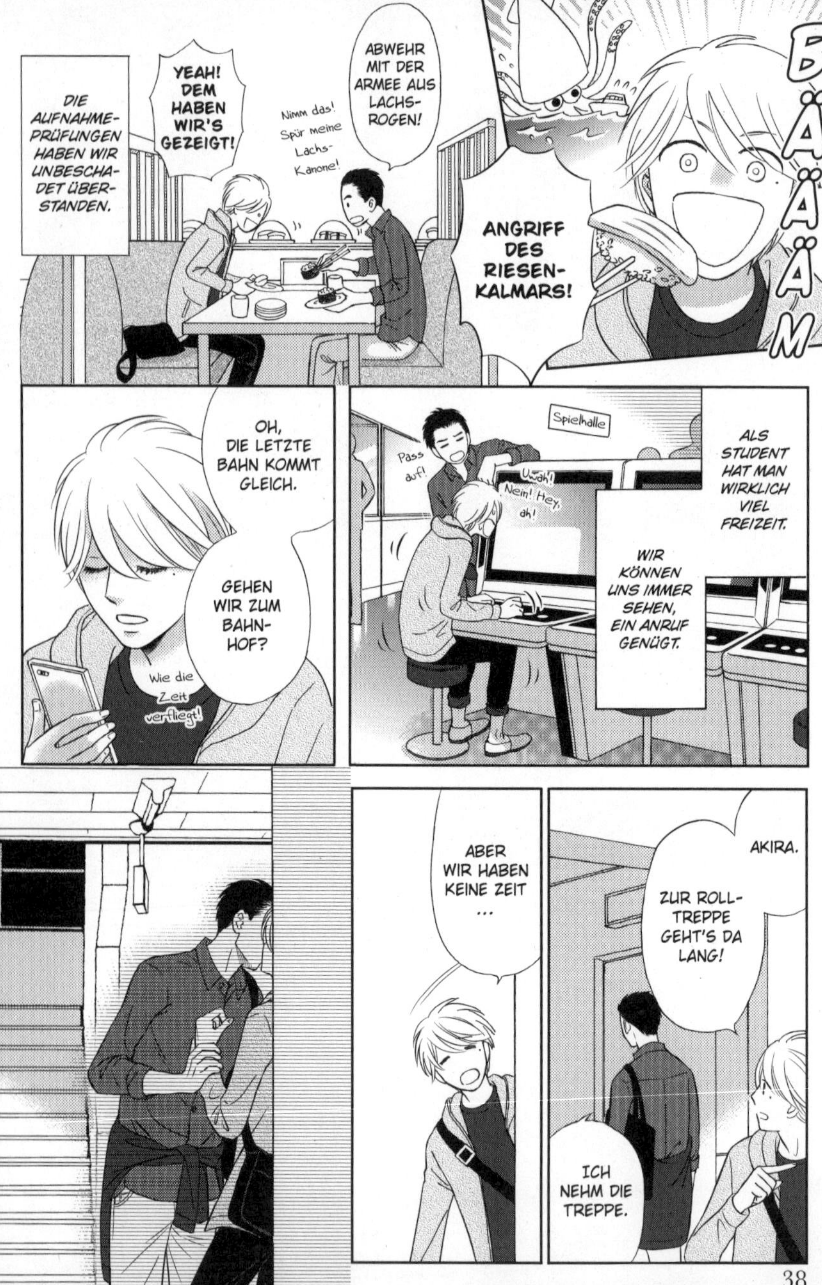

BÄÄÄM
ANGRIFF DES RIESEN-KALMARS!
ABWEHR MIT DER ARMEE AUS LACHS-ROGEN!
Nimm das! Spür meine Lachs-Kanone!
YEAH! DEM HABEN WIR'S GEZEIGT!
DIE AUFNAHME-PRÜFUNGEN HABEN WIR UNBESCHADET ÜBERSTANDEN.
ALS STUDENT HAT MAN WIRKLICH VIEL FREIZEIT.
WIR KÖNNEN UNS IMMER SEHEN, EIN ANRUF GENÜGT.
Spielhalle
Pass auf!
Uwah! Nein! Hey, ah!
OH, DIE LETZTE BAHN KOMMT GLEICH.
GEHEN WIR ZUM BAHNHOF?
Wie die Zeit verfliegt!
AKIRA.
ZUR ROLL-TREPPE GEHT'S DA LANG!
ICH NEHM DIE TREPPE.
ABER WIR HABEN KEINE ZEIT ...

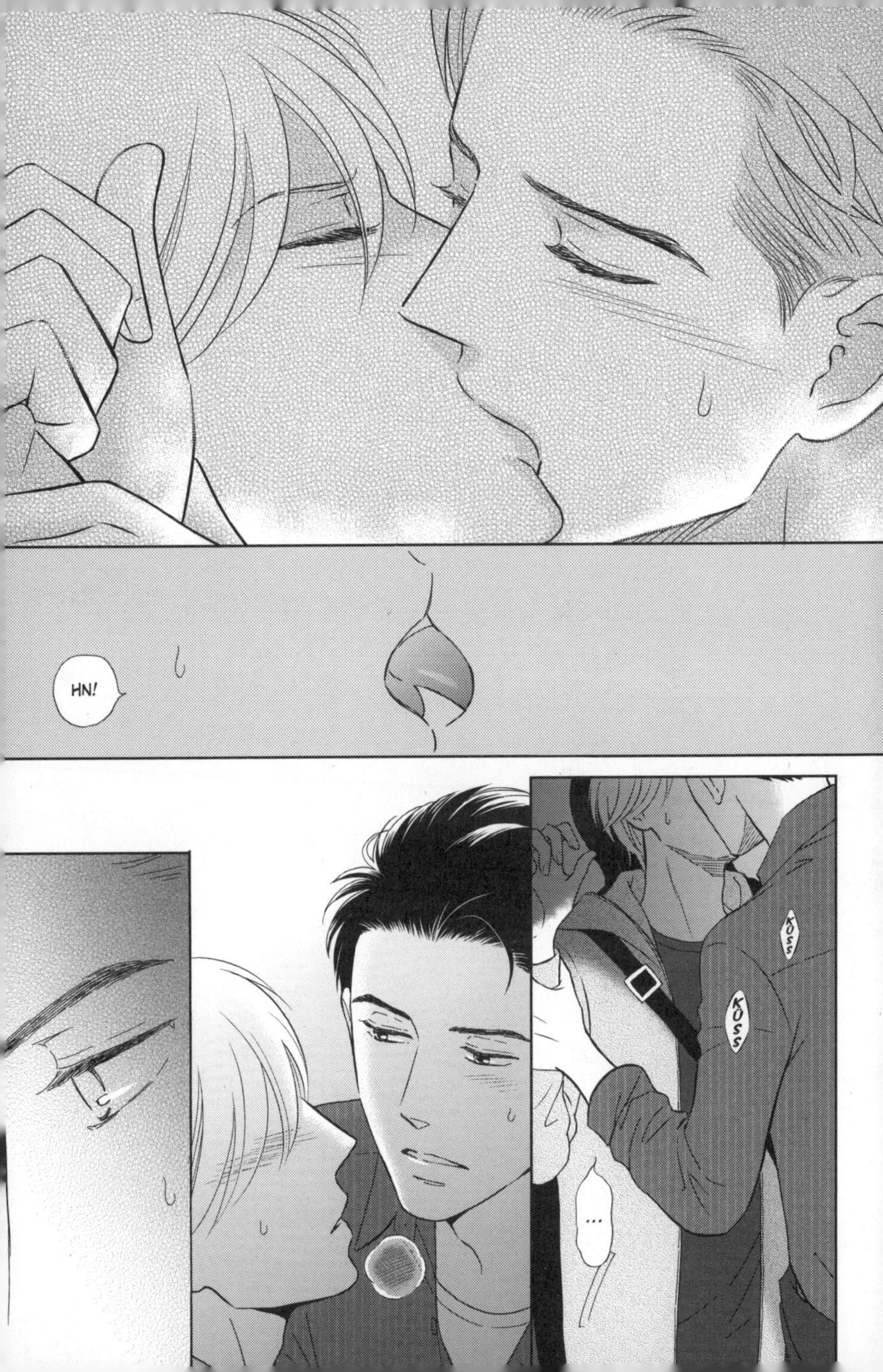
HN!
KÜSS
KÜSS
...

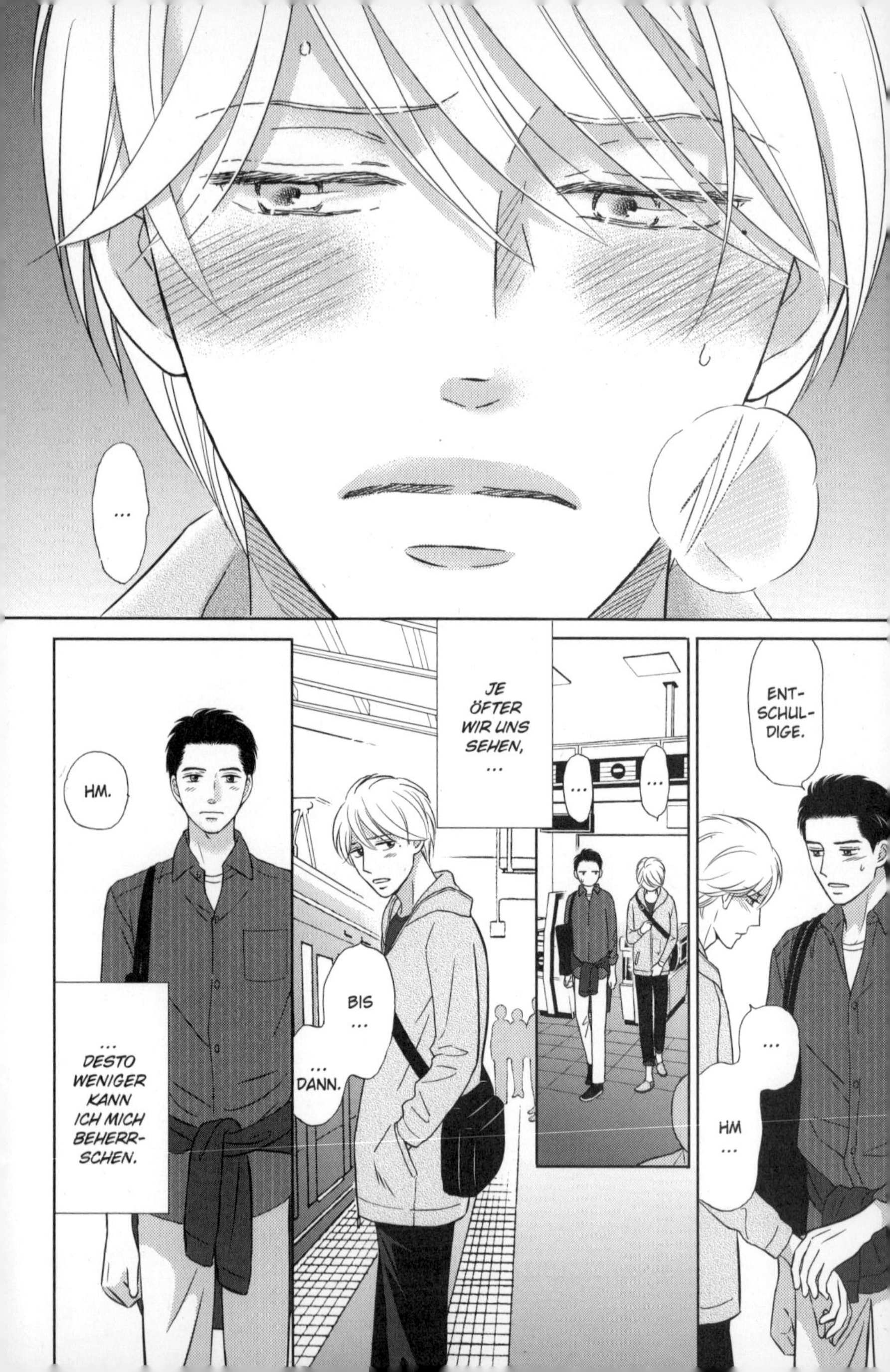
...
ENT-SCHULDIGE.
...
HM ...
...
...
JE ÖFTER WIR UNS SEHEN, ...
BIS ...
... DANN.
HM.
... DESTO WENIGER KANN ICH MICH BEHERRSCHEN.

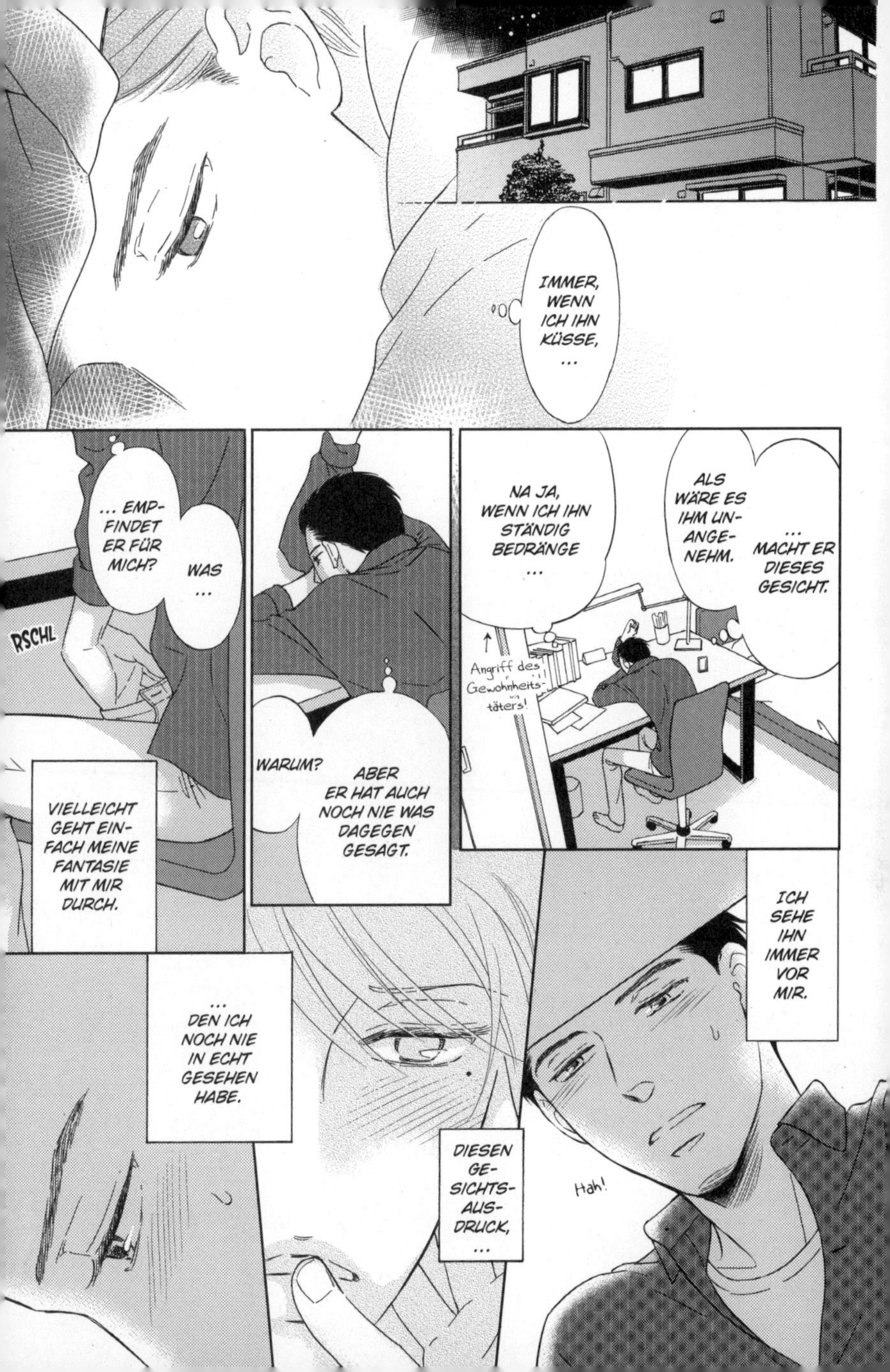
IMMER, WENN ICH IHN KÜSSE, ...
... MACHT ER DIESES GESICHT.
ALS WÄRE ES IHM UNANGENEHM.
NA JA, WENN ICH IHN STÄNDIG BEDRÄNGE ...
Angriff des Gewohnheitstäters!
ABER ER HAT AUCH NOCH NIE WAS DAGEGEN GESAGT.
WARUM?
WAS ...
... EMPFINDET ER FÜR MICH?
RSCHL
VIELLEICHT GEHT EINFACH MEINE FANTASIE MIT MIR DURCH.
ICH SEHE IHN IMMER VOR MIR.
DIESEN GESICHTSAUSDRUCK, ...
Hah!
... DEN ICH NOCH NIE IN ECHT GESEHEN HABE.

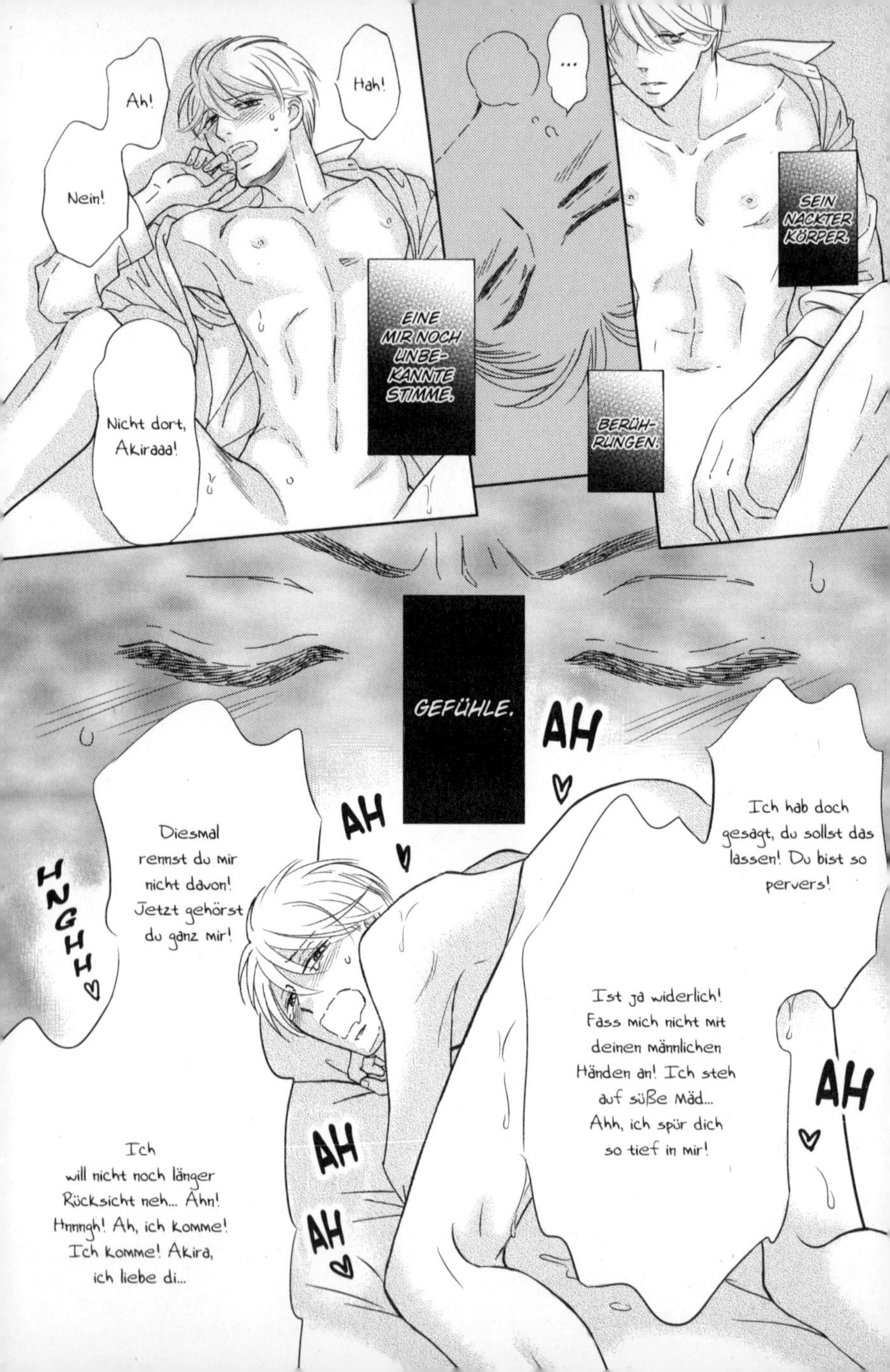

SEIN NACKTER KÖRPER.
...
BERÜHRUNGEN.
Hah!
Ah!
Nein!
EINE MIR NOCH UNBEKANNTE STIMME.
Nicht dort, Akiraaa!
GEFÜHLE.
AH
AH
Ich hab doch gesagt, du sollst das lassen! Du bist so pervers!
Ist ja widerlich! Fass mich nicht mit deinen männlichen Händen an! Ich steh auf süße Mäd... Ahh, ich spür dich so tief in mir!
AH
Diesmal rennst du mir nicht davon! Jetzt gehörst du ganz mir!
HNGHH
AH
AH
Ich will nicht noch länger Rücksicht neh... Ahn! Hnnngh! Ah, ich komme! Ich komme! Akira, ich liebe di...

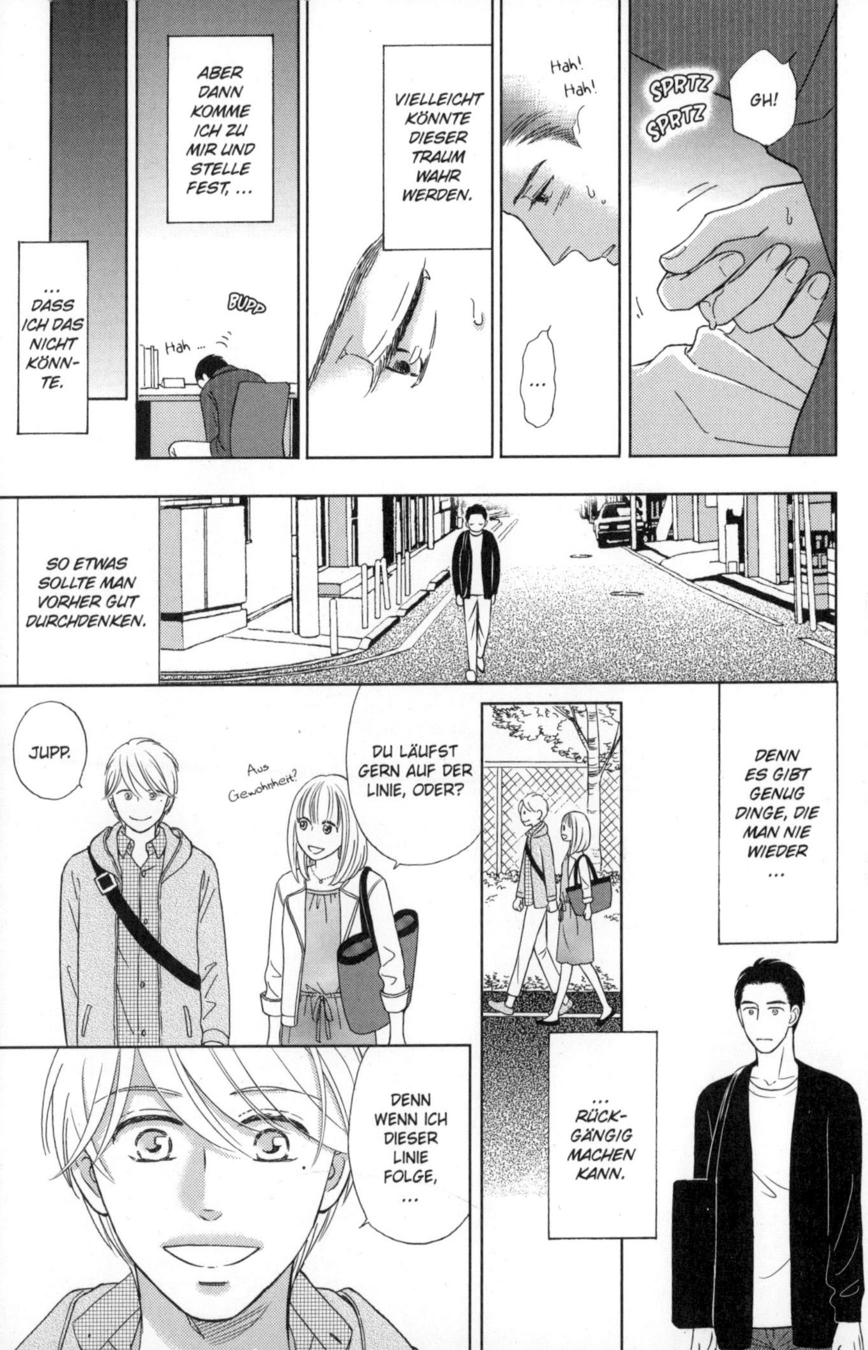
SPRTZ
SPRTZ
GH!
Hah!
Hah!
...
VIELLEICHT KÖNNTE DIESER TRAUM WAHR WERDEN.
ABER DANN KOMME ICH ZU MIR UND STELLE FEST, ...
BUPP
Hah ...
... DASS ICH DAS NICHT KÖNN-TE.
SO ETWAS SOLLTE MAN VORHER GUT DURCHDENKEN.
DENN ES GIBT GENUG DINGE, DIE MAN NIE WIEDER ...
... RÜCK-GÄNGIG MACHEN KANN.
DU LÄUFST GERN AUF DER LINIE, ODER?
Aus Gewohnheit?
JUPP.
DENN WENN ICH DIESER LINIE FOLGE, ...

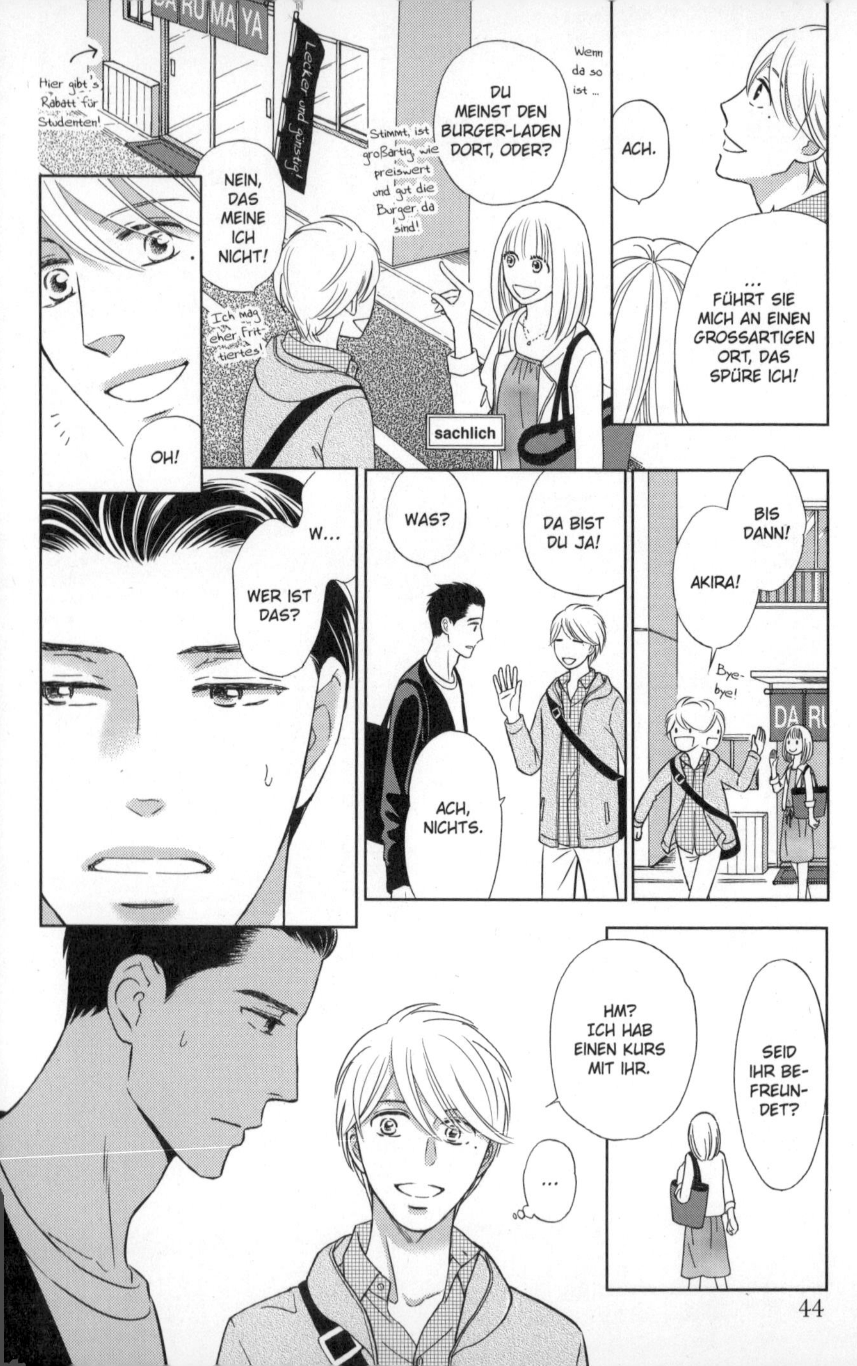
DARUMAYA
Lecker und günstig!
Hier gibt's Rabatt für Studenten!
Wenn da so ist ...
DU MEINST DEN BURGER-LADEN DORT, ODER?
Stimmt, ist großartig, wie preiswert und gut die Burger da sind!
NEIN, DAS MEINE ICH NICHT!
Ich mag eher Frittiertes!
sachlich
ACH.
... FÜHRT SIE MICH AN EINEN GROSSARTIGEN ORT, DAS SPÜRE ICH!
OH!
BIS DANN!
AKIRA!
Bye-bye!
DA BIST DU JA!
WAS?
ACH, NICHTS.
W...
WER IST DAS?
SEID IHR BEFREUNDET?
HM? ICH HAB EINEN KURS MIT IHR.
...

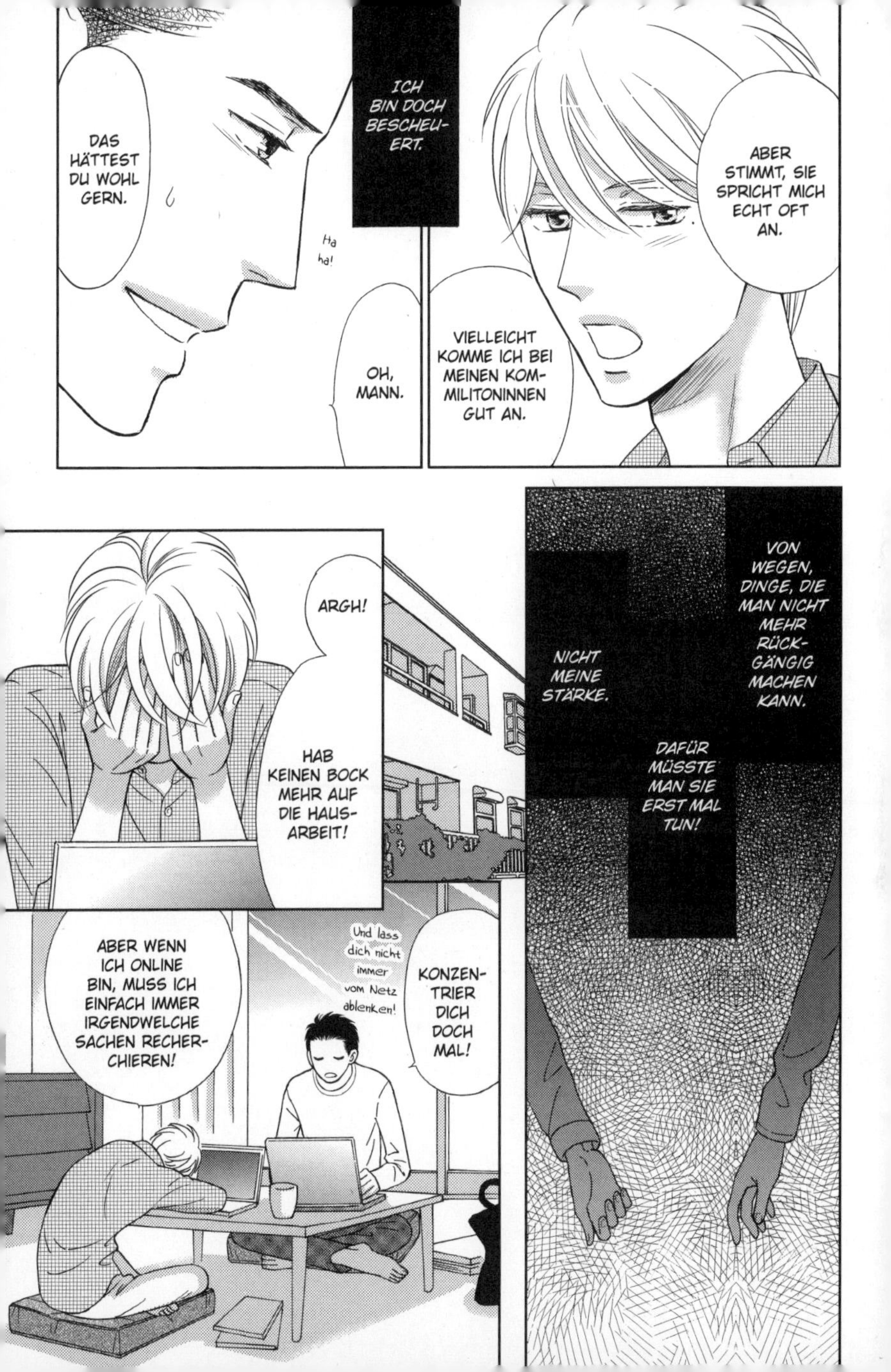

ABER STIMMT, SIE SPRICHT MICH ECHT OFT AN.

VIELLEICHT KOMME ICH BEI MEINEN KOMMILITONINNEN GUT AN.

ICH BIN DOCH BESCHEUERT.

OH, MANN.

Ha ha!

DAS HÄTTEST DU WOHL GERN.

VON WEGEN, DINGE, DIE MAN NICHT MEHR RÜCKGÄNGIG MACHEN KANN.

NICHT MEINE STÄRKE.

DAFÜR MÜSSTE MAN SIE ERST MAL TUN!

ARGH!

HAB KEINEN BOCK MEHR AUF DIE HAUSARBEIT!

KONZENTRIER DICH DOCH MAL!

Und lass dich nicht immer vom Netz ablenken!

ABER WENN ICH ONLINE BIN, MUSS ICH EINFACH IMMER IRGENDWELCHE SACHEN RECHERCHIEREN!

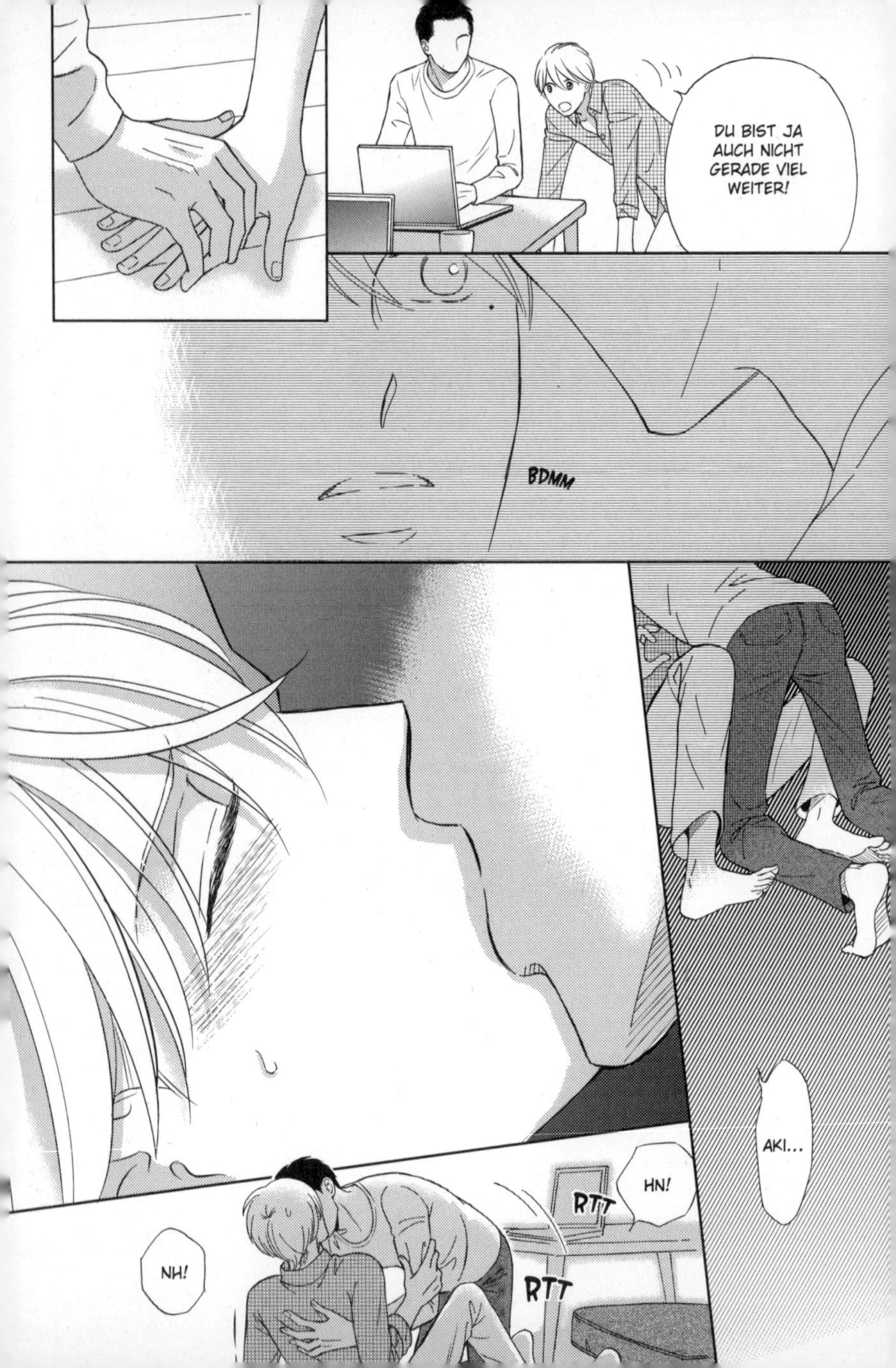
DU BIST JA AUCH NICHT GERADE VIEL WEITER!
BDMM
AKI...
HN!
RTT
NH!
RTT

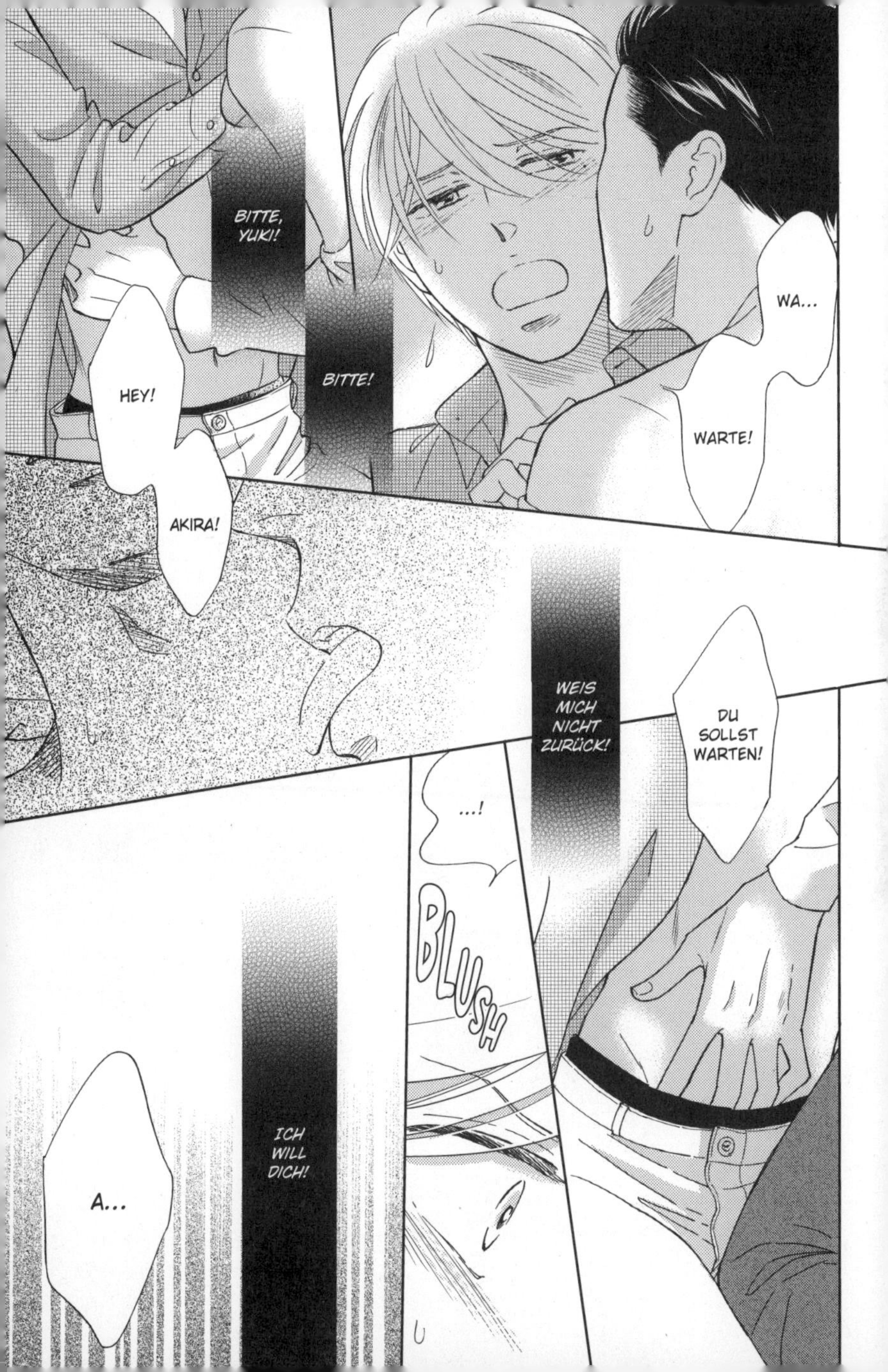

WA...
WARTE!
BITTE, YUKI!
BITTE!
HEY!
AKIRA!
DU SOLLST WARTEN!
WEIS MICH NICHT ZURÜCK!
...!
BLUSH
ICH WILL DICH!
A...

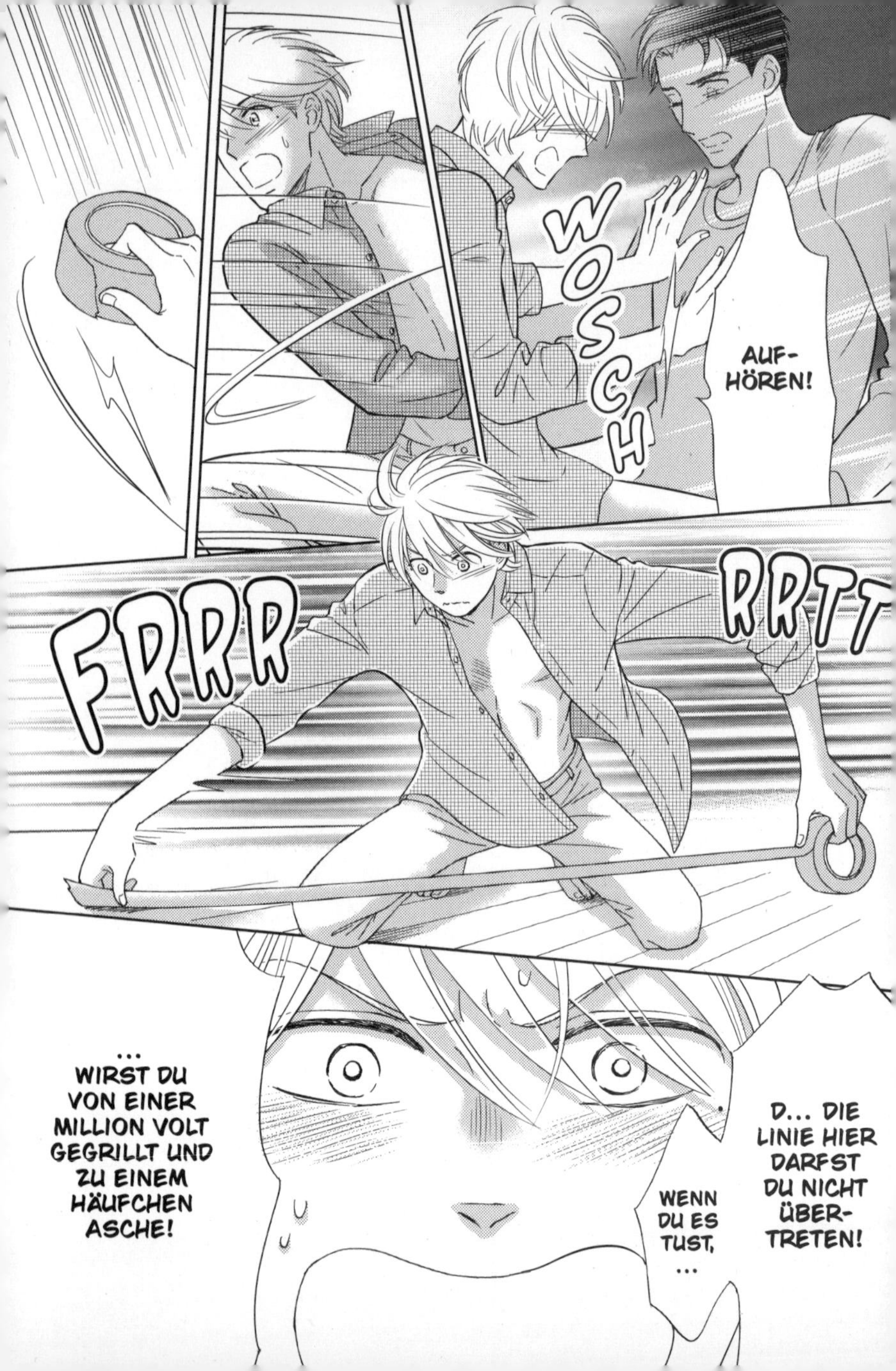
WOSCH
AUF-HÖREN!
FRRR
RRTT
D... DIE LINIE HIER DARFST DU NICHT ÜBER-TRETEN!
WENN DU ES TUST, ...
... WIRST DU VON EINER MILLION VOLT GEGRILLT UND ZU EINEM HÄUFCHEN ASCHE!

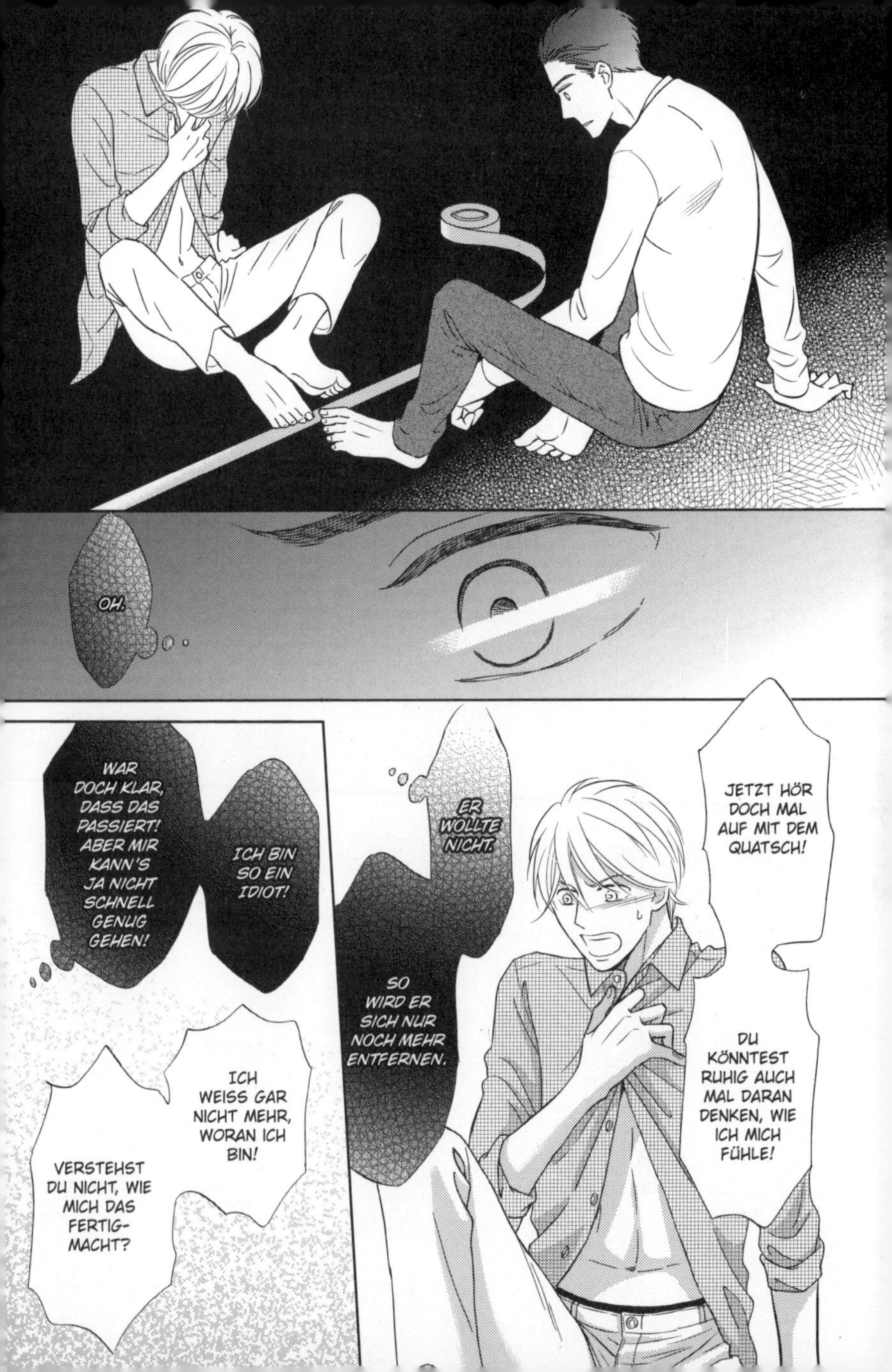

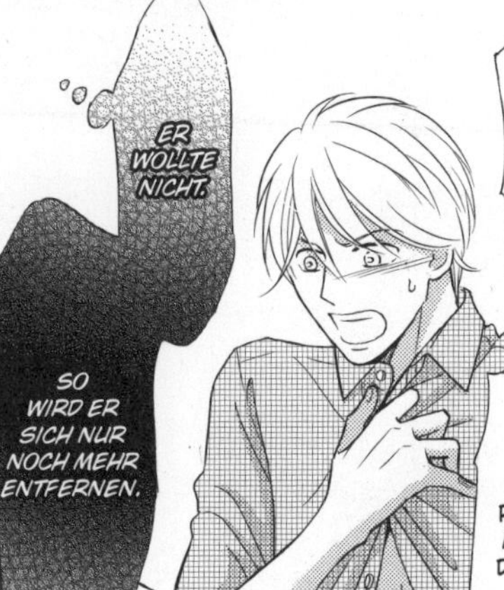
OH.
JETZT HÖR DOCH MAL AUF MIT DEM QUATSCH!
ER WOLLTE NICHT.
ICH BIN SO EIN IDIOT!
WAR DOCH KLAR, DASS DAS PASSIERT! ABER MIR KANN'S JA NICHT SCHNELL GENUG GEHEN!
DU KÖNNTEST RUHIG AUCH MAL DARAN DENKEN, WIE ICH MICH FÜHLE!
SO WIRD ER SICH NUR NOCH MEHR ENTFERNEN.
ICH WEISS GAR NICHT MEHR, WORAN ICH BIN!
VERSTEHST DU NICHT, WIE MICH DAS FERTIG-MACHT?

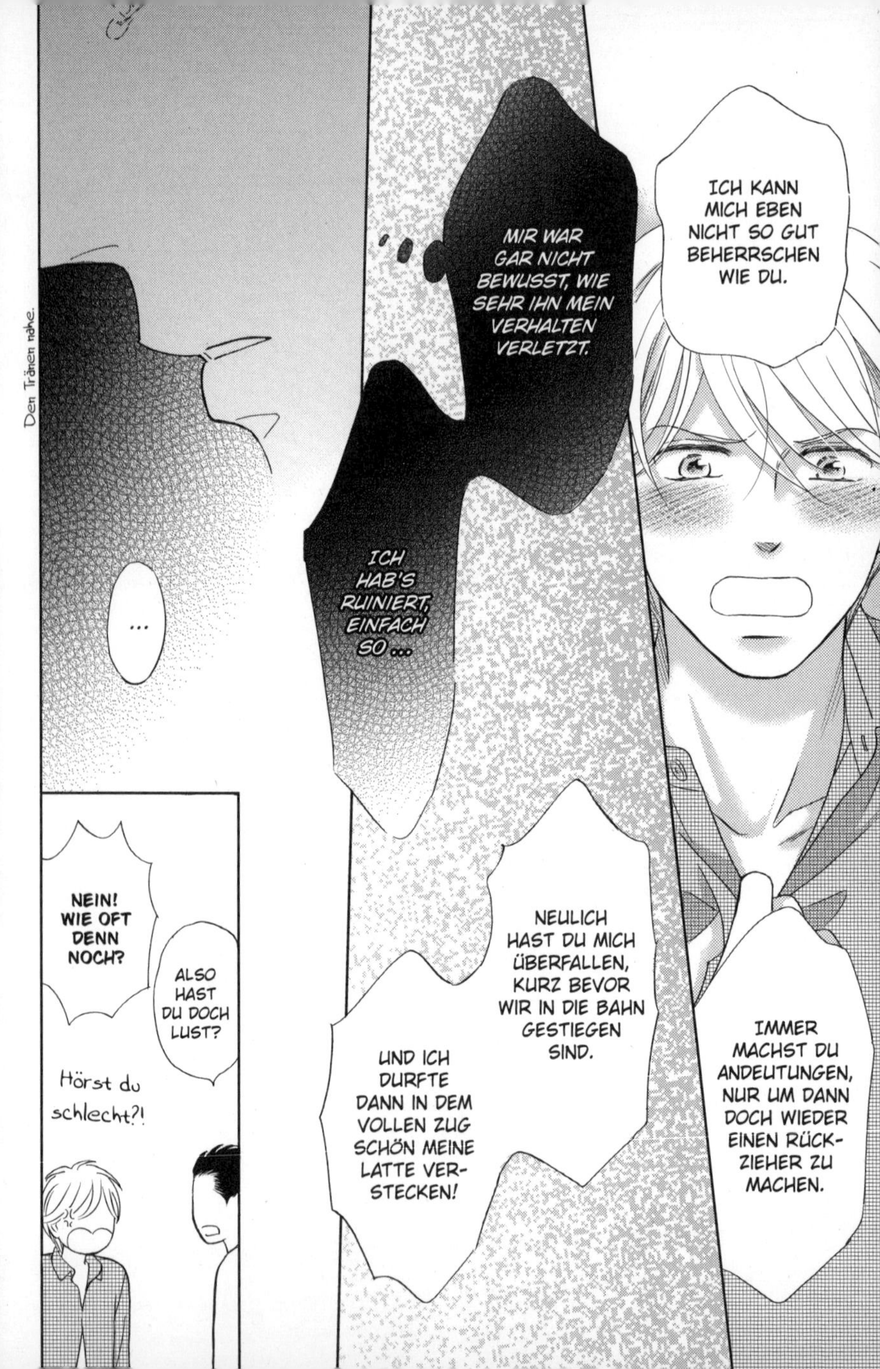
ICH KANN MICH EBEN NICHT SO GUT BEHERRSCHEN WIE DU.
MIR WAR GAR NICHT BEWUSST, WIE SEHR IHN MEIN VERHALTEN VERLETZT.
ICH HAB'S RUINIERT, EINFACH SO ...
...
Den Tränen nahe.
IMMER MACHST DU ANDEUTUNGEN, NUR UM DANN DOCH WIEDER EINEN RÜCK-ZIEHER ZU MACHEN.
NEULICH HAST DU MICH ÜBERFALLEN, KURZ BEVOR WIR IN DIE BAHN GESTIEGEN SIND.
UND ICH DURFTE DANN IN DEM VOLLEN ZUG SCHÖN MEINE LATTE VER-STECKEN!
ALSO HAST DU DOCH LUST?
NEIN! WIE OFT DENN NOCH?
Hörst du schlecht?!

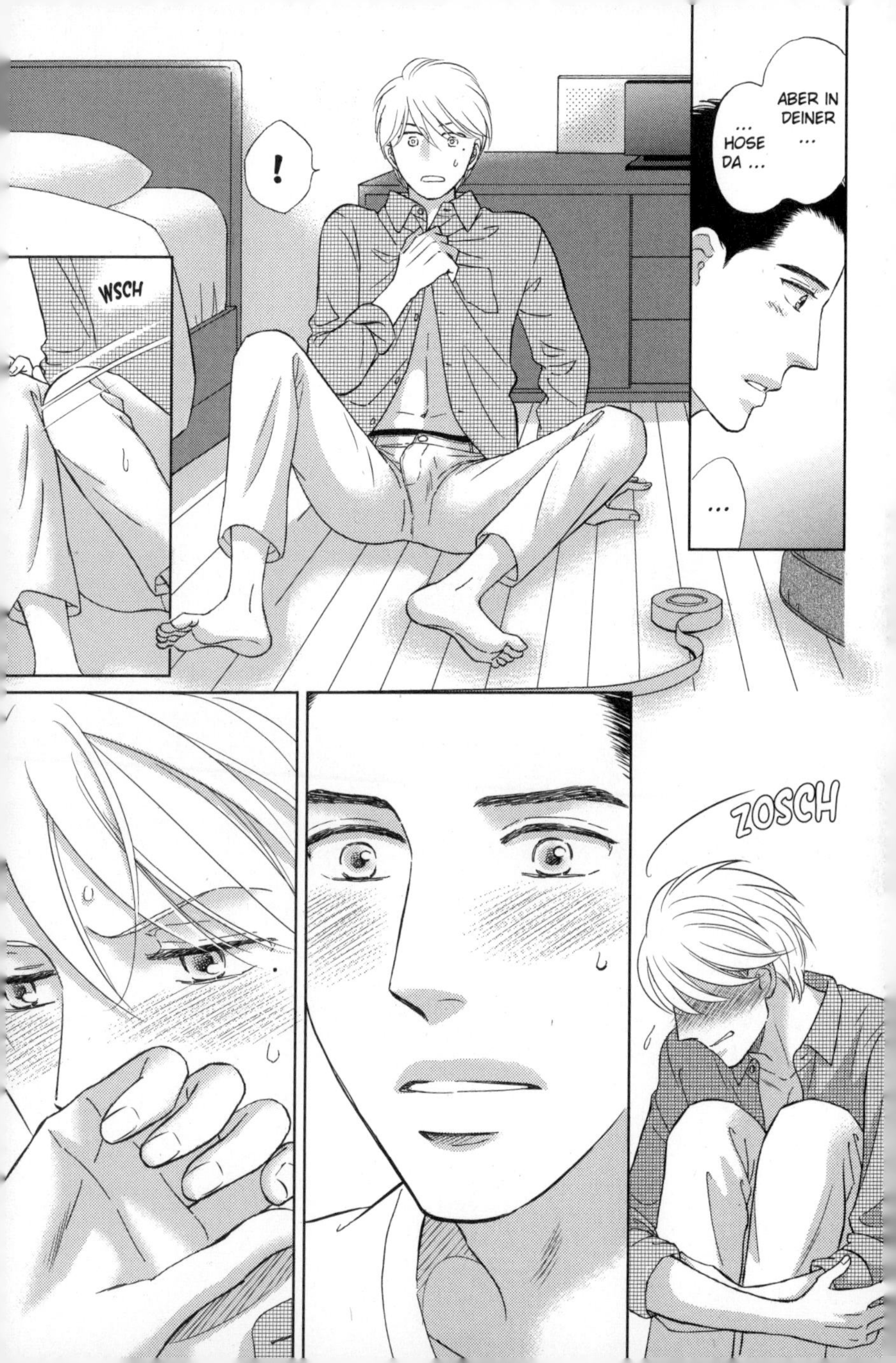
ABER IN DEINER … … HOSE DA …
…
!
WSCH
ZOSCH

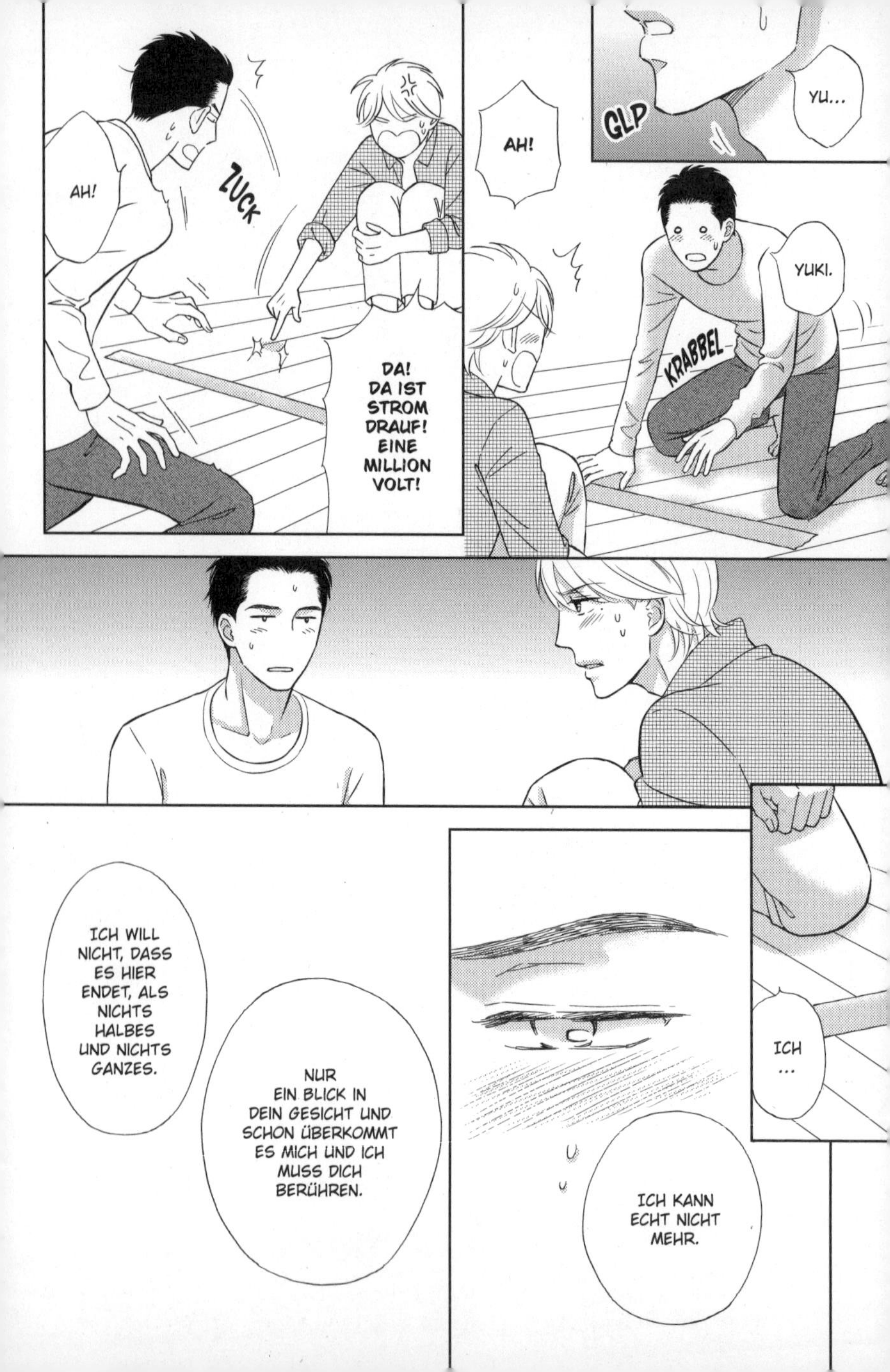
YU…
GLP
AH!
YUKI.
KRABBEL
AH!
ZUCK
DA! DA IST STROM DRAUF! EINE MILLION VOLT!
ICH …
ICH KANN ECHT NICHT MEHR.
NUR EIN BLICK IN DEIN GESICHT UND SCHON ÜBERKOMMT ES MICH UND ICH MUSS DICH BERÜHREN.
ICH WILL NICHT, DASS ES HIER ENDET, ALS NICHTS HALBES UND NICHTS GANZES.

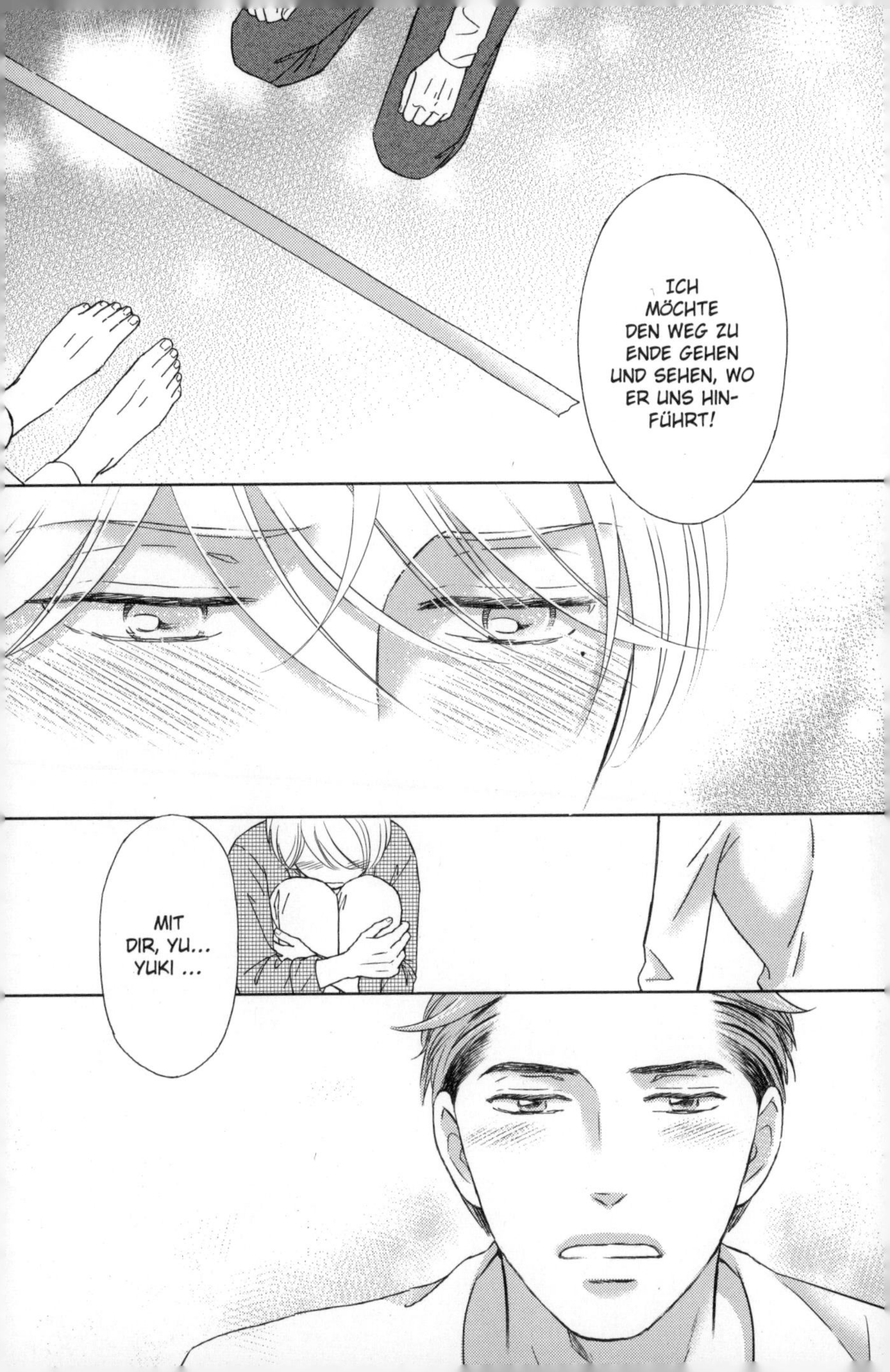
ICH MÖCHTE DEN WEG ZU ENDE GEHEN UND SEHEN, WO ER UNS HIN-FÜHRT!
MIT DIR, YU... YUKI ...

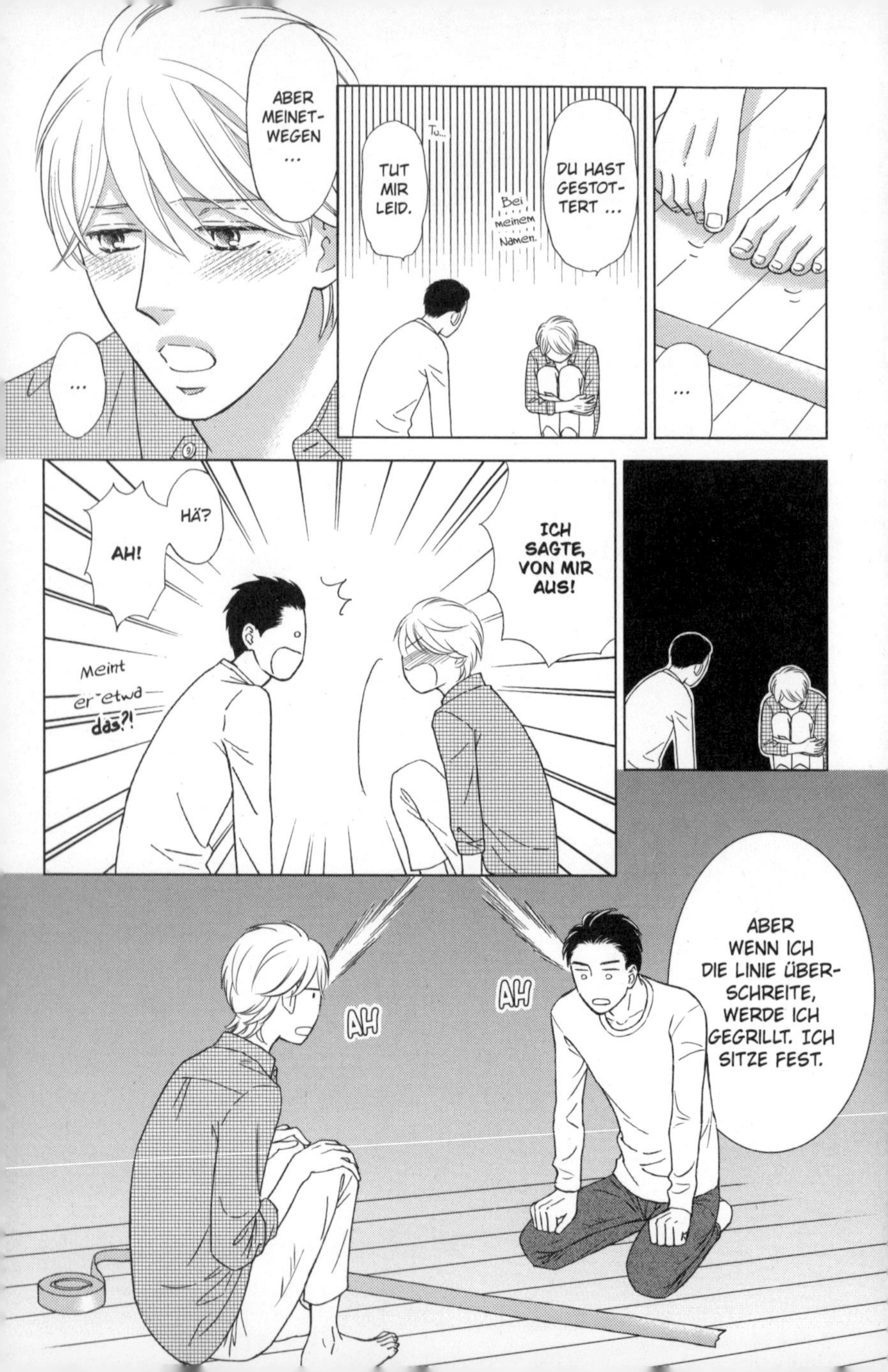
Du hast gestottert …
Bei meinem Namen.
Tu…
Tut mir leid.
Aber meinetwegen …
…
…
Ich sagte, von mir aus!
Hä?
Ah!
Meint er etwa das?!
Aber wenn ich die Linie überschreite, werde ich gegrillt. Ich sitze fest.
Ah
Ah

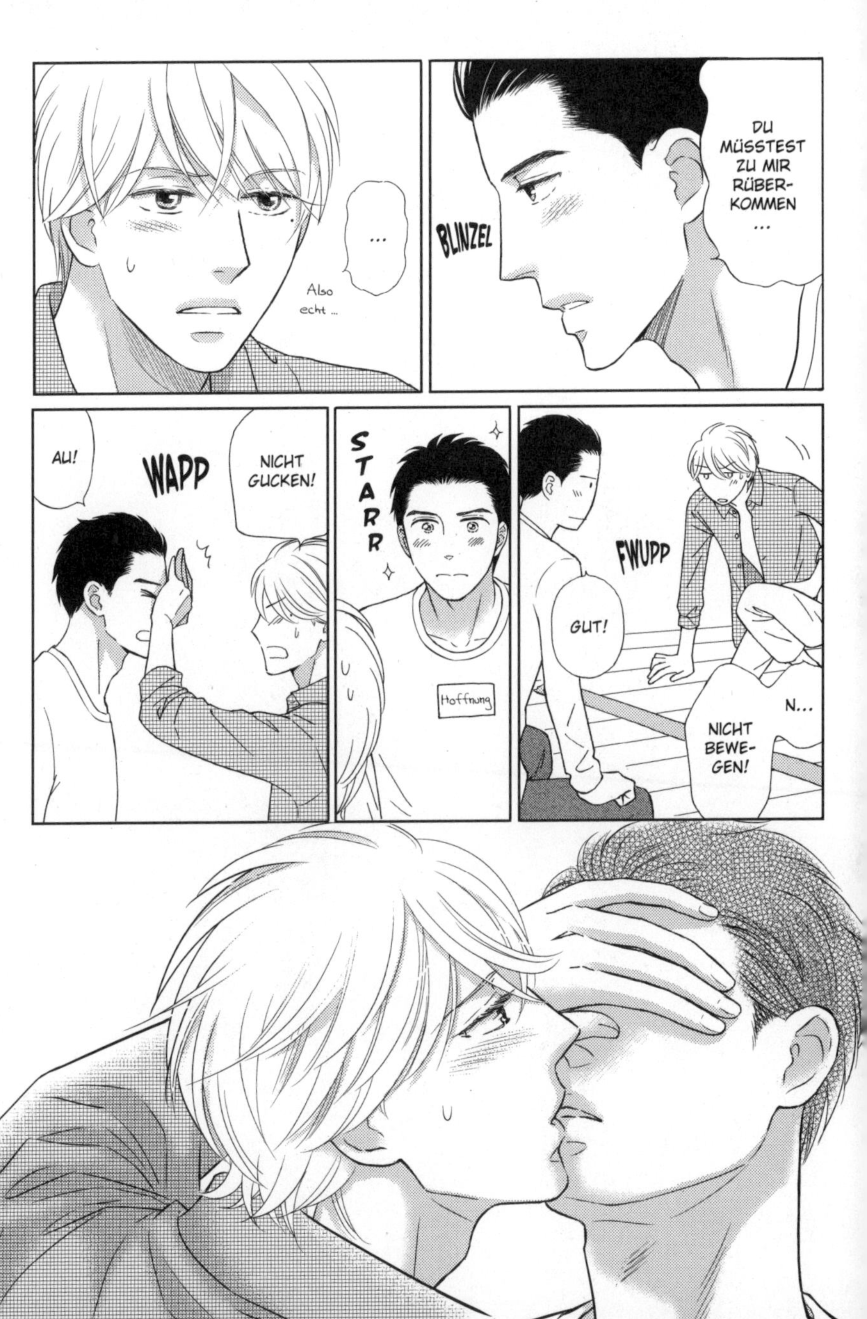

DU MÜSSTEST ZU MIR RÜBER-KOMMEN ...
BLINZEL
...
Also echt ...
FWUPP
GUT!
N... NICHT BEWE-GEN!
STARR
Hoffnung
NICHT GUCKEN!
WAPP
AU!

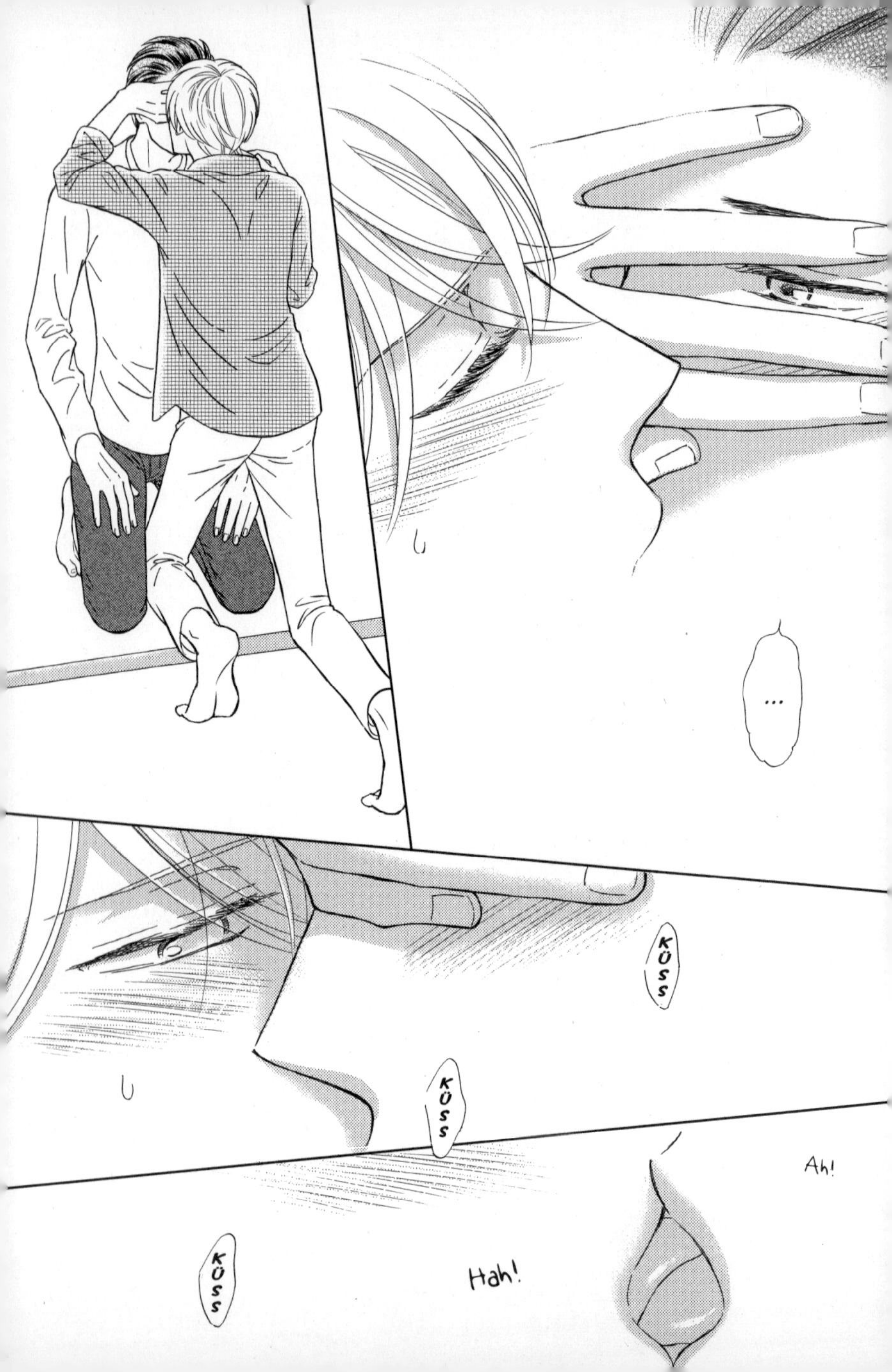
...
KÜSS
KÜSS
Ah!
KÜSS
Hah!

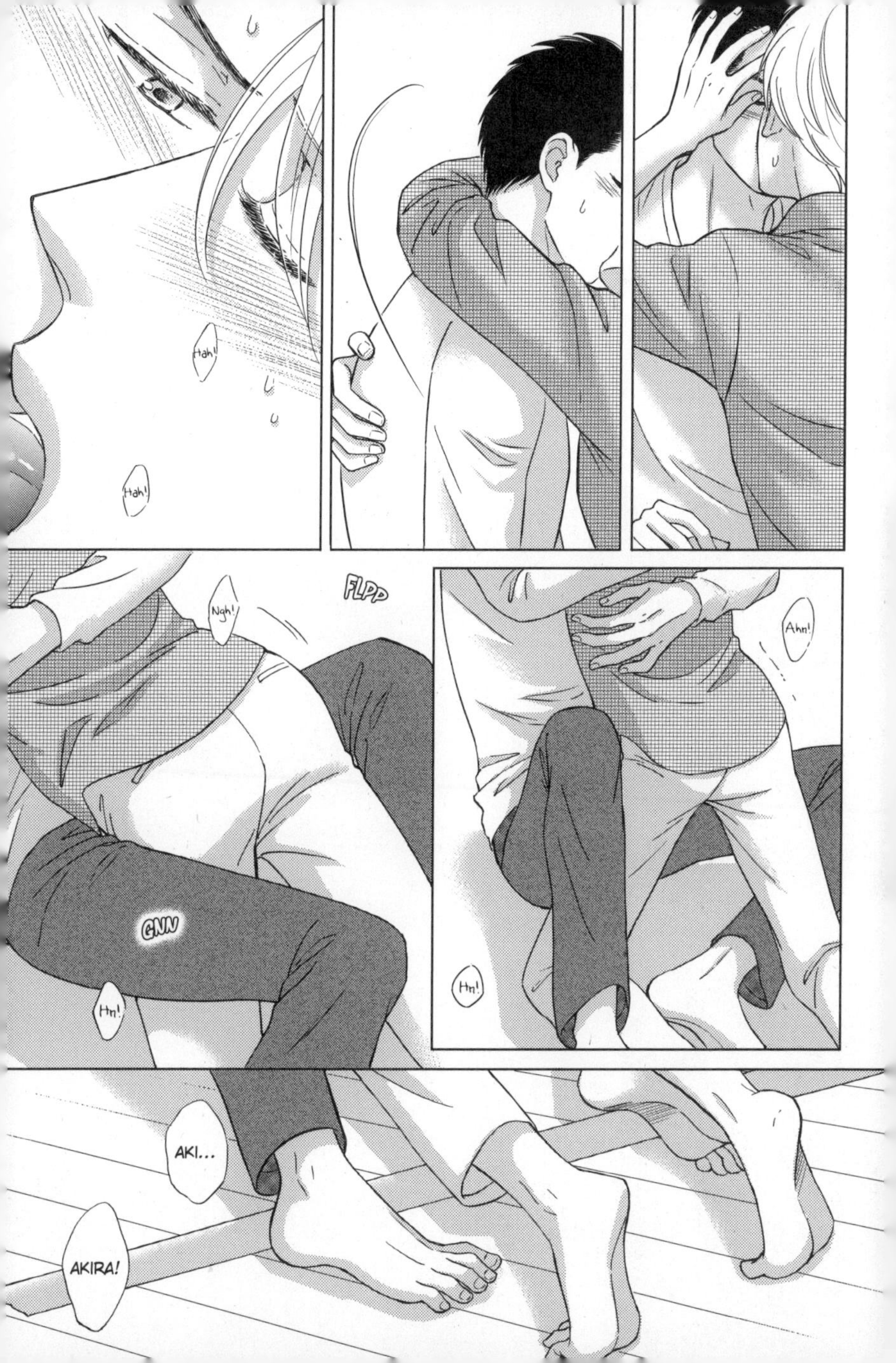

Hah!
Hah!
Ahn!
Hn!
FLPP
Ngh!
GNN
Hn!
AKI...
AKIRA!

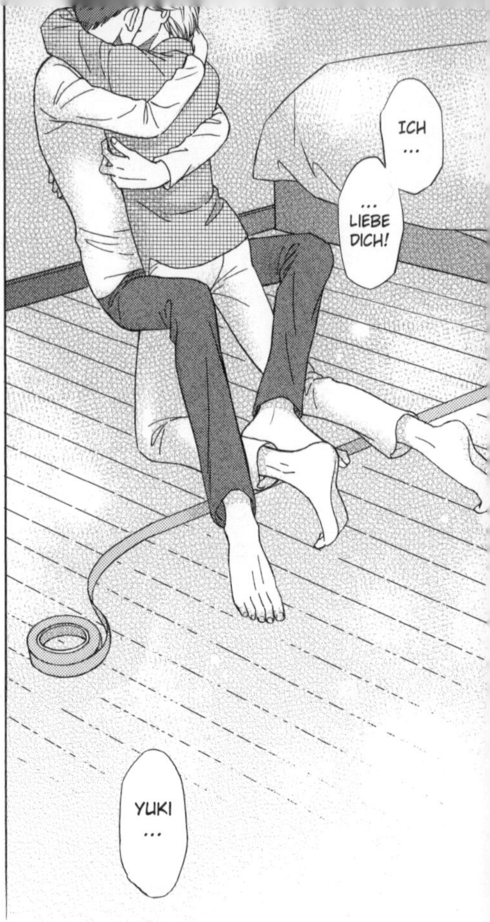

ICH ...
... LIEBE DICH!
YUKI ...

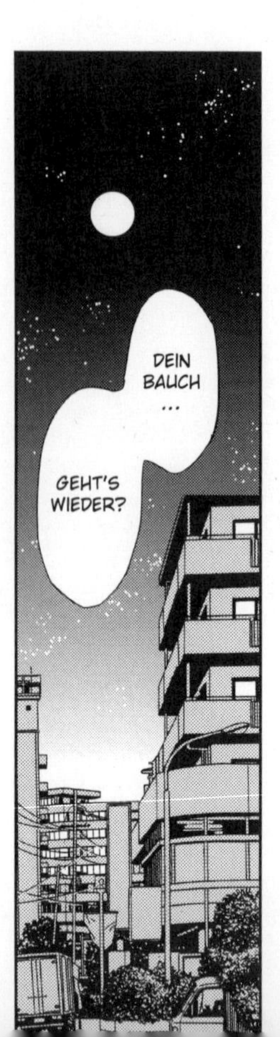

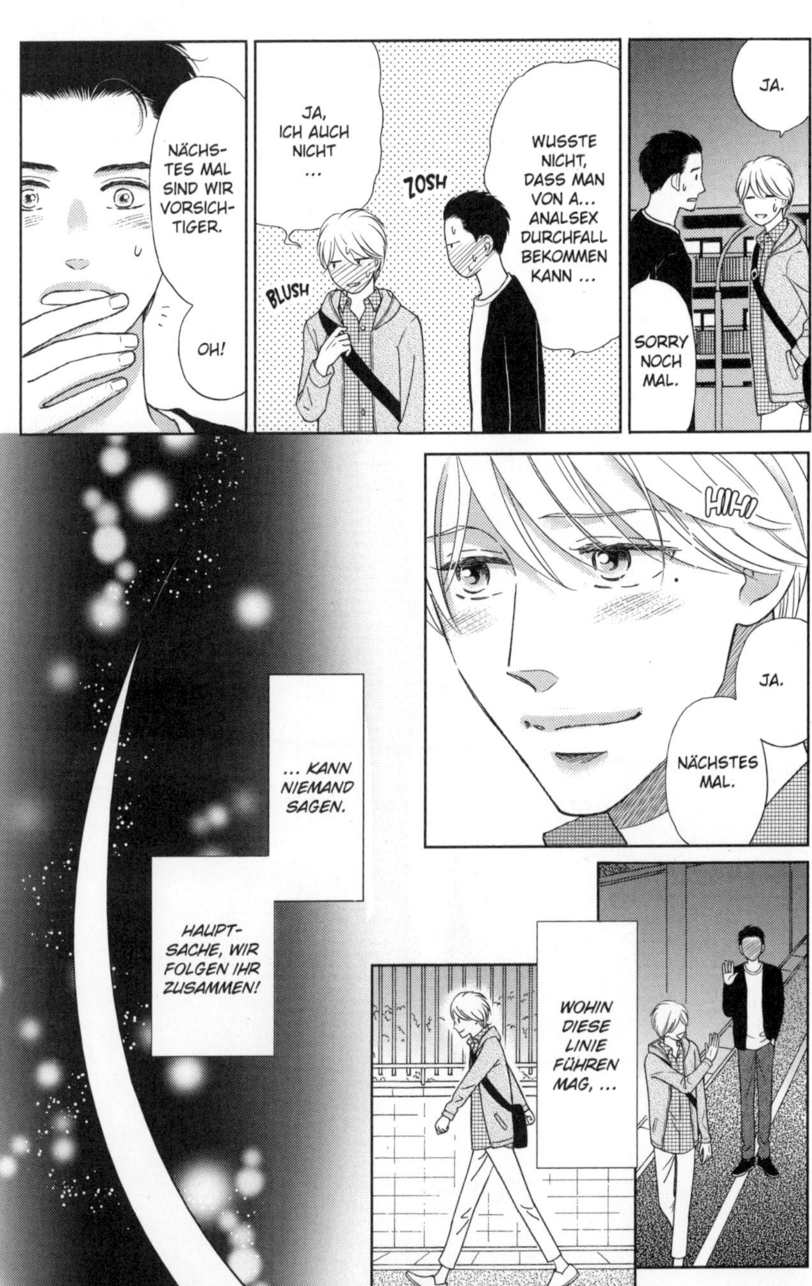

SORRY NOCH MAL.
JA.
WUSSTE NICHT, DASS MAN VON A... ANALSEX DURCHFALL BEKOMMEN KANN ...
ZOSH
JA, ICH AUCH NICHT ...
BLUSH
OH!
NÄCHS-TES MAL SIND WIR VORSICH-TIGER.
HIHI
JA.
NÄCHSTES MAL.
WOHIN DIESE LINIE FÜHREN MAG, ...
... KANN NIEMAND SAGEN.
HAUPT-SACHE, WIR FOLGEN IHR ZUSAMMEN!

21 Einundzwanzig

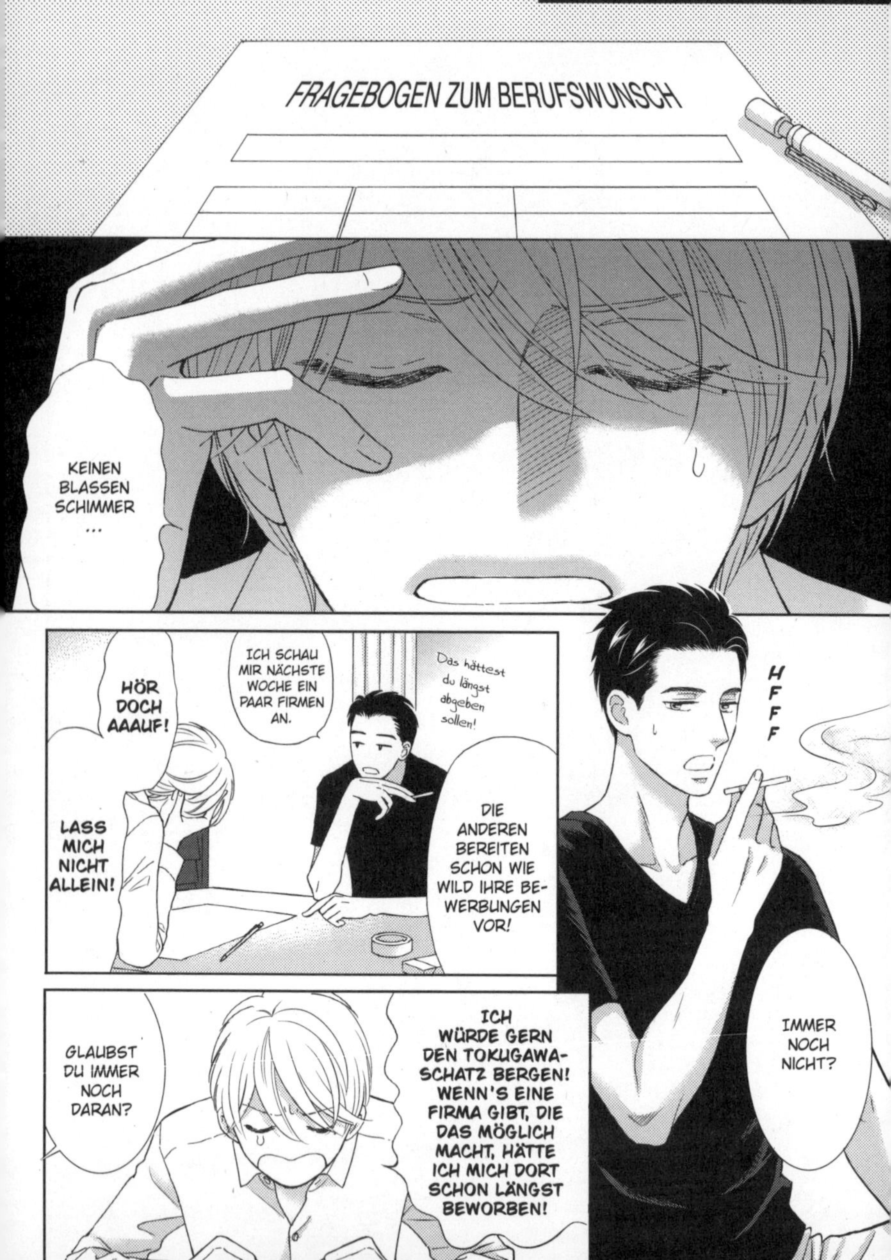

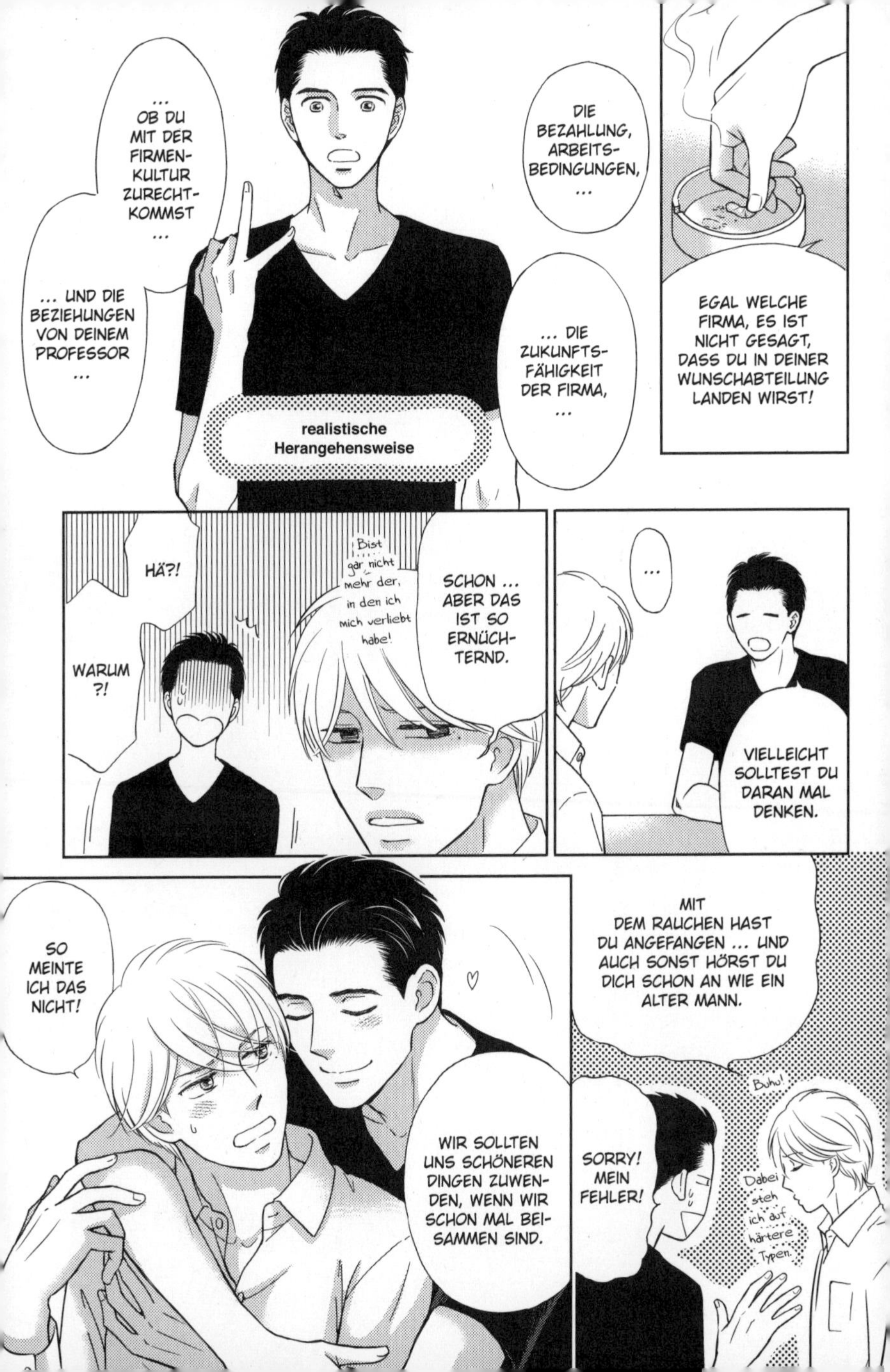
EGAL WELCHE FIRMA, ES IST NICHT GESAGT, DASS DU IN DEINER WUNSCHABTEILUNG LANDEN WIRST!
DIE BEZAHLUNG, ARBEITSBEDINGUNGEN, …
… DIE ZUKUNFTSFÄHIGKEIT DER FIRMA, …
… OB DU MIT DER FIRMENKULTUR ZURECHTKOMMST …
… UND DIE BEZIEHUNGEN VON DEINEM PROFESSOR …
realistische Herangehensweise
…
VIELLEICHT SOLLTEST DU DARAN MAL DENKEN.
SCHON … ABER DAS IST SO ERNÜCHTERND.
Bist gar nicht mehr der, in den ich mich verliebt habe!
HÄ?!
WARUM ?!
MIT DEM RAUCHEN HAST DU ANGEFANGEN … UND AUCH SONST HÖRST DU DICH SCHON AN WIE EIN ALTER MANN.
Buhu!
Dabei steh ich auf härtere Typen.
SORRY! MEIN FEHLER!
WIR SOLLTEN UNS SCHÖNEREN DINGEN ZUWENDEN, WENN WIR SCHON MAL BEISAMMEN SIND.
SO MEINTE ICH DAS NICHT!

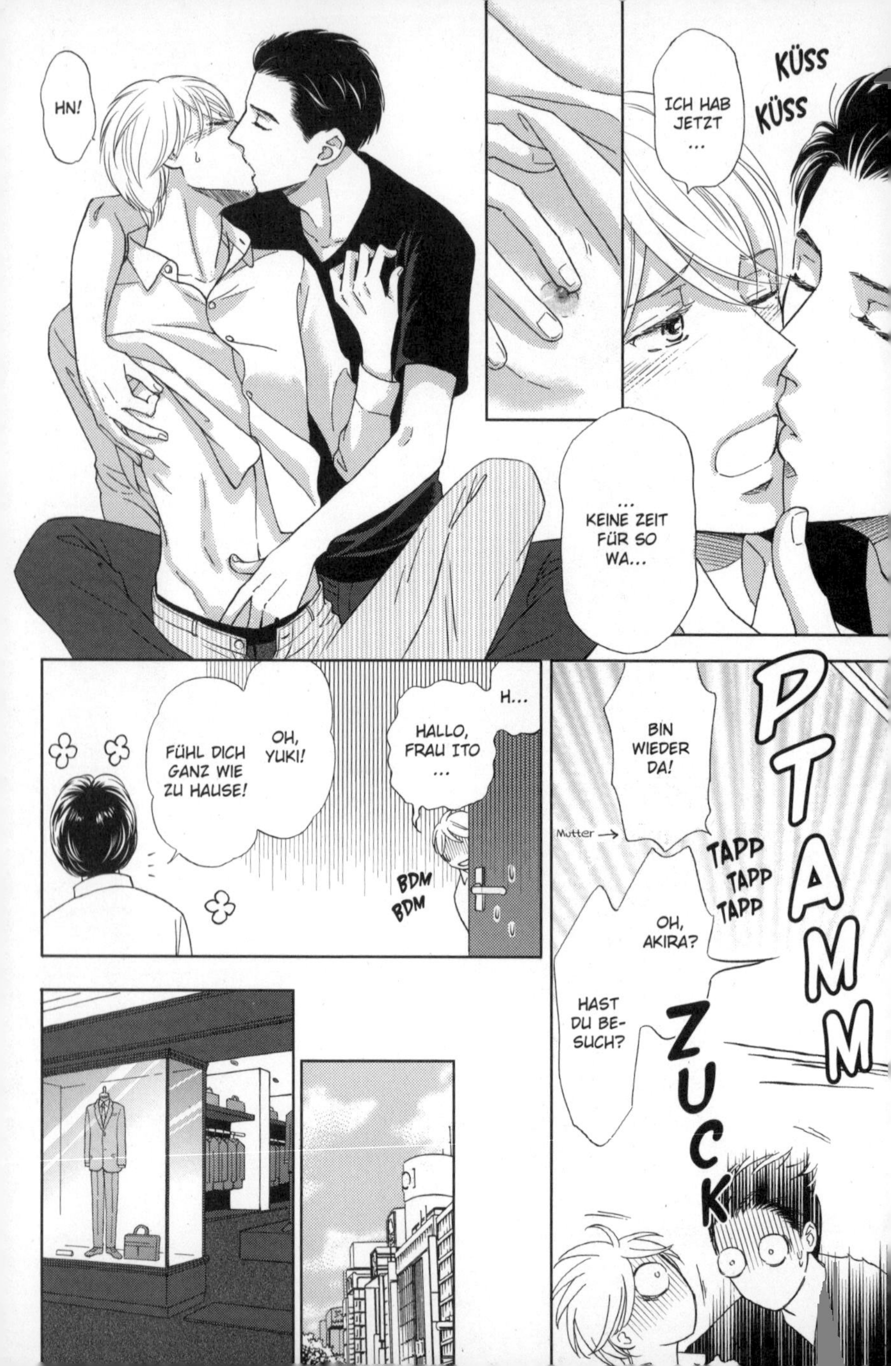
KÜSS
KÜSS
ICH HAB JETZT …
… KEINE ZEIT FÜR SO WA…
HN!
PTAMM
BIN WIEDER DA!
Mutter →
TAPP TAPP TAPP
OH, AKIRA?
HAST DU BESUCH?
ZUCK
H…
HALLO, FRAU ITO …
OH, YUKI!
FÜHL DICH GANZ WIE ZU HAUSE!
BDM BDM

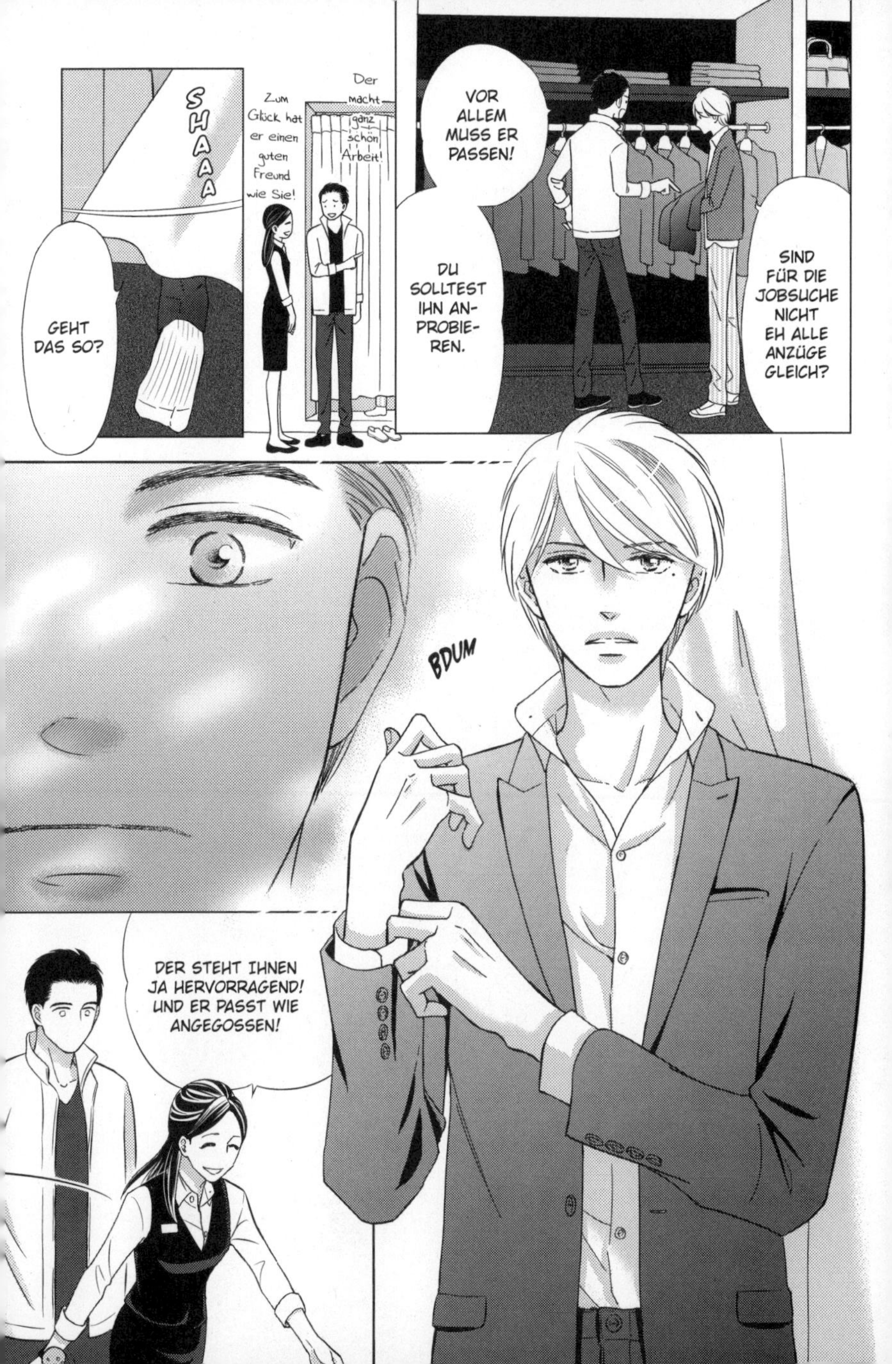
SIND FÜR DIE JOBSUCHE NICHT EH ALLE ANZÜGE GLEICH?
VOR ALLEM MUSS ER PASSEN!
DU SOLLTEST IHN AN-PROBIE-REN.
Der macht ganz schön Arbeit!
Zum Glück hat er einen guten Freund wie Sie!
SHAAA
GEHT DAS SO?
BDUM
DER STEHT IHNEN JA HERVORRAGEND! UND ER PASST WIE ANGEGOSSEN!

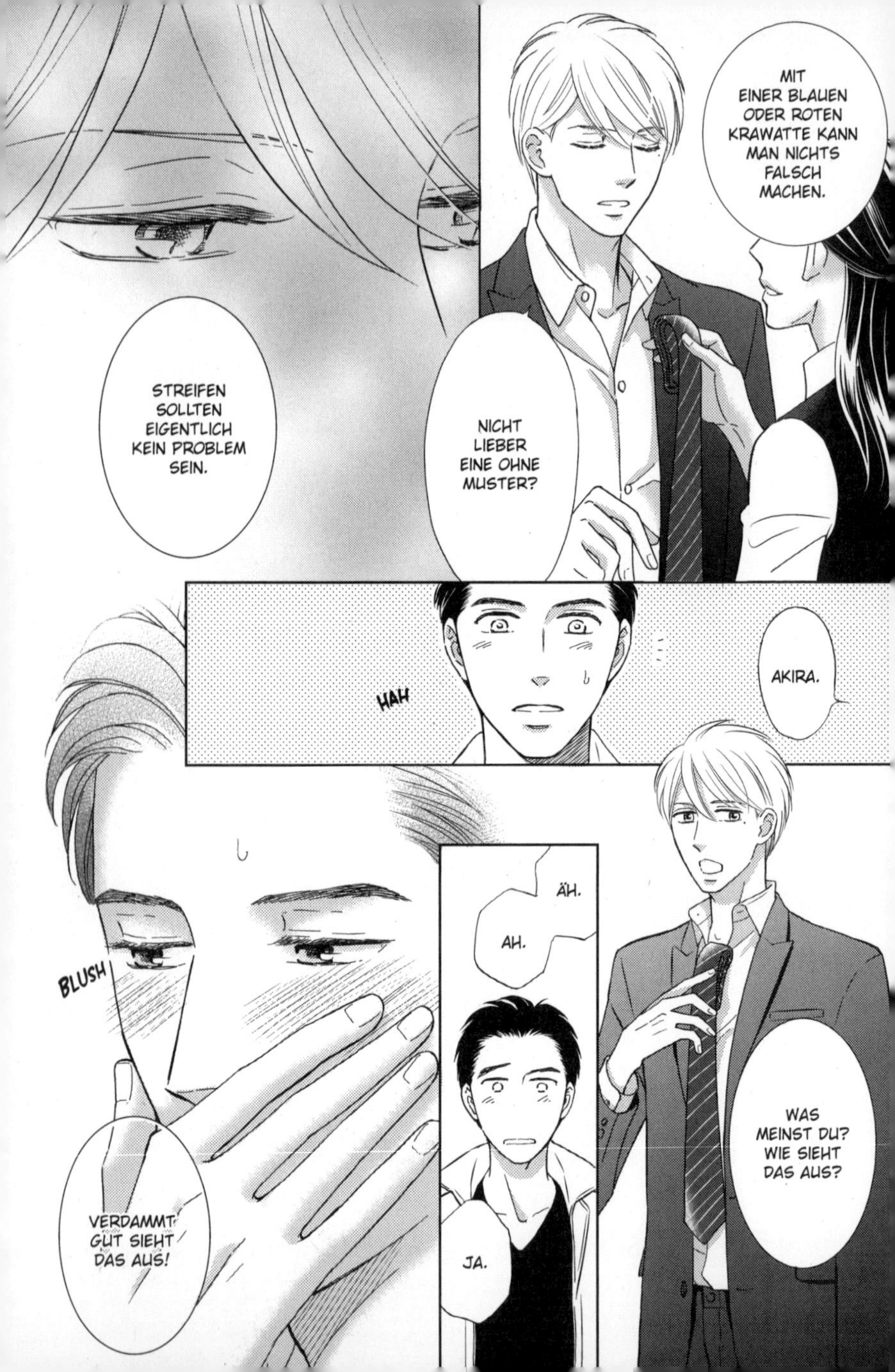
MIT EINER BLAUEN ODER ROTEN KRAWATTE KANN MAN NICHTS FALSCH MACHEN.
NICHT LIEBER EINE OHNE MUSTER?
STREIFEN SOLLTEN EIGENTLICH KEIN PROBLEM SEIN.
AKIRA.
HAH
WAS MEINST DU? WIE SIEHT DAS AUS?
ÄH.
AH.
JA.
BLUSH
VERDAMMT GUT SIEHT DAS AUS!

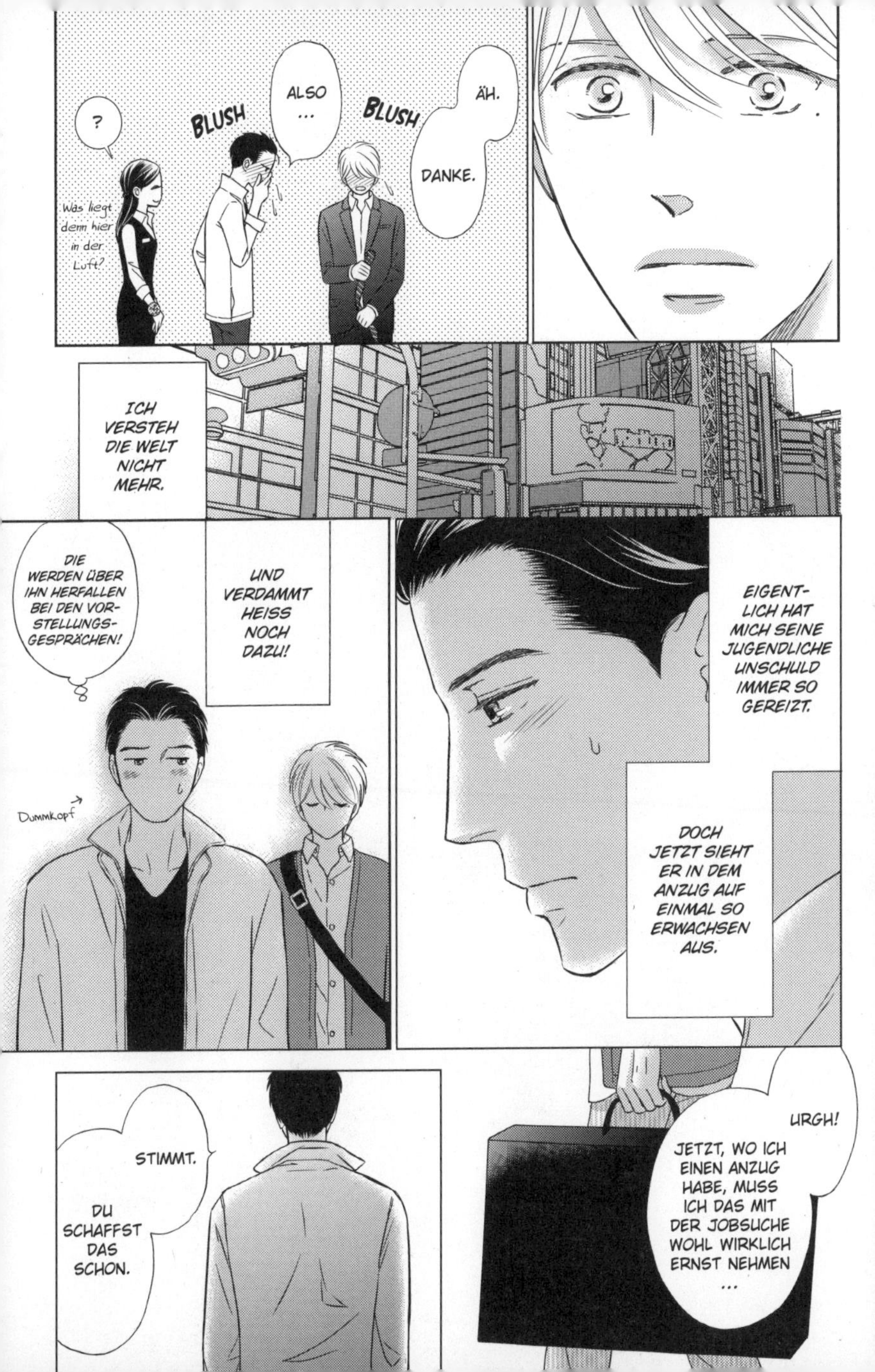
Äh.
Danke.
Blush
Also …
Blush
?
Was liegt denn hier in der Luft?
Ich versteh die Welt nicht mehr.
Eigentlich hat mich seine jugendliche Unschuld immer so gereizt.
Doch jetzt sieht er in dem Anzug auf einmal so erwachsen aus.
Und verdammt heiss noch dazu!
Die werden über ihn herfallen bei den Vorstellungsgesprächen!
Dummkopf
Urgh!
Jetzt, wo ich einen Anzug habe, muss ich das mit der Jobsuche wohl wirklich ernst nehmen …
Stimmt.
Du schaffst das schon.

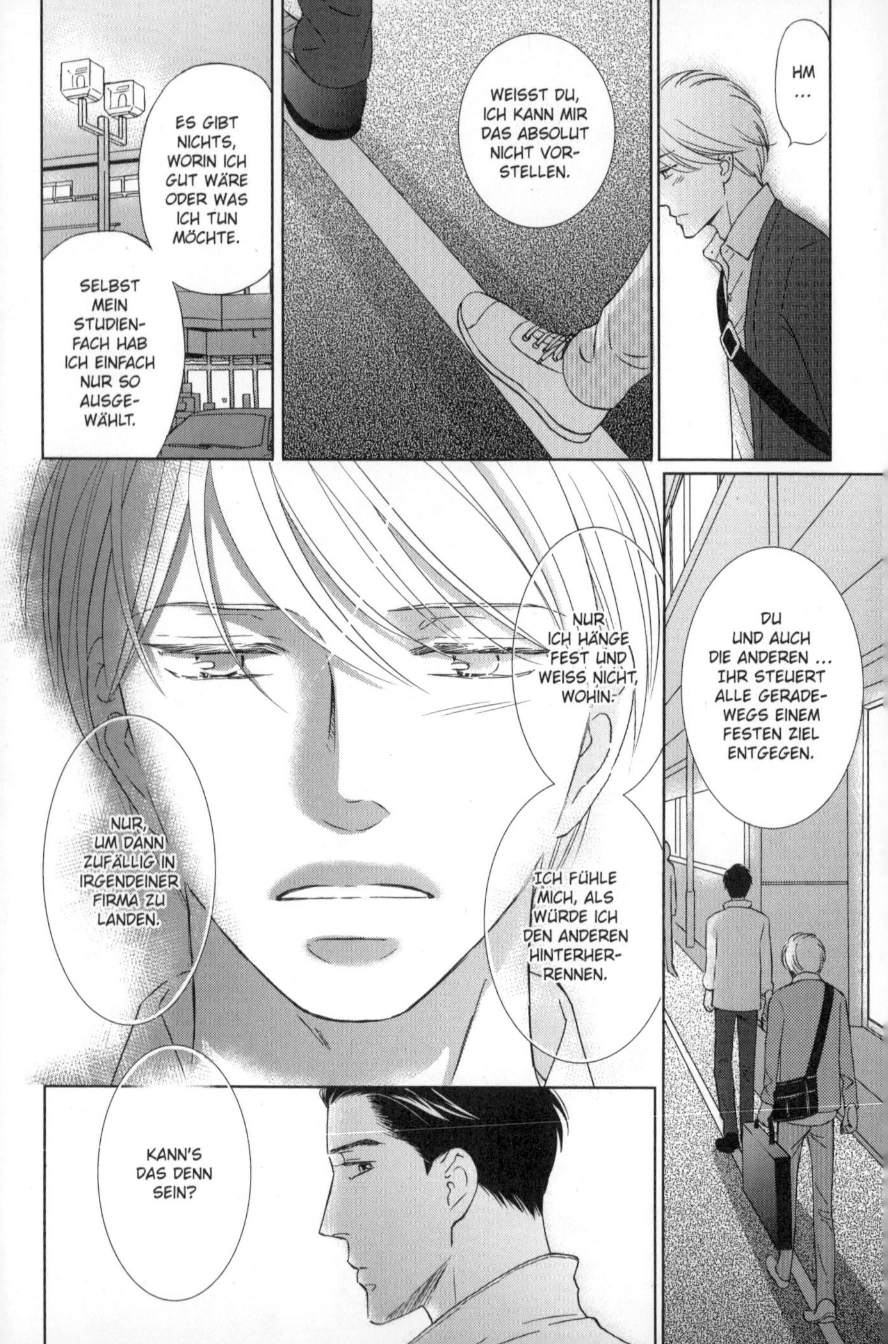
HM ...
WEISST DU, ICH KANN MIR DAS ABSOLUT NICHT VORSTELLEN.
ES GIBT NICHTS, WORIN ICH GUT WÄRE ODER WAS ICH TUN MÖCHTE.
SELBST MEIN STUDIENFACH HAB ICH EINFACH NUR SO AUSGEWÄHLT.
DU UND AUCH DIE ANDEREN ... IHR STEUERT ALLE GERADEWEGS EINEM FESTEN ZIEL ENTGEGEN.
NUR ICH HÄNGE FEST UND WEISS NICHT, WOHIN.
ICH FÜHLE MICH, ALS WÜRDE ICH DEN ANDEREN HINTERHERRENNEN.
NUR, UM DANN ZUFÄLLIG IN IRGENDEINER FIRMA ZU LANDEN.
KANN'S DAS DENN SEIN?

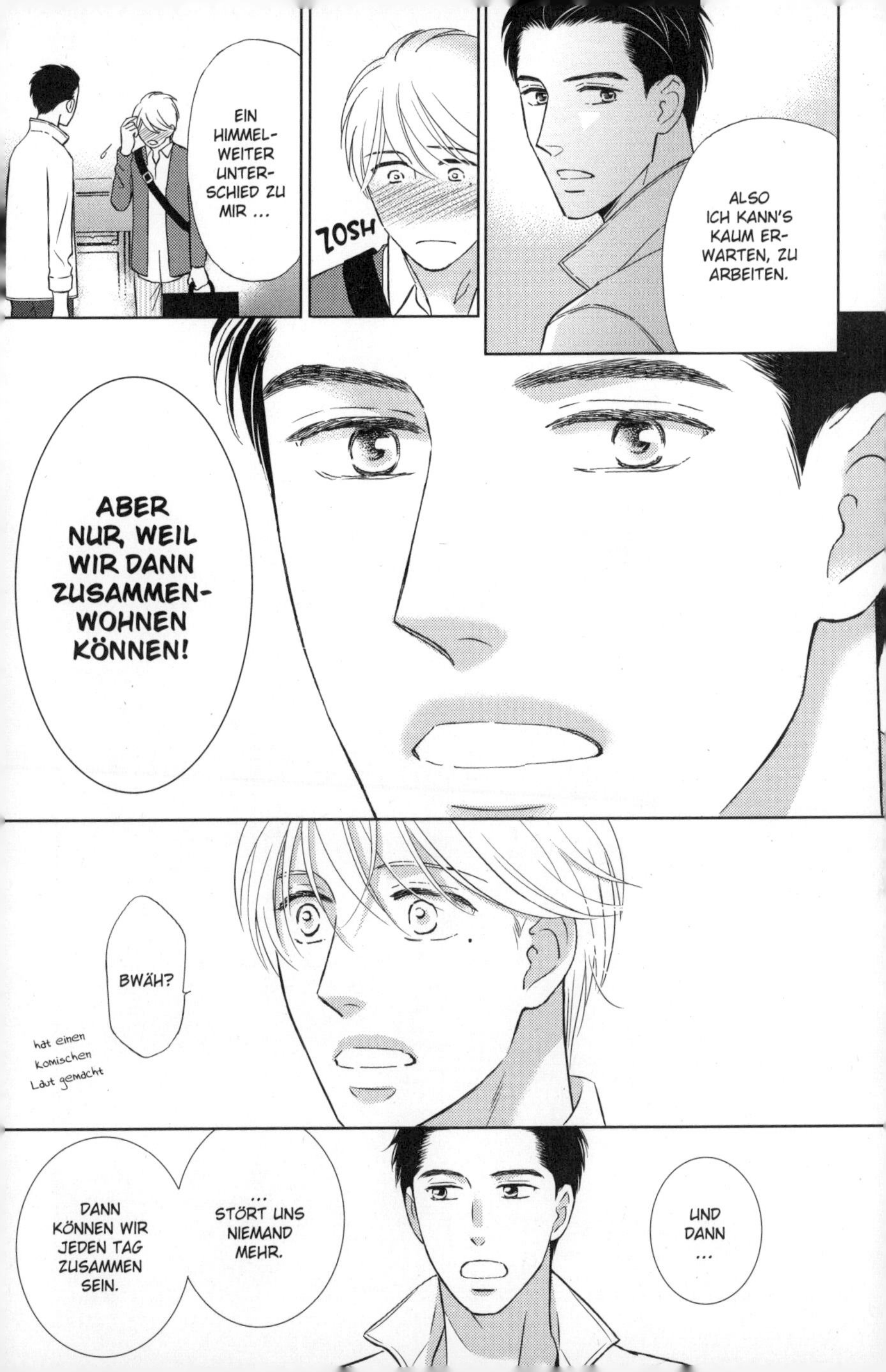
ALSO ICH KANN'S KAUM ERWARTEN, ZU ARBEITEN.
ZOSH
EIN HIMMELWEITER UNTERSCHIED ZU MIR …
ABER NUR, WEIL WIR DANN ZUSAMMENWOHNEN KÖNNEN!
BWÄH?
hat einen komischen Laut gemacht
UND DANN …
… STÖRT UNS NIEMAND MEHR.
DANN KÖNNEN WIR JEDEN TAG ZUSAMMEN SEIN.

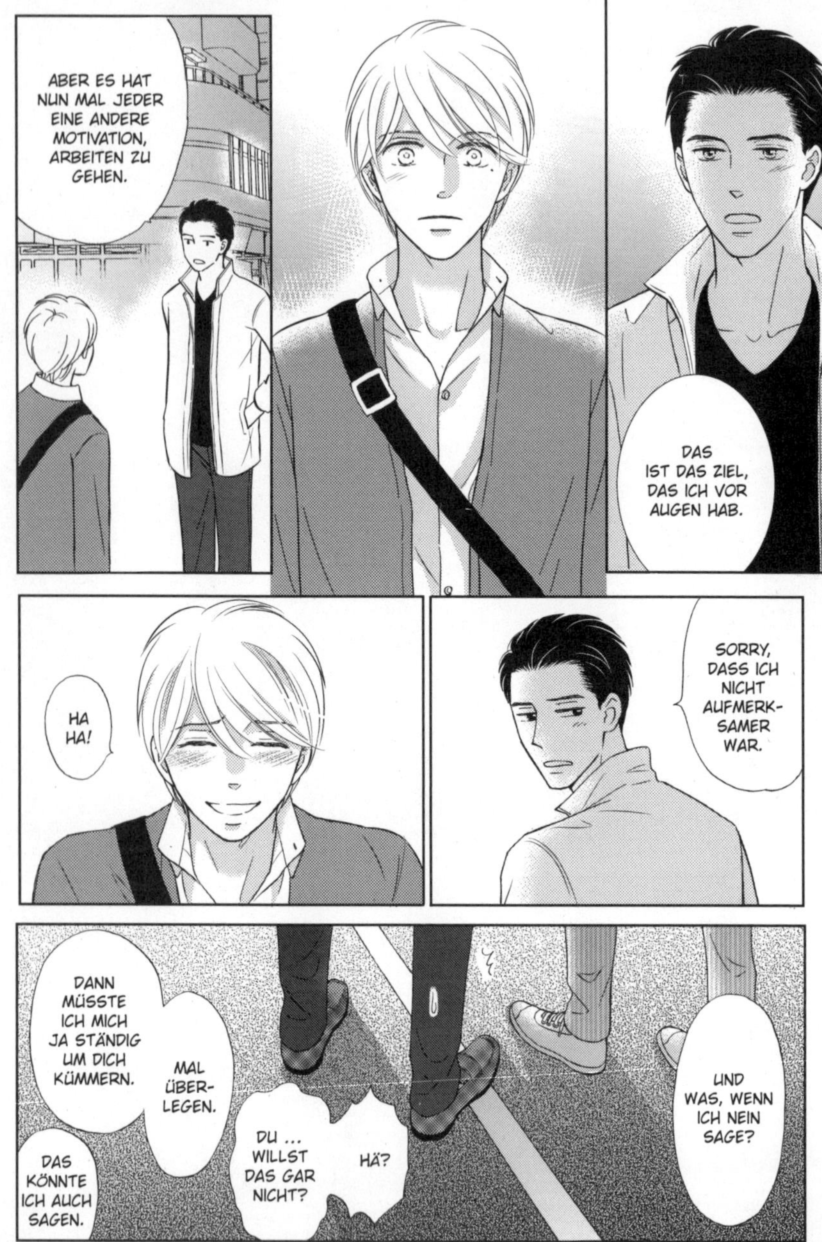
DAS IST DAS ZIEL, DAS ICH VOR AUGEN HAB.
ABER ES HAT NUN MAL JEDER EINE ANDERE MOTIVATION, ARBEITEN ZU GEHEN.
SORRY, DASS ICH NICHT AUFMERK-SAMER WAR.
HA HA!
UND WAS, WENN ICH NEIN SAGE?
HÄ?
DU ... WILLST DAS GAR NICHT?
MAL ÜBER-LEGEN.
DANN MÜSSTE ICH MICH JA STÄNDIG UM DICH KÜMMERN.
DAS KÖNNTE ICH AUCH SAGEN.

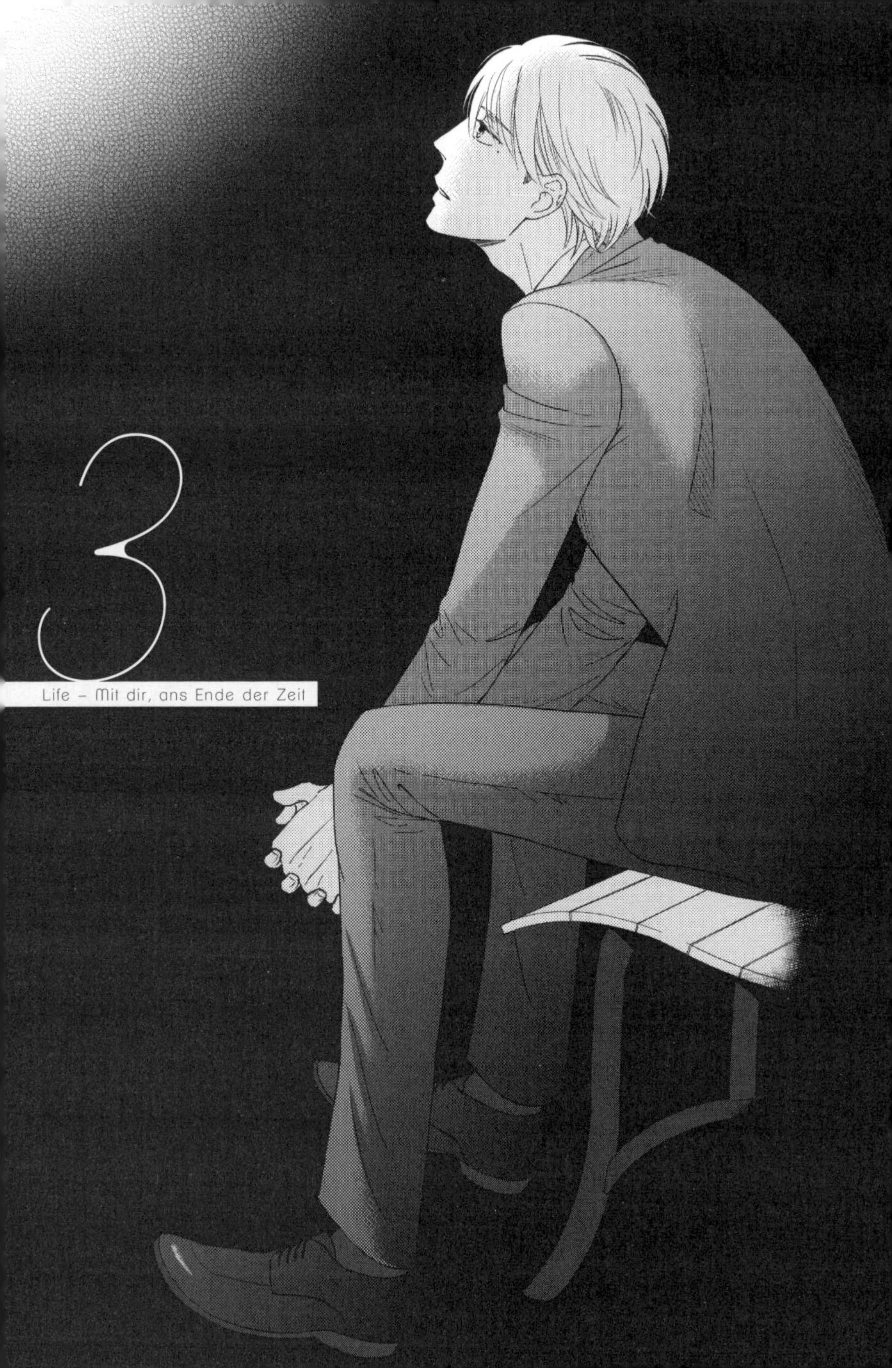
3
Life – Mit dir, ans Ende der Zeit

ALS ICH SPÄTABENDS VON DER ARBEIT HEIMKAM, FRAGTE MICH YUKI:

WOLLEN WIR AM WOCHENENDE EINEN KURZTRIP MACHEN? NUR WIR ZWEI?

25 Fünfundzwanzig

VON SAMSTAG AUF SONNTAG, EINE NACHT?

WÄRE EIN VERLÄNGERTES WOCHENENDE NICHT BESSER?

ACH, WIR FAHREN JA NICHT WEIT WEG.

NUR, UM AUF ANDERE GEDANKEN ZU KOMMEN.

WÜRDE AUCH GERNE MAL IN RUHE MIT DIR REDEN.

WORÜBER?

SAG ICH DANN.

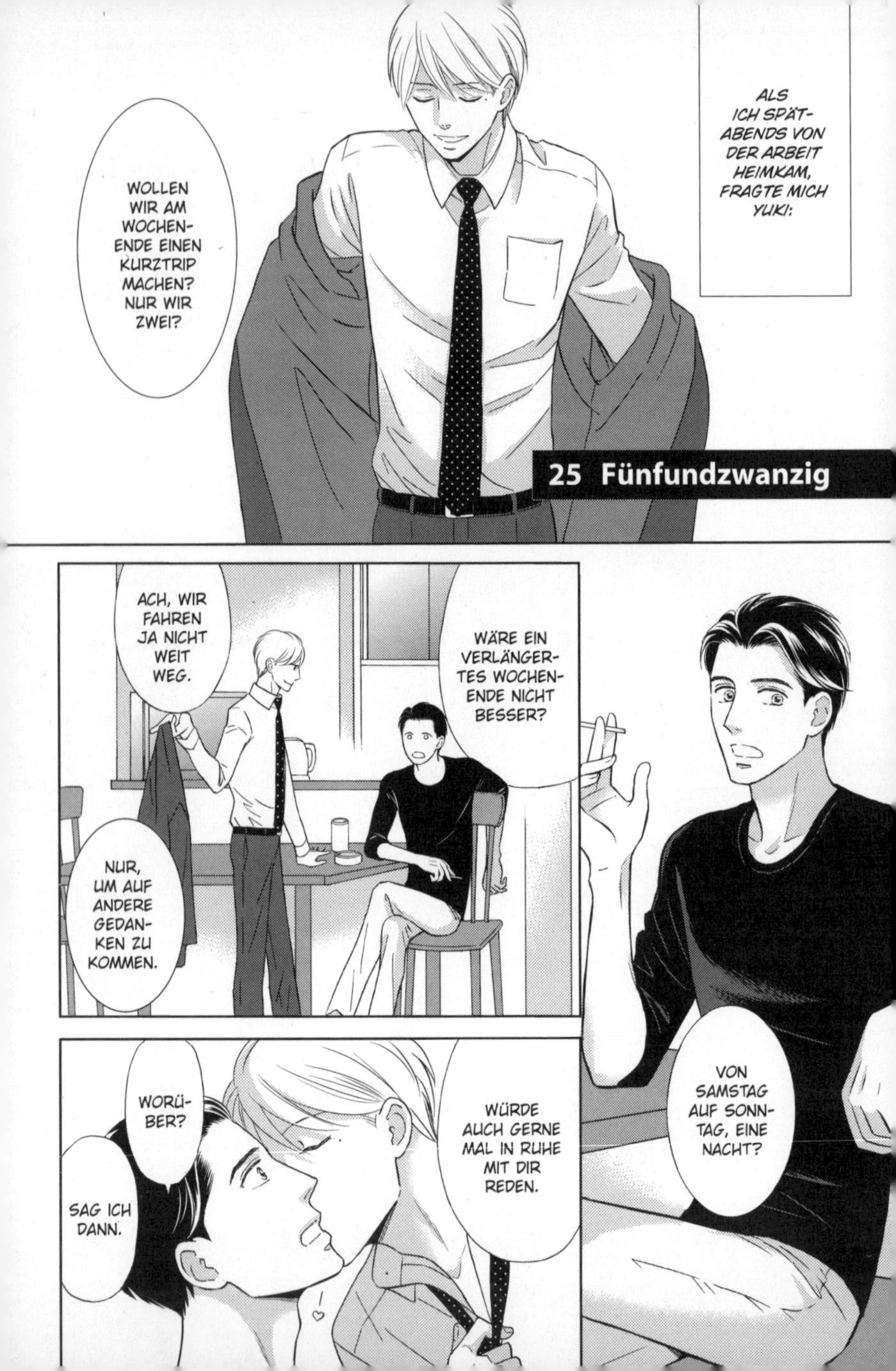

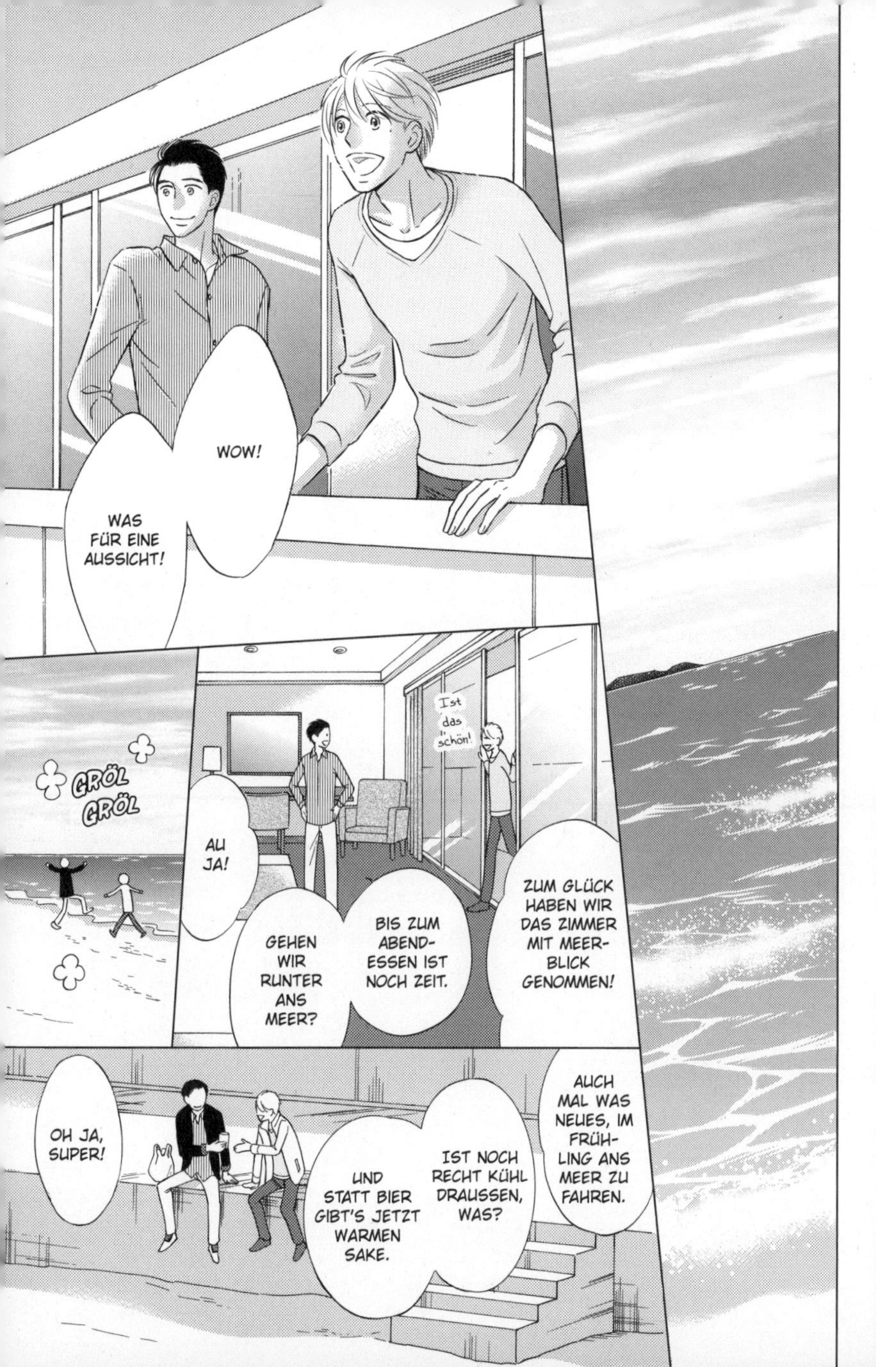
WOW!
WAS FÜR EINE AUSSICHT!
Ist das schön!
ZUM GLÜCK HABEN WIR DAS ZIMMER MIT MEER-BLICK GENOMMEN!
BIS ZUM ABEND-ESSEN IST NOCH ZEIT.
GEHEN WIR RUNTER ANS MEER?
AU JA!
GRÖL GRÖL
AUCH MAL WAS NEUES, IM FRÜH-LING ANS MEER ZU FAHREN.
IST NOCH RECHT KÜHL DRAUSSEN, WAS?
UND STATT BIER GIBT'S JETZT WARMEN SAKE.
OH JA, SUPER!

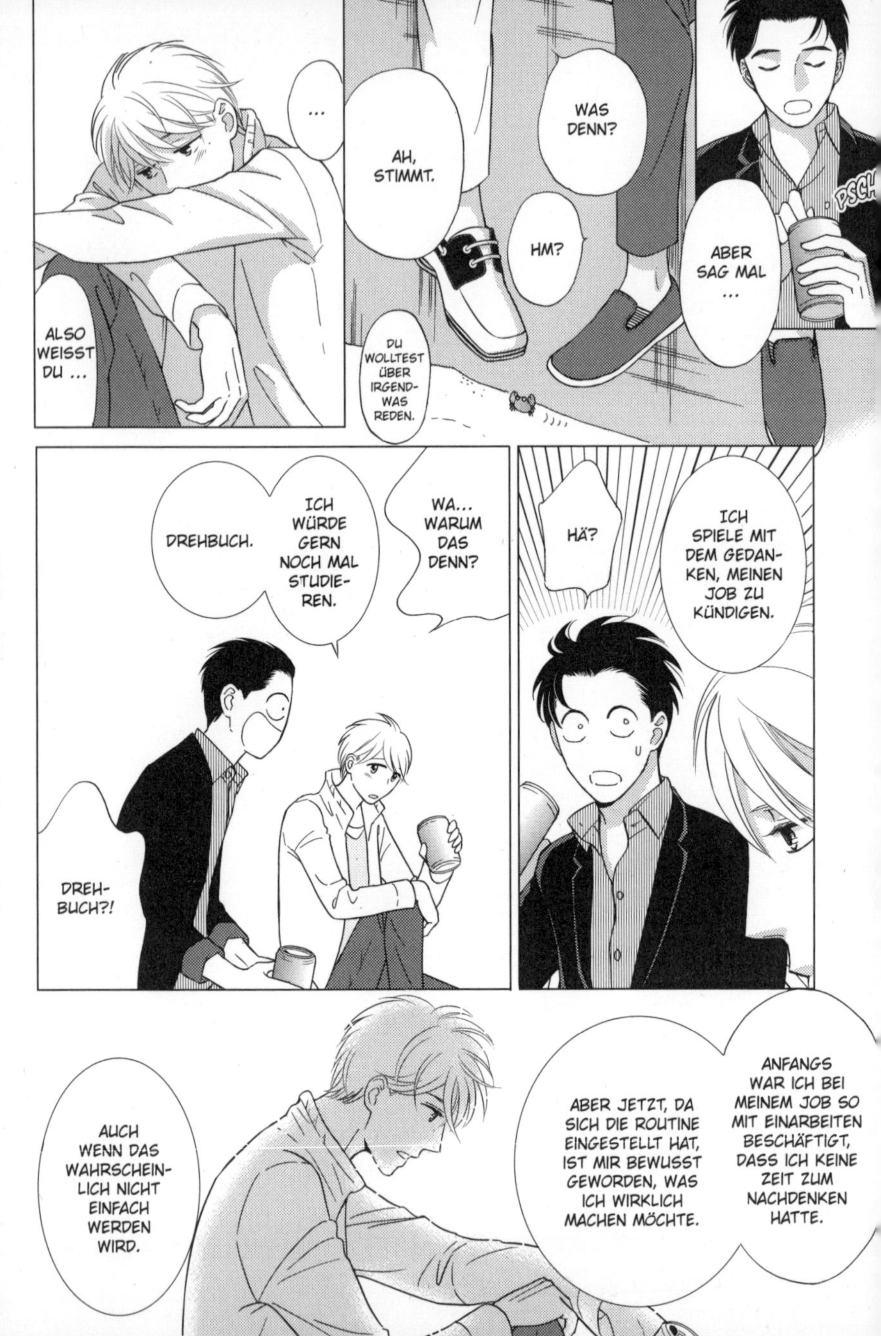
PSCH
ABER SAG MAL …
WAS DENN?
HM?
DU WOLLTEST ÜBER IRGEND-WAS REDEN.
AH, STIMMT.
…
ALSO WEISST DU …
ICH SPIELE MIT DEM GEDAN-KEN, MEINEN JOB ZU KÜNDIGEN.
HÄ?
WA… WARUM DAS DENN?
ICH WÜRDE GERN NOCH MAL STUDIE-REN.
DREHBUCH.
DREH-BUCH?!
ANFANGS WAR ICH BEI MEINEM JOB SO MIT EINARBEITEN BESCHÄFTIGT, DASS ICH KEINE ZEIT ZUM NACHDENKEN HATTE.
ABER JETZT, DA SICH DIE ROUTINE EINGESTELLT HAT, IST MIR BEWUSST GEWORDEN, WAS ICH WIRKLICH MACHEN MÖCHTE.
AUCH WENN DAS WAHRSCHEIN-LICH NICHT EINFACH WERDEN WIRD.

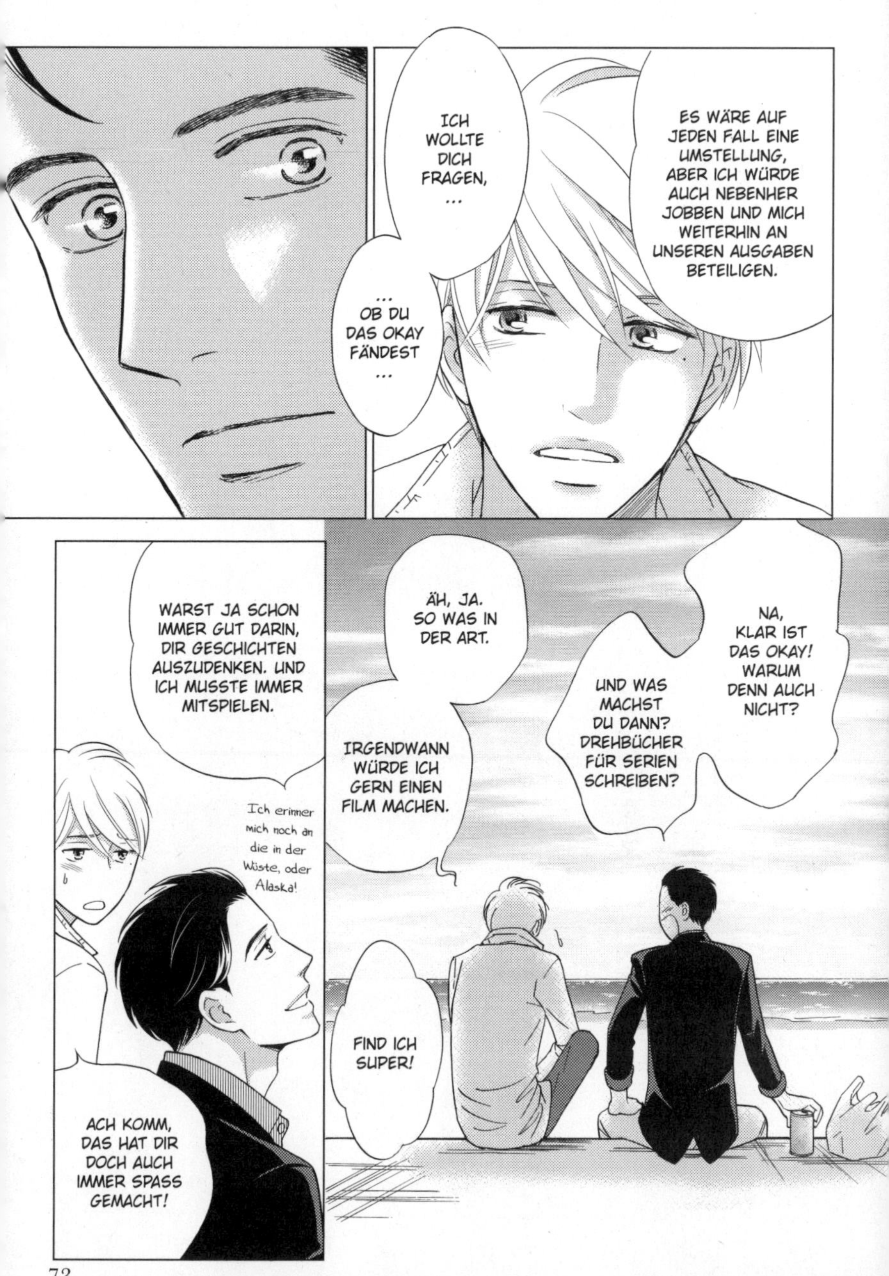
ES WÄRE AUF JEDEN FALL EINE UMSTELLUNG, ABER ICH WÜRDE AUCH NEBENHER JOBBEN UND MICH WEITERHIN AN UNSEREN AUSGABEN BETEILIGEN.
ICH WOLLTE DICH FRAGEN, ...
... OB DU DAS OKAY FÄNDEST ...
NA, KLAR IST DAS OKAY! WARUM DENN AUCH NICHT?
UND WAS MACHST DU DANN? DREHBÜCHER FÜR SERIEN SCHREIBEN?
ÄH, JA. SO WAS IN DER ART.
IRGENDWANN WÜRDE ICH GERN EINEN FILM MACHEN.
FIND ICH SUPER!
WARST JA SCHON IMMER GUT DARIN, DIR GESCHICHTEN AUSZUDENKEN. UND ICH MUSSTE IMMER MITSPIELEN.
Ich erinner mich noch an die in der Wüste, oder Alaska!
ACH KOMM, DAS HAT DIR DOCH AUCH IMMER SPASS GEMACHT!

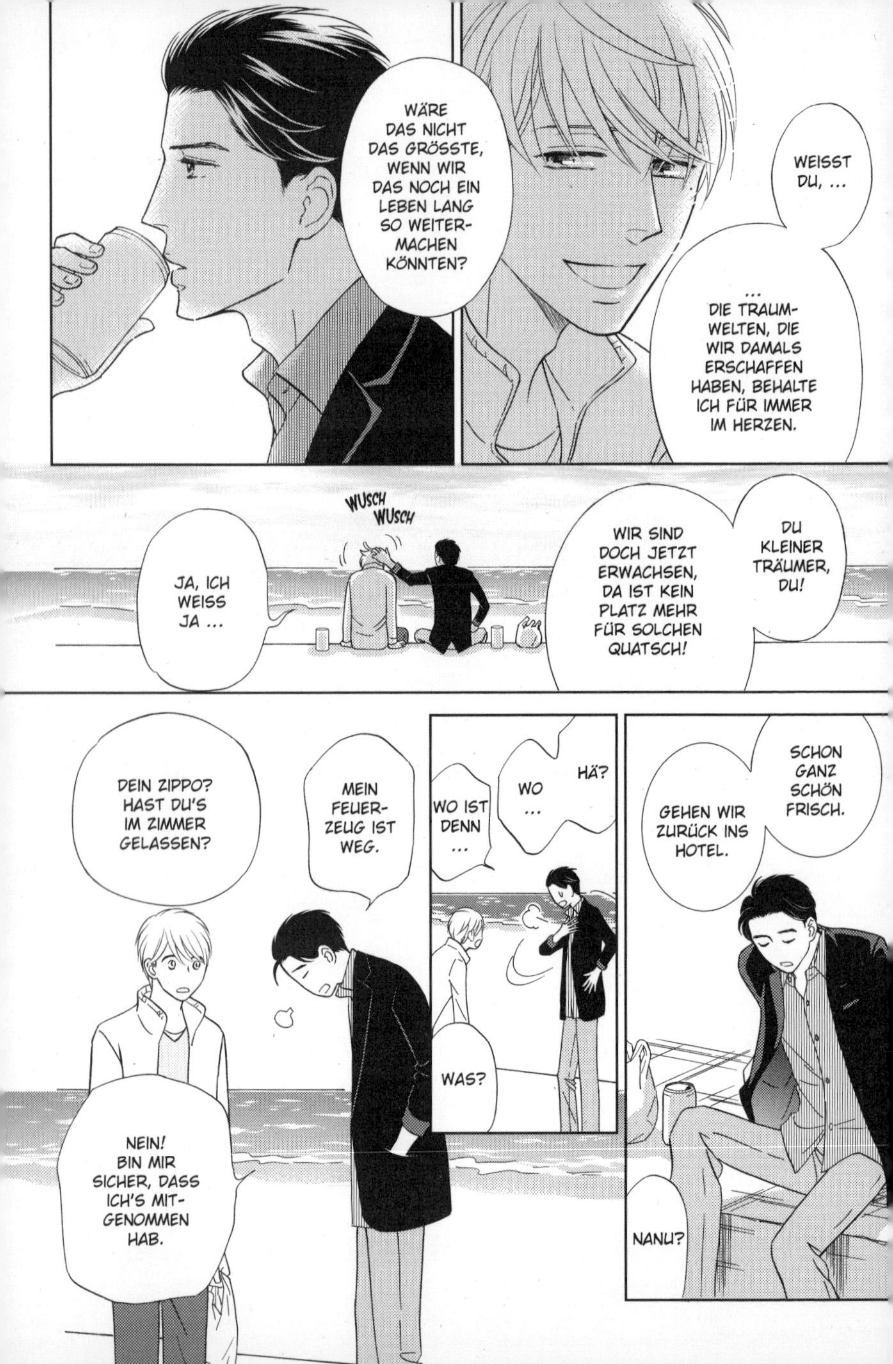

WEISST DU, …
… DIE TRAUMWELTEN, DIE WIR DAMALS ERSCHAFFEN HABEN, BEHALTE ICH FÜR IMMER IM HERZEN.
WÄRE DAS NICHT DAS GRÖSSTE, WENN WIR DAS NOCH EIN LEBEN LANG SO WEITERMACHEN KÖNNTEN?
DU KLEINER TRÄUMER, DU!
WIR SIND DOCH JETZT ERWACHSEN, DA IST KEIN PLATZ MEHR FÜR SOLCHEN QUATSCH!
WUSCH WUSCH
JA, ICH WEISS JA …
SCHON GANZ SCHÖN FRISCH.
GEHEN WIR ZURÜCK INS HOTEL.
NANU?
HÄ?
WO …
WO IST DENN …
WAS?
MEIN FEUERZEUG IST WEG.
DEIN ZIPPO? HAST DU'S IM ZIMMER GELASSEN?
NEIN! BIN MIR SICHER, DASS ICH'S MITGENOMMEN HAB.

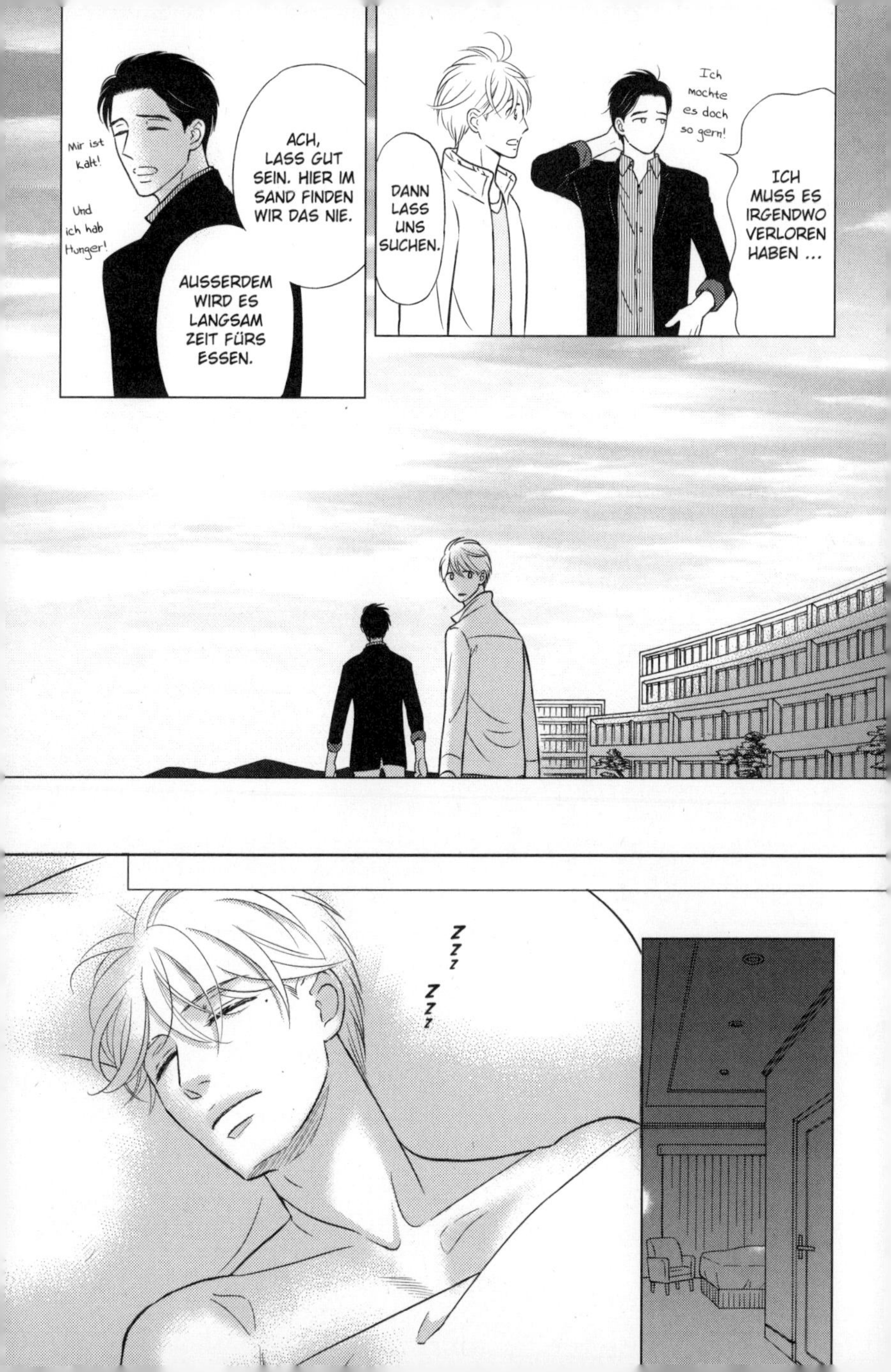

ICH MUSS ES IRGENDWO VERLOREN HABEN …

Ich mochte es doch so gern!

DANN LASS UNS SUCHEN.

ACH, LASS GUT SEIN. HIER IM SAND FINDEN WIR DAS NIE.

AUSSERDEM WIRD ES LANGSAM ZEIT FÜRS ESSEN.

Mir ist kalt!

Und ich hab Hunger!

Z Z Z

Z Z Z

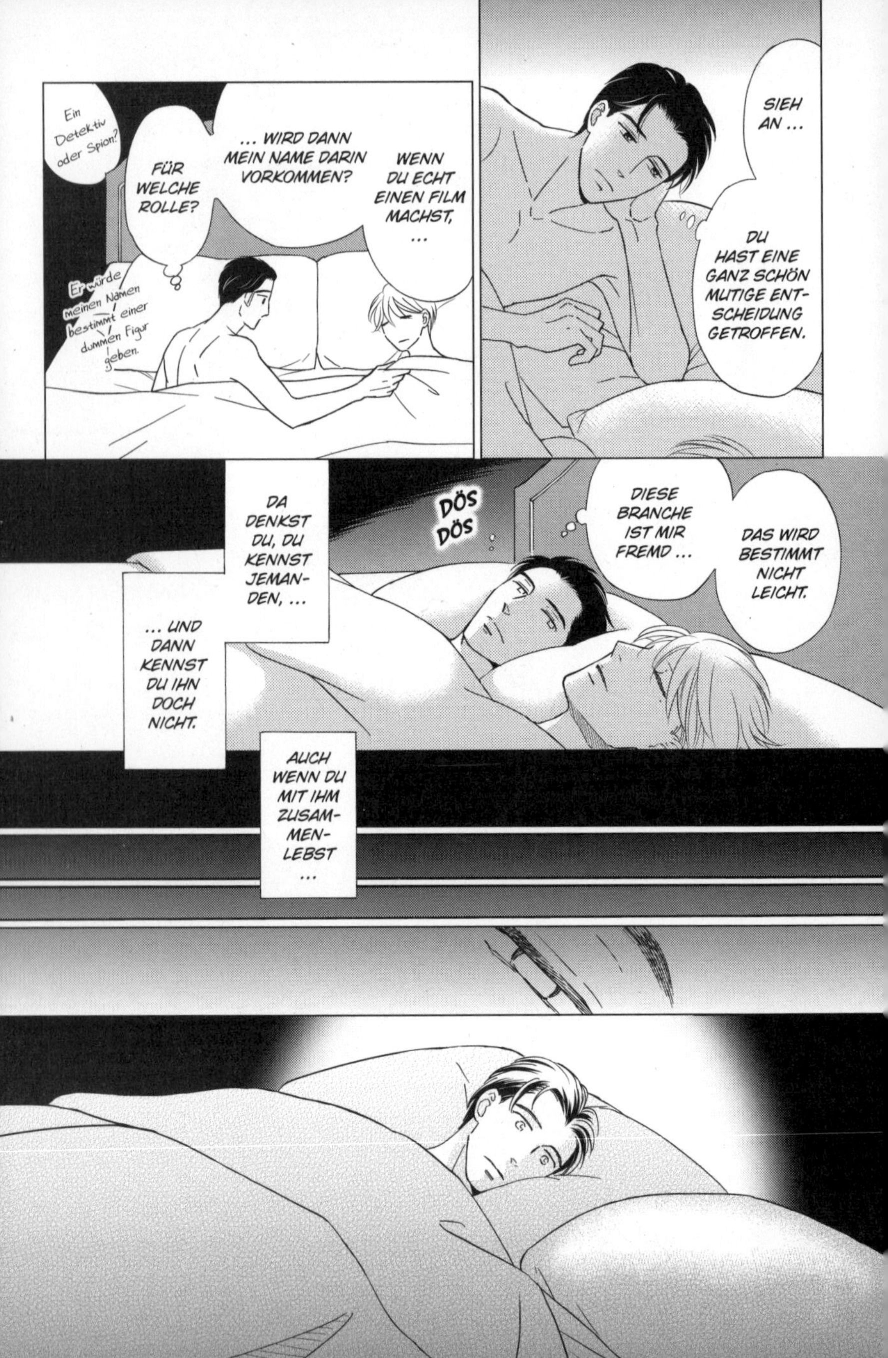
SIEH AN …
DU HAST EINE GANZ SCHÖN MUTIGE ENTSCHEIDUNG GETROFFEN.
WENN DU ECHT EINEN FILM MACHST, …
… WIRD DANN MEIN NAME DARIN VORKOMMEN?
FÜR WELCHE ROLLE?
Ein Detektiv oder Spion?
Er würde meinen Namen bestimmt einer dummen Figur geben.
DAS WIRD BESTIMMT NICHT LEICHT.
DIESE BRANCHE IST MIR FREMD …
DÖS DÖS
DA DENKST DU, DU KENNST JEMANDEN, …
… UND DANN KENNST DU IHN DOCH NICHT.
AUCH WENN DU MIT IHM ZUSAMMENLEBST …

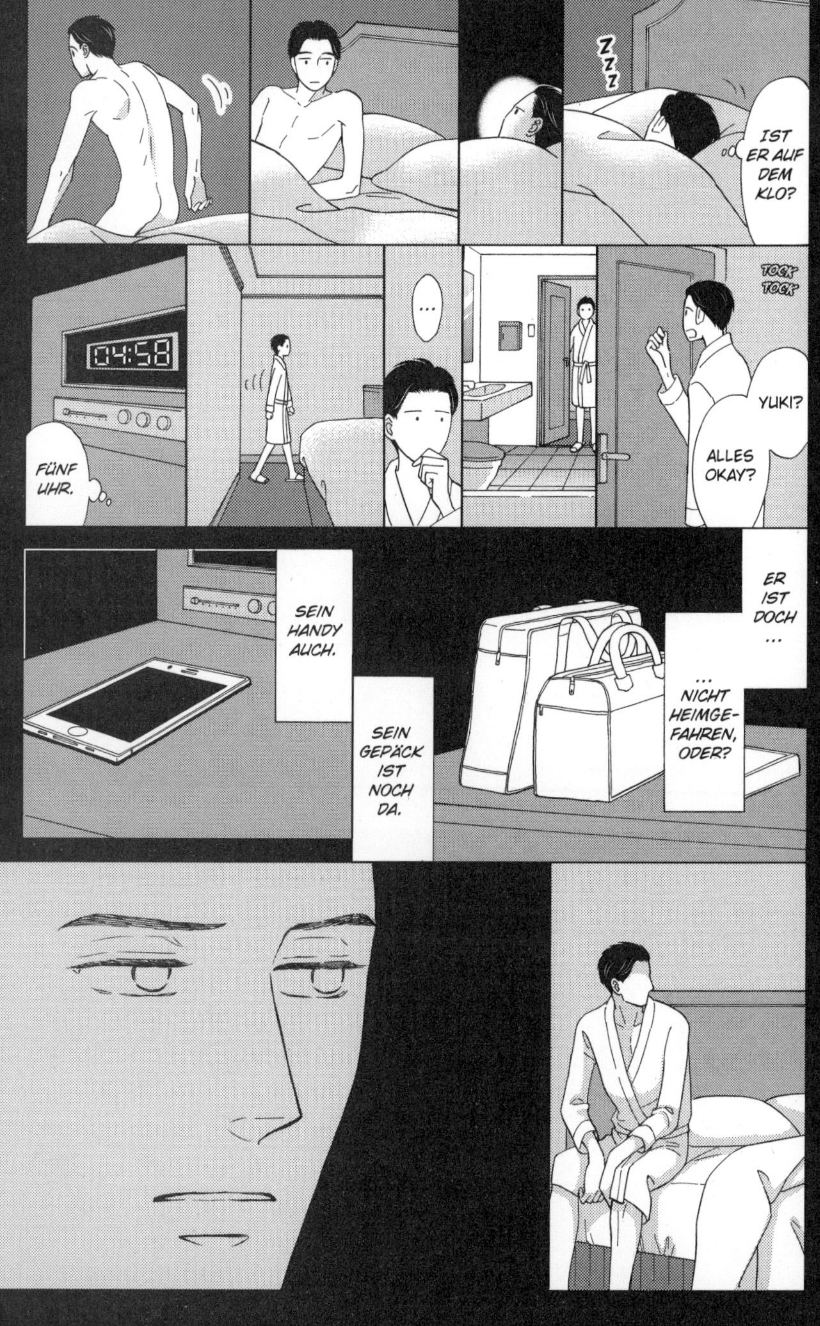
ZZZ
IST ER AUF DEM KLO?
TOCK TOCK
YUKI?
ALLES OKAY?
...
FÜNF UHR.
ER IST DOCH ...
... NICHT HEIMGEFAHREN, ODER?
SEIN GEPÄCK IST NOCH DA.
SEIN HANDY AUCH.

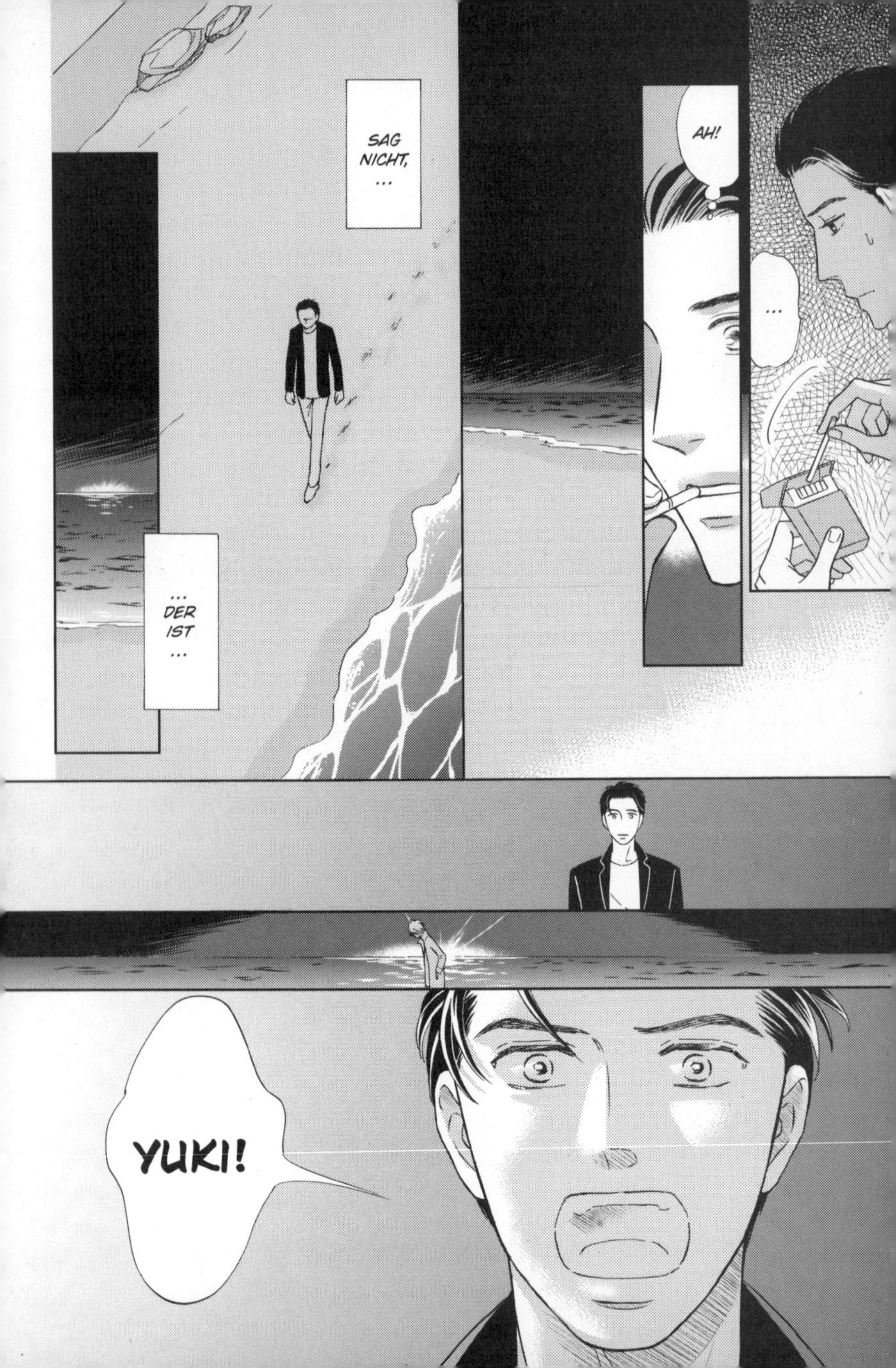
...
AH!
SAG NICHT, ...
... DER IST ...
YUKI!

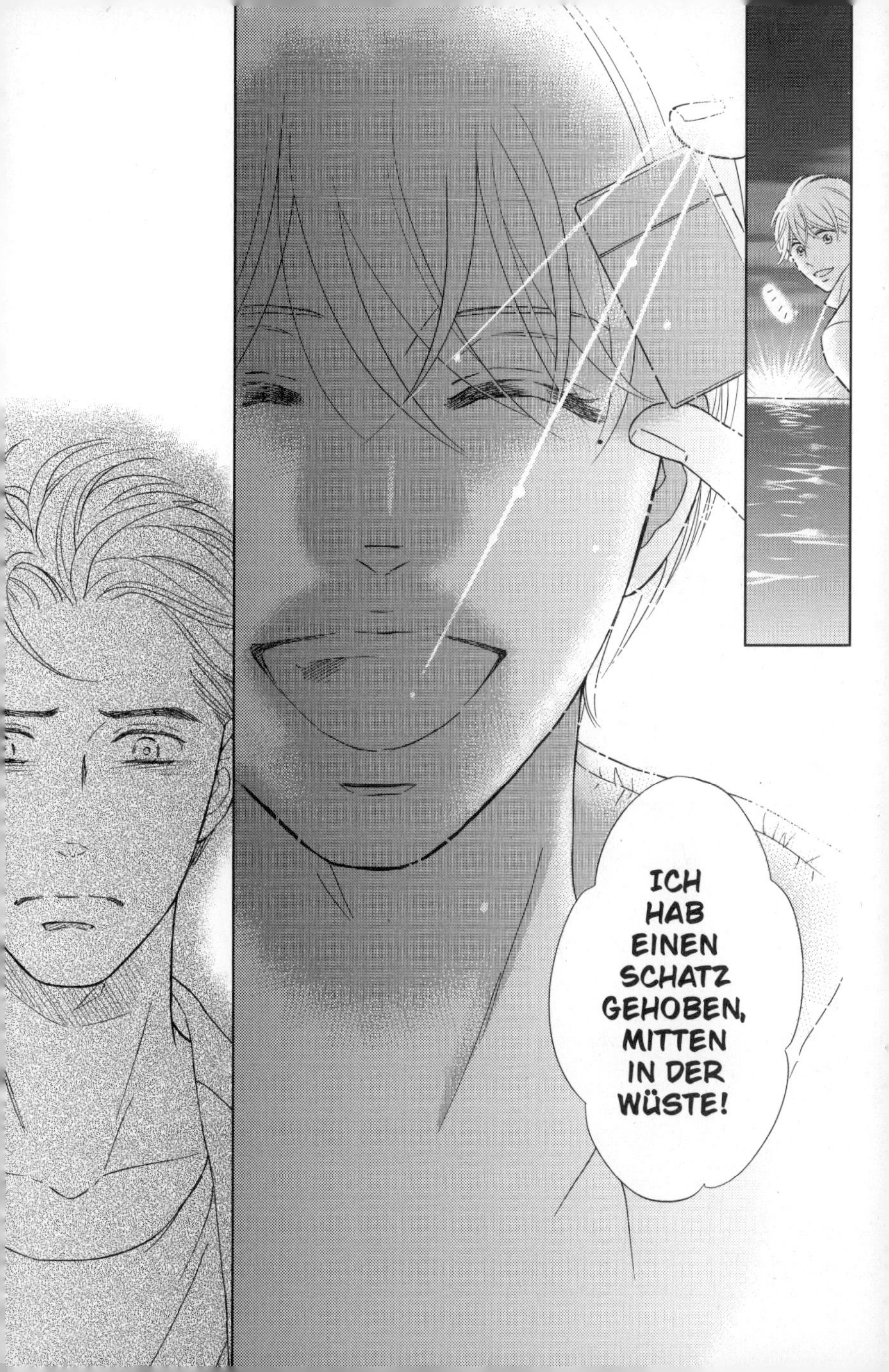
ICH HAB EINEN SCHATZ GEHOBEN, MITTEN IN DER WÜSTE!

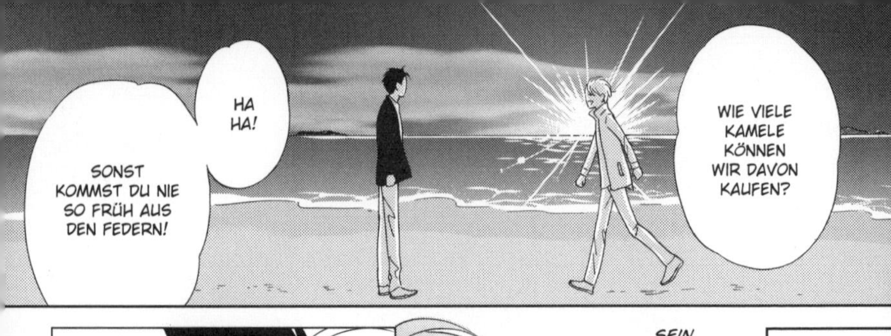

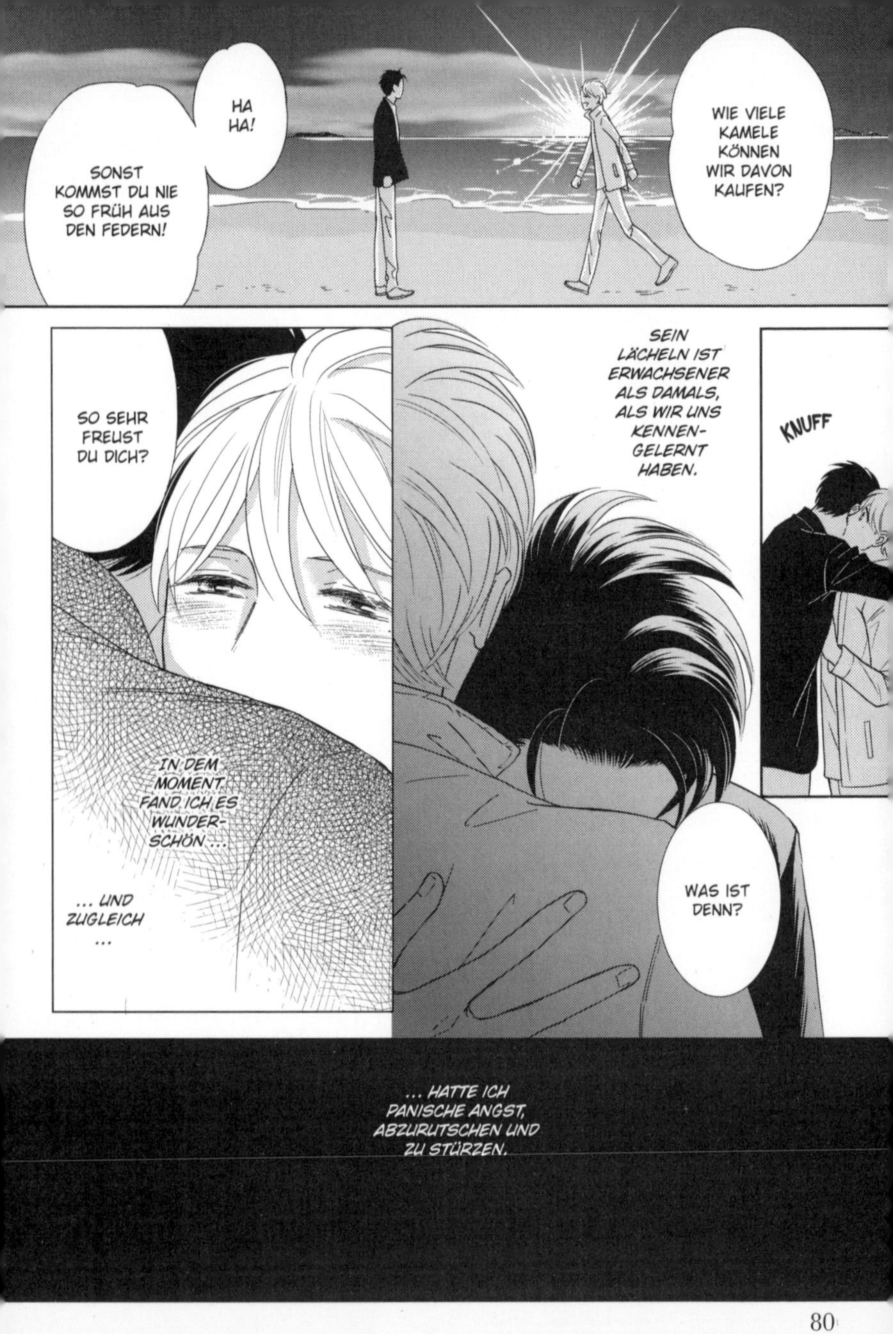

KNUFF

SEIN LÄCHELN IST ERWACHSENER ALS DAMALS, ALS WIR UNS KENNEN-GELERNT HABEN.

WAS IST DENN?

SO SEHR FREUST DU DICH?

IN DEM MOMENT FAND ICH ES WUNDER-SCHÖN ...

... UND ZUGLEICH ...

... HATTE ICH PANISCHE ANGST, ABZURUTSCHEN UND ZU STÜRZEN.

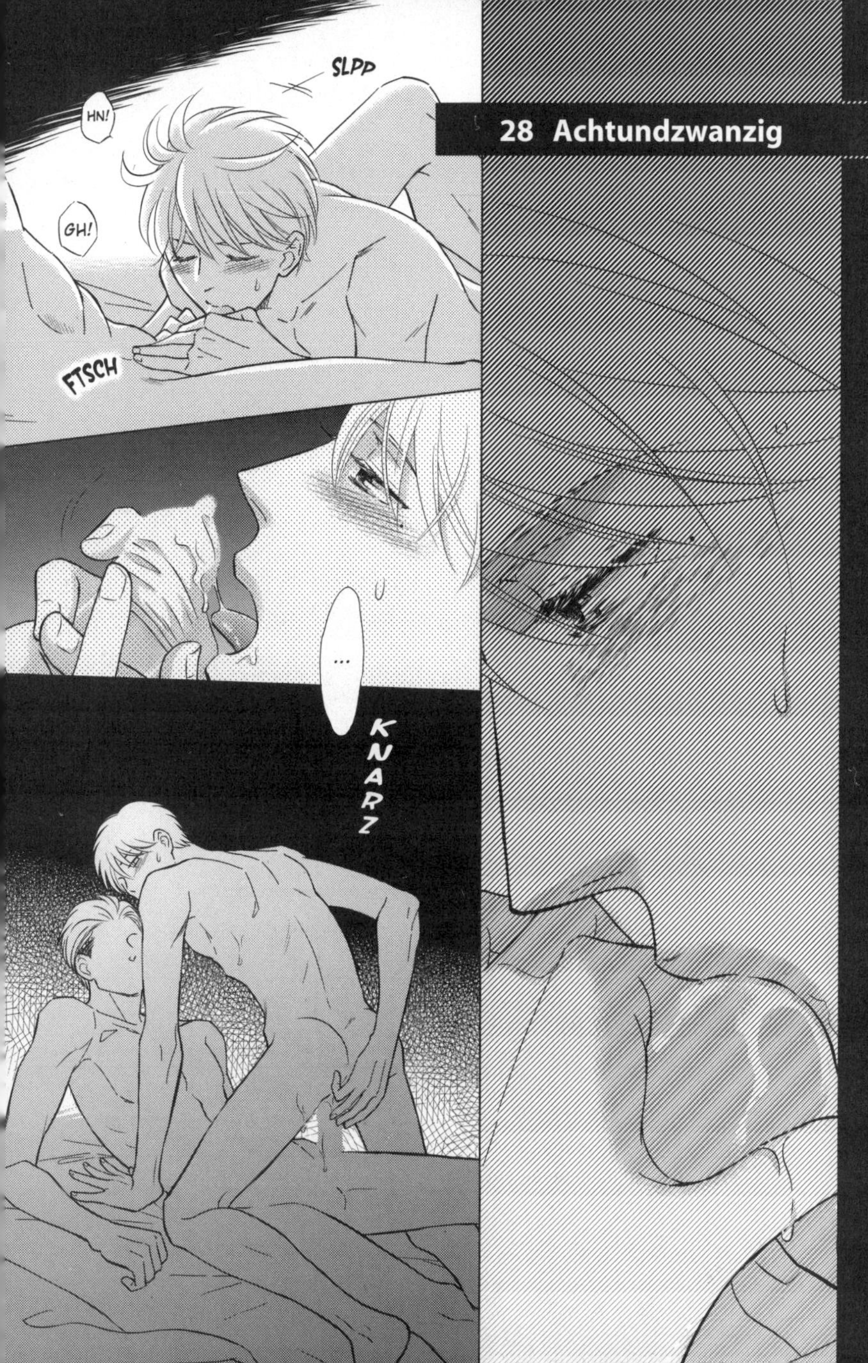
28 Achtundzwanzig
SLPP
HN!
GH!
FTSCH
...
KNARZ

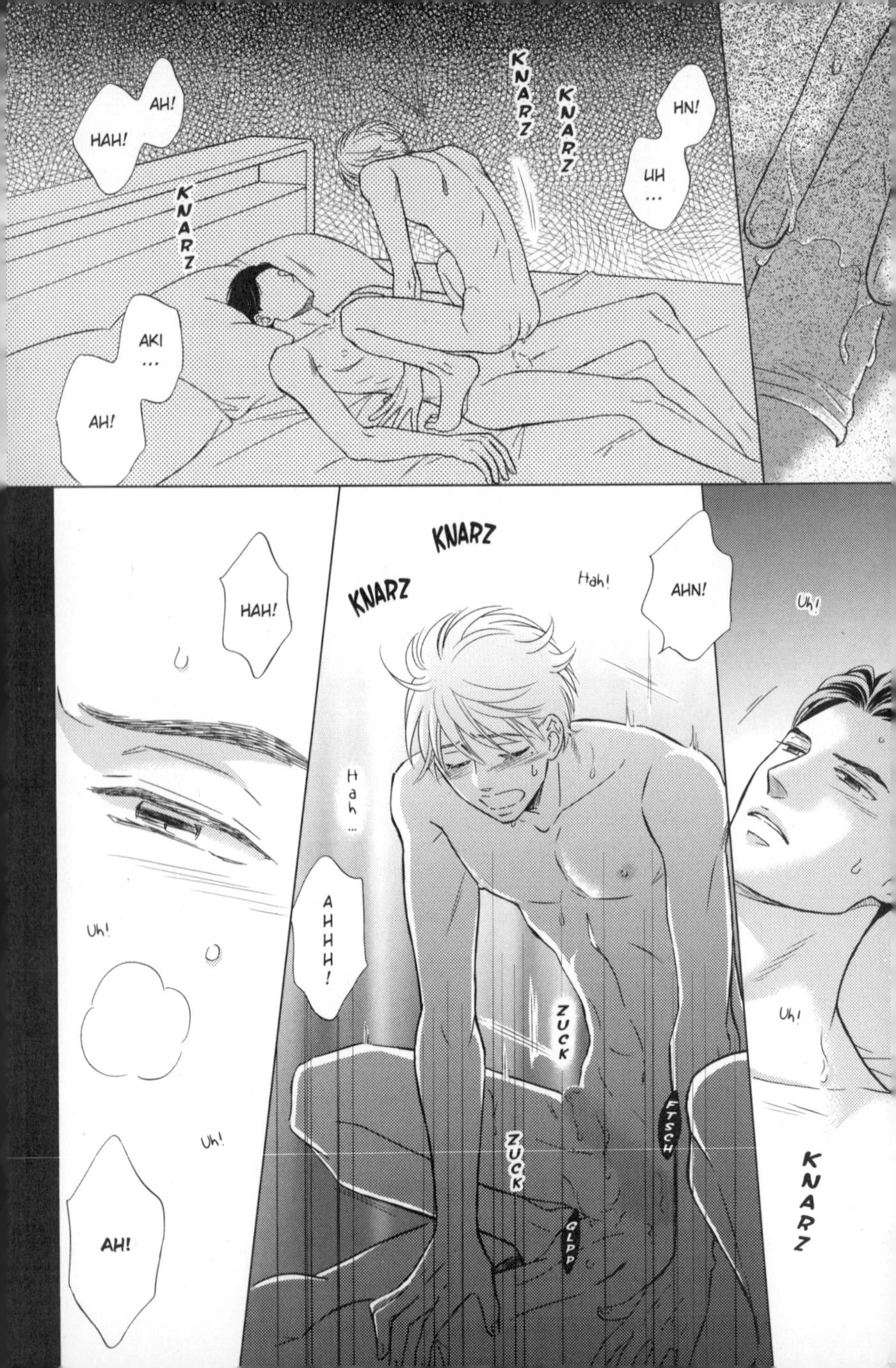

HN!
UH …
KNARZ
KNARZ
AH!
HAH!
KNARZ
AKI …
AH!
Uh!
Uh!
KNARZ
KNARZ
Hah!
AHN!
KNARZ
Hah …
AHHH!
ZUCK
FTSCH
ZUCK
GLPP
HAH!
Uh!
Uh!
AH!

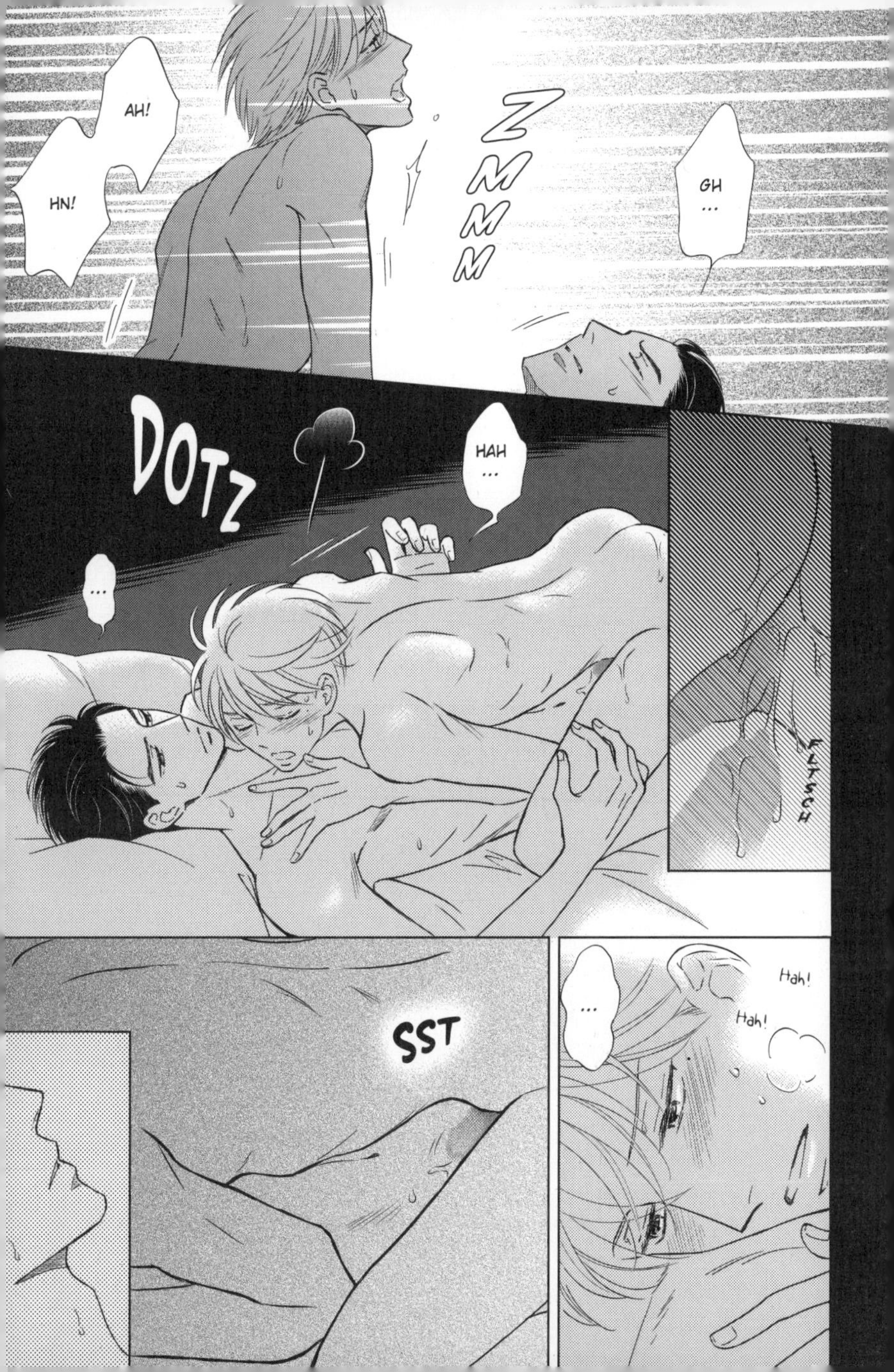
GH
...
ZMMMM
AH!
HN!
HAH
...
DOTZ
...
FLTSCH
Hah!
Hah!
...
SST

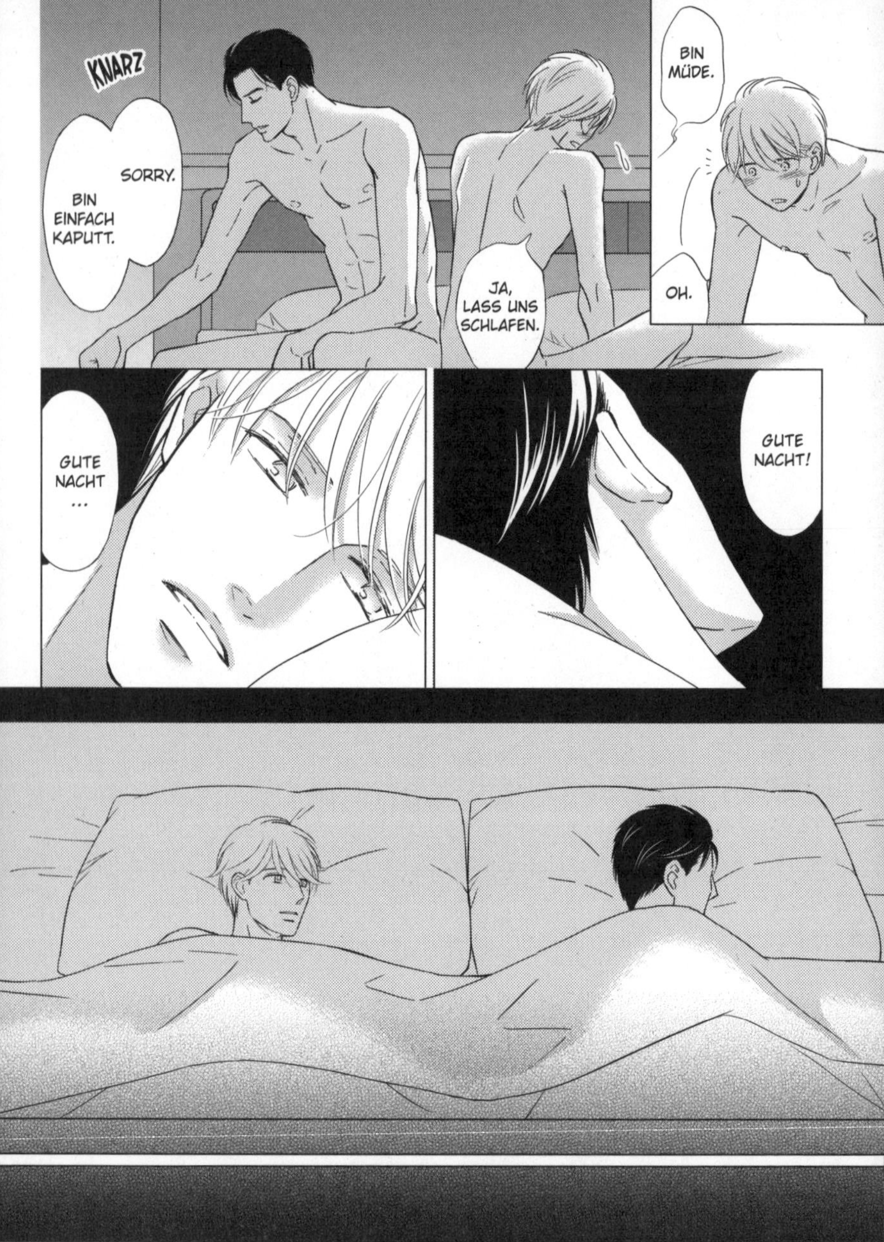
BIN MÜDE.
OH.
KNARZ
SORRY. BIN EINFACH KAPUTT.
JA, LASS UNS SCHLAFEN.
GUTE NACHT!
GUTE NACHT …

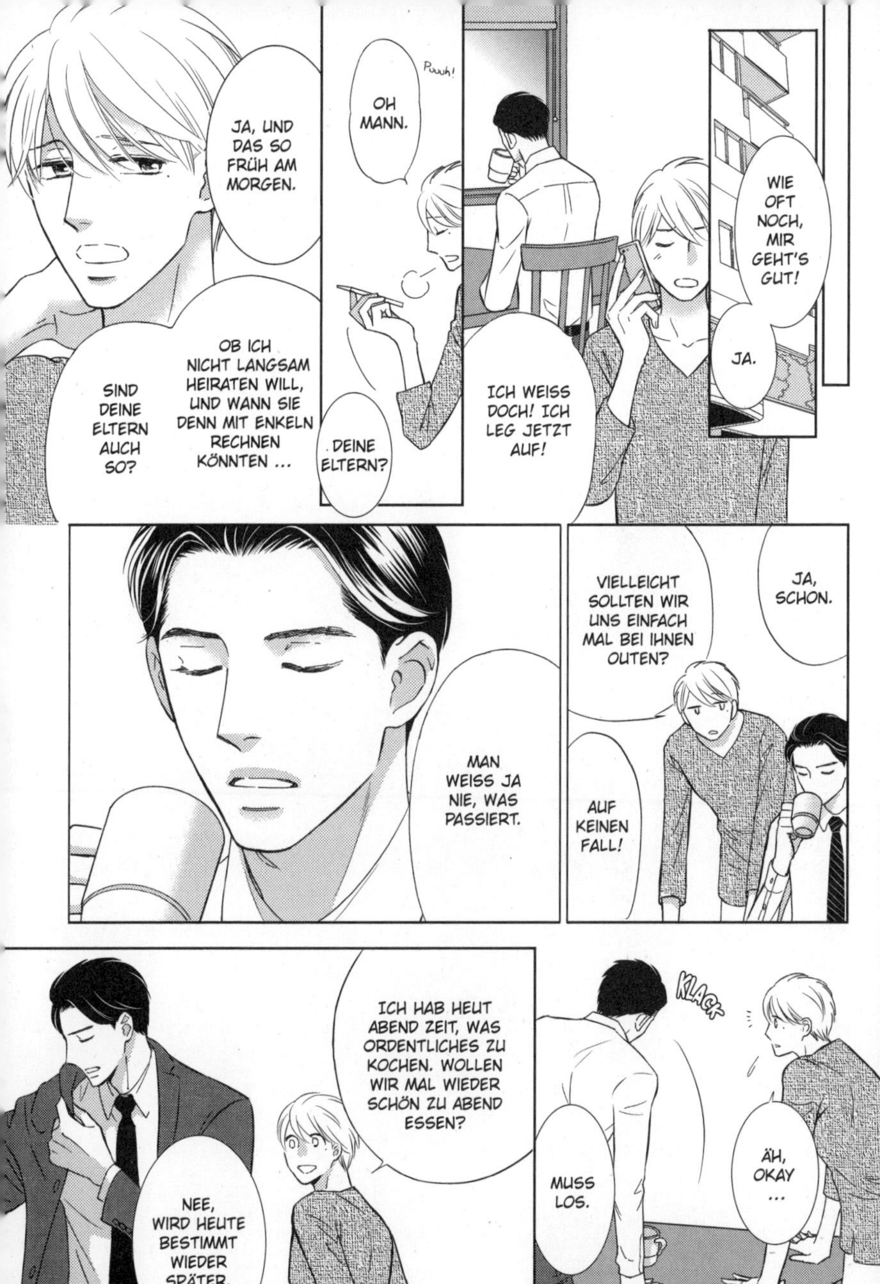
WIE OFT NOCH, MIR GEHT'S GUT!
JA.
ICH WEISS DOCH! ICH LEG JETZT AUF!
OH MANN.
Puuuh!
DEINE ELTERN?
JA, UND DAS SO FRÜH AM MORGEN.
OB ICH NICHT LANGSAM HEIRATEN WILL, UND WANN SIE DENN MIT ENKELN RECHNEN KÖNNTEN …
SIND DEINE ELTERN AUCH SO?
JA, SCHON.
VIELLEICHT SOLLTEN WIR UNS EINFACH MAL BEI IHNEN OUTEN?
AUF KEINEN FALL!
MAN WEISS JA NIE, WAS PASSIERT.
KLACK
MUSS LOS.
ÄH, OKAY …
ICH HAB HEUT ABEND ZEIT, WAS ORDENTLICHES ZU KOCHEN. WOLLEN WIR MAL WIEDER SCHÖN ZU ABEND ESSEN?
NEE, WIRD HEUTE BESTIMMT WIEDER SPÄTER.

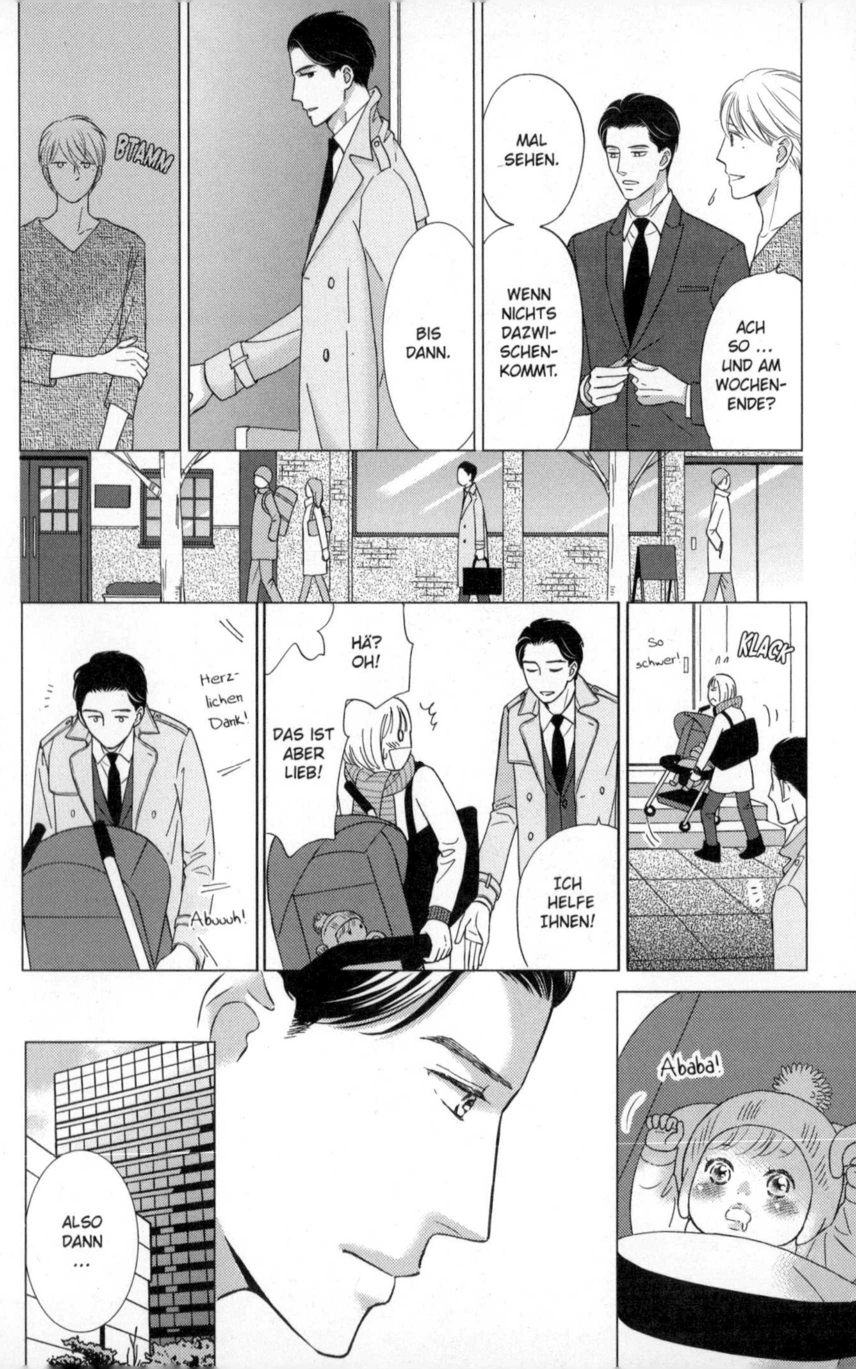
ACH SO … UND AM WOCHENENDE?
MAL SEHEN.
WENN NICHTS DAZWISCHENKOMMT.
BIS DANN.
BTAMM
KLACK
So schwer!
ICH HELFE IHNEN!
HÄ? OH!
DAS IST ABER LIEB!
Herzlichen Dank!
Abuuuh!
Ababa!
ALSO DANN …

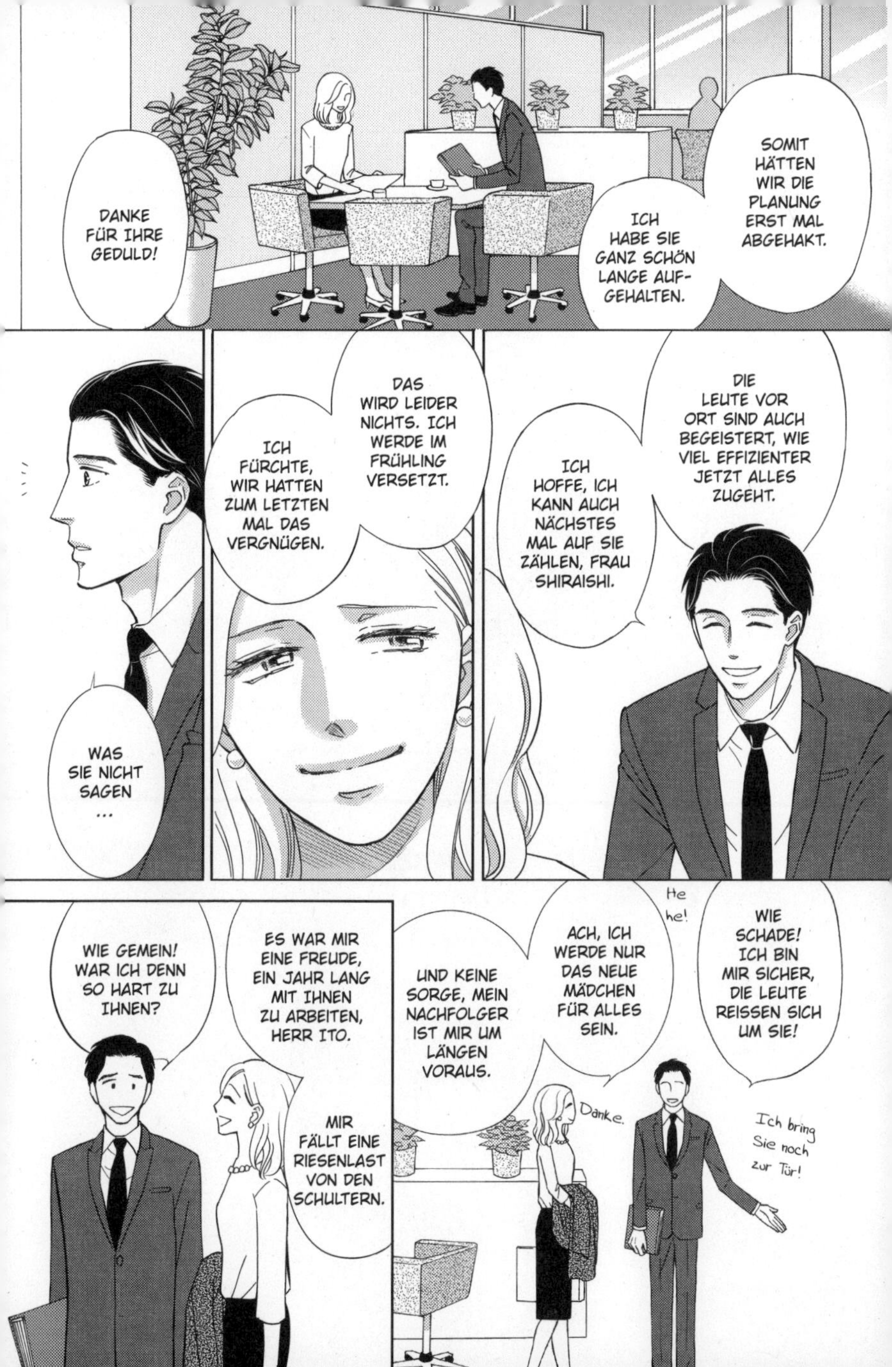
SOMIT HÄTTEN WIR DIE PLANUNG ERST MAL ABGEHAKT.
ICH HABE SIE GANZ SCHÖN LANGE AUF-GEHALTEN.
DANKE FÜR IHRE GEDULD!
DIE LEUTE VOR ORT SIND AUCH BEGEISTERT, WIE VIEL EFFIZIENTER JETZT ALLES ZUGEHT.
ICH HOFFE, ICH KANN AUCH NÄCHSTES MAL AUF SIE ZÄHLEN, FRAU SHIRAISHI.
DAS WIRD LEIDER NICHTS. ICH WERDE IM FRÜHLING VERSETZT.
ICH FÜRCHTE, WIR HATTEN ZUM LETZTEN MAL DAS VERGNÜGEN.
WAS SIE NICHT SAGEN …
WIE SCHADE! ICH BIN MIR SICHER, DIE LEUTE REISSEN SICH UM SIE!
He he!
ACH, ICH WERDE NUR DAS NEUE MÄDCHEN FÜR ALLES SEIN.
UND KEINE SORGE, MEIN NACHFOLGER IST MIR UM LÄNGEN VORAUS.
Danke.
Ich bring Sie noch zur Tür!
ES WAR MIR EINE FREUDE, EIN JAHR LANG MIT IHNEN ZU ARBEITEN, HERR ITO.
MIR FÄLLT EINE RIESENLAST VON DEN SCHULTERN.
WIE GEMEIN! WAR ICH DENN SO HART ZU IHNEN?

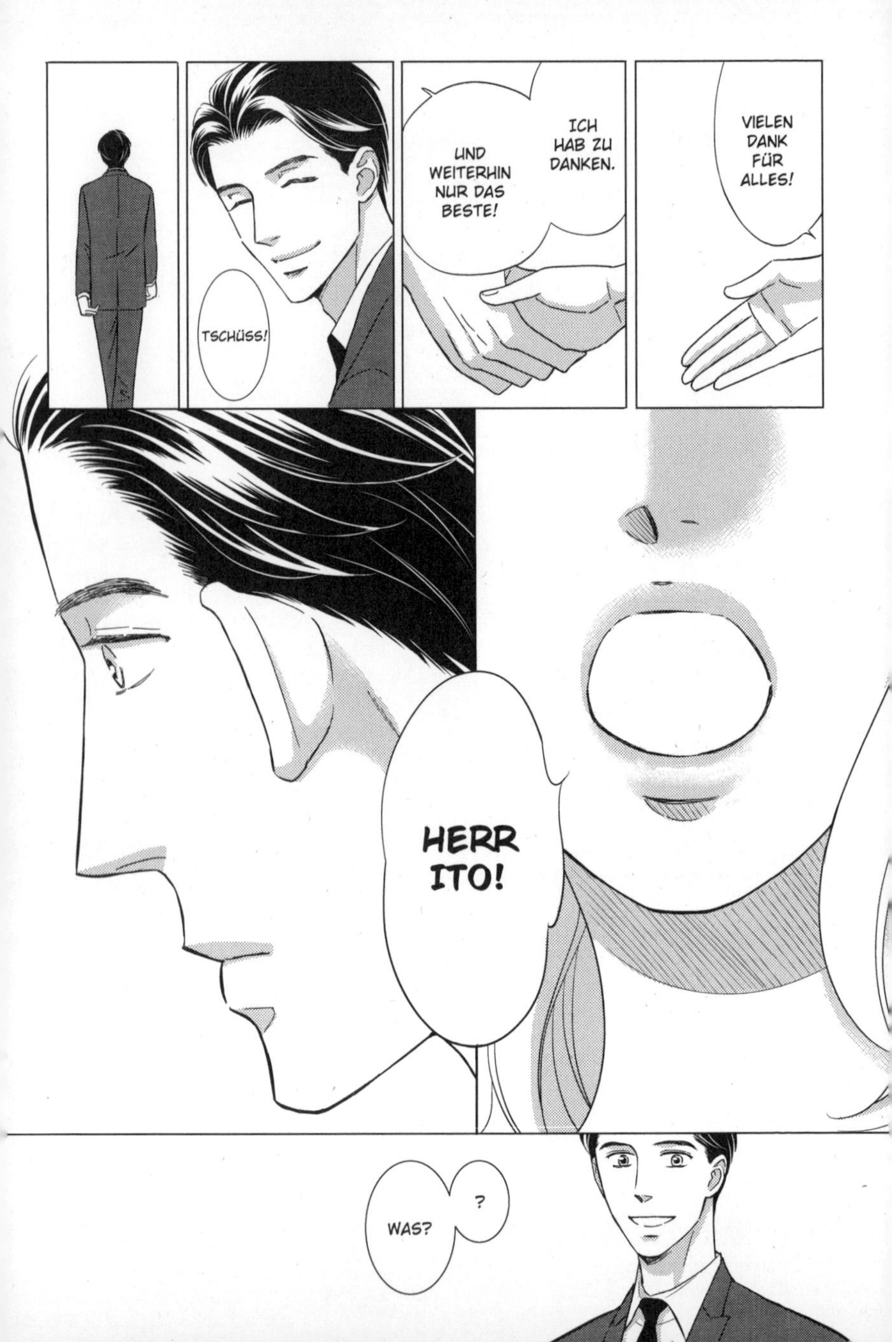
VIELEN DANK FÜR ALLES!
ICH HAB ZU DANKEN.
UND WEITERHIN NUR DAS BESTE!
TSCHÜSS!
HERR ITO!
?
WAS?

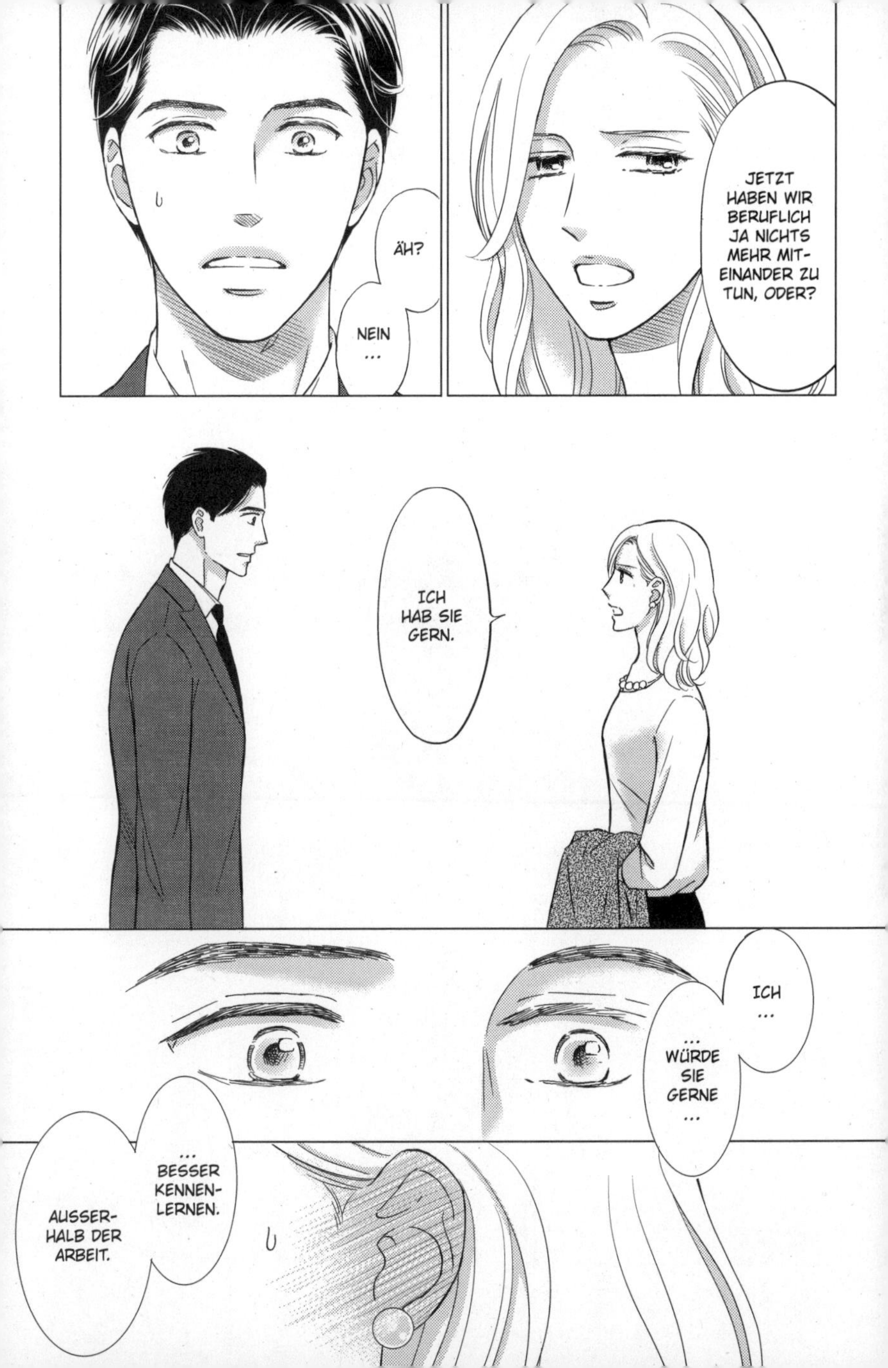
JETZT HABEN WIR BERUFLICH JA NICHTS MEHR MIT-EINANDER ZU TUN, ODER?
ÄH?
NEIN …
ICH HAB SIE GERN.
ICH …
… WÜRDE SIE GERNE …
… BESSER KENNEN-LERNEN.
AUSSER-HALB DER ARBEIT.

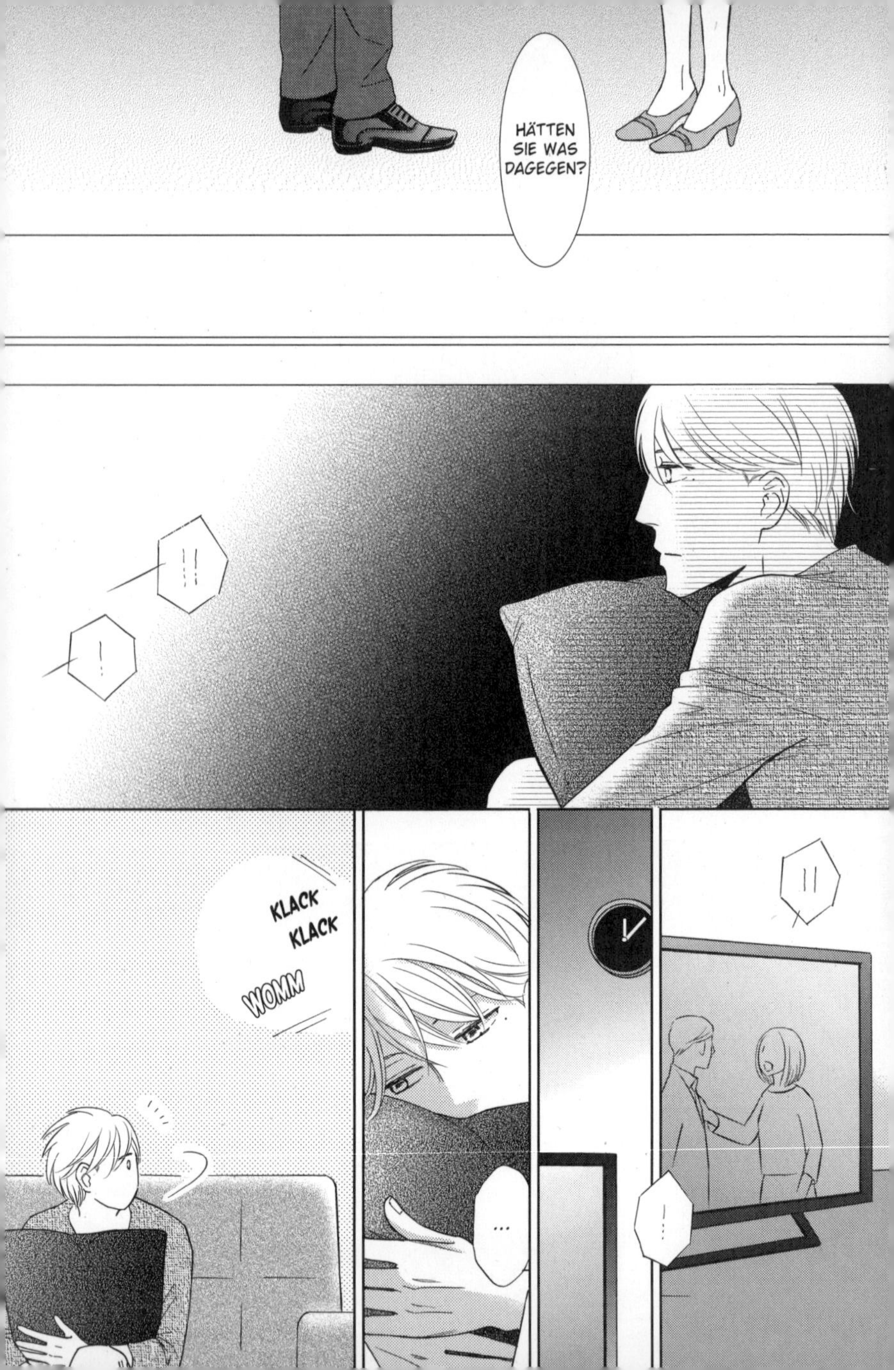
HÄTTEN SIE WAS DAGEGEN?
!!
!
KLACK KLACK
WOMM
...
...
!!
!

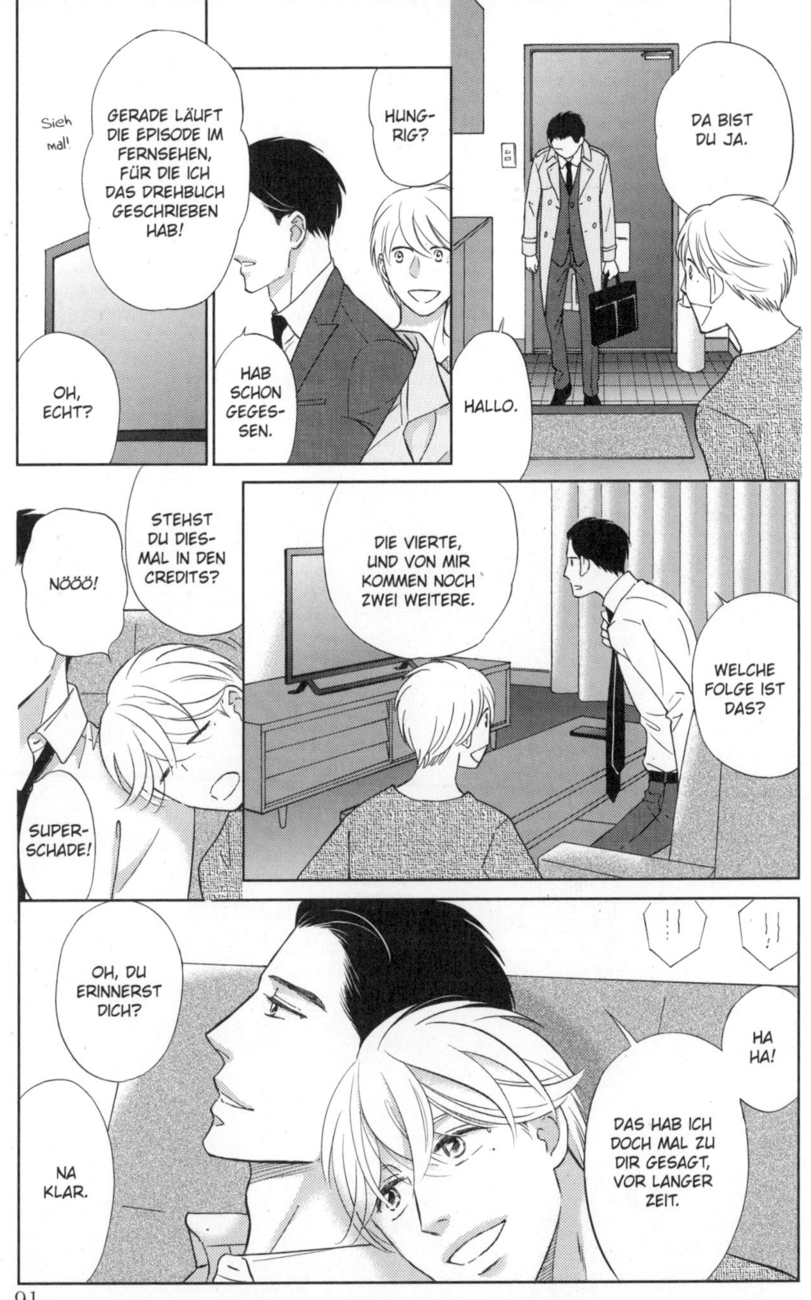
DA BIST DU JA.
HALLO.
HUNG-RIG?
HAB SCHON GEGES-SEN.
Sieh mal!
GERADE LÄUFT DIE EPISODE IM FERNSEHEN, FÜR DIE ICH DAS DREHBUCH GESCHRIEBEN HAB!
OH, ECHT?
WELCHE FOLGE IST DAS?
DIE VIERTE, UND VON MIR KOMMEN NOCH ZWEI WEITERE.
STEHST DU DIES-MAL IN DEN CREDITS?
NÖÖÖ!
SUPER-SCHADE!
!!
!!
HA HA!
DAS HAB ICH DOCH MAL ZU DIR GESAGT, VOR LANGER ZEIT.
OH, DU ERINNERST DICH?
NA KLAR.

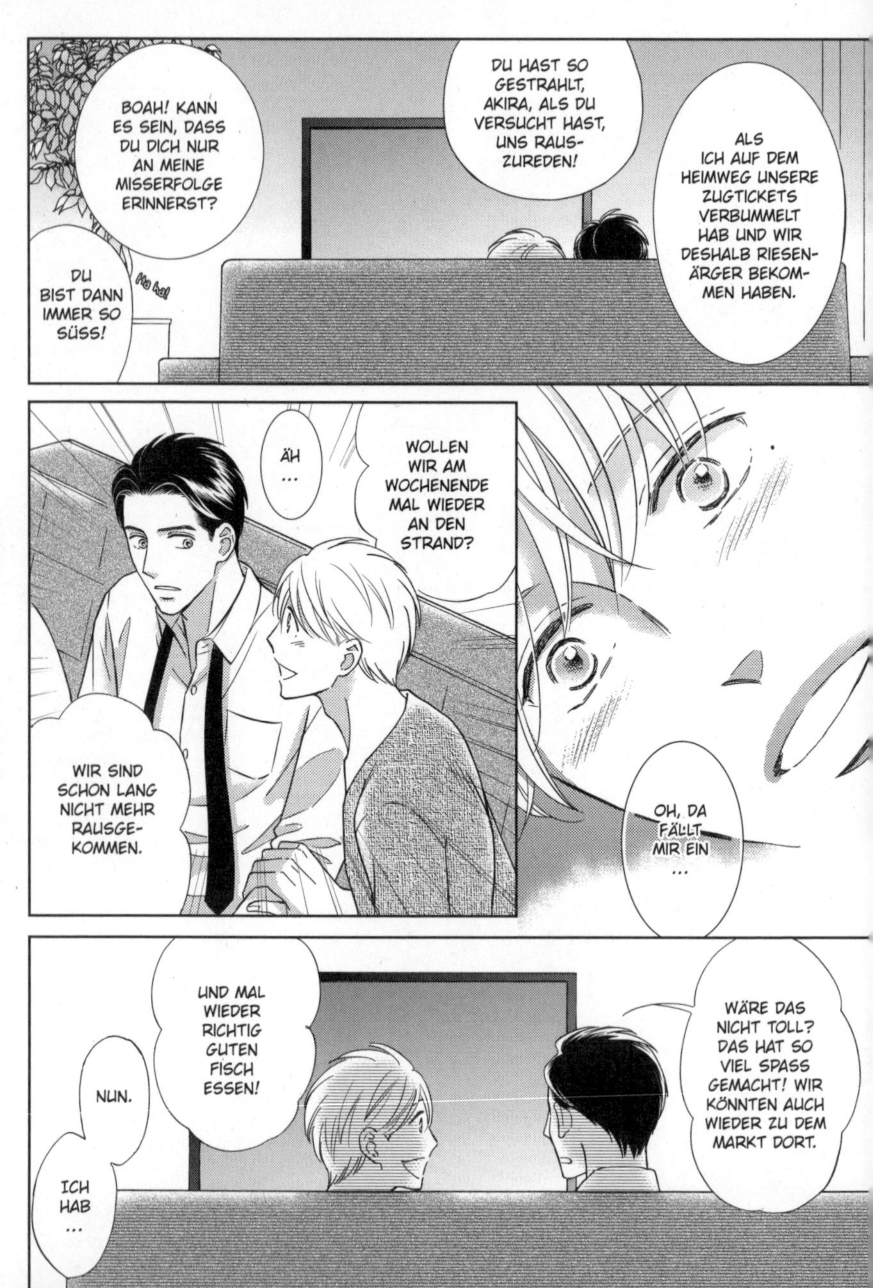
ALS ICH AUF DEM HEIMWEG UNSERE ZUGTICKETS VERBUMMELT HAB UND WIR DESHALB RIESEN-ÄRGER BEKOM-MEN HABEN.
DU HAST SO GESTRAHLT, AKIRA, ALS DU VERSUCHT HAST, UNS RAUS-ZUREDEN!
BOAH! KANN ES SEIN, DASS DU DICH NUR AN MEINE MISSERFOLGE ERINNERST?
Ha ha!
DU BIST DANN IMMER SO SÜSS!
OH, DA FÄLLT MIR EIN ...
WOLLEN WIR AM WOCHENENDE MAL WIEDER AN DEN STRAND?
ÄH ...
WIR SIND SCHON LANG NICHT MEHR RAUSGE-KOMMEN.
WÄRE DAS NICHT TOLL? DAS HAT SO VIEL SPASS GEMACHT! WIR KÖNNTEN AUCH WIEDER ZU DEM MARKT DORT.
UND MAL WIEDER RICHTIG GUTEN FISCH ESSEN!
NUN.
ICH HAB ...

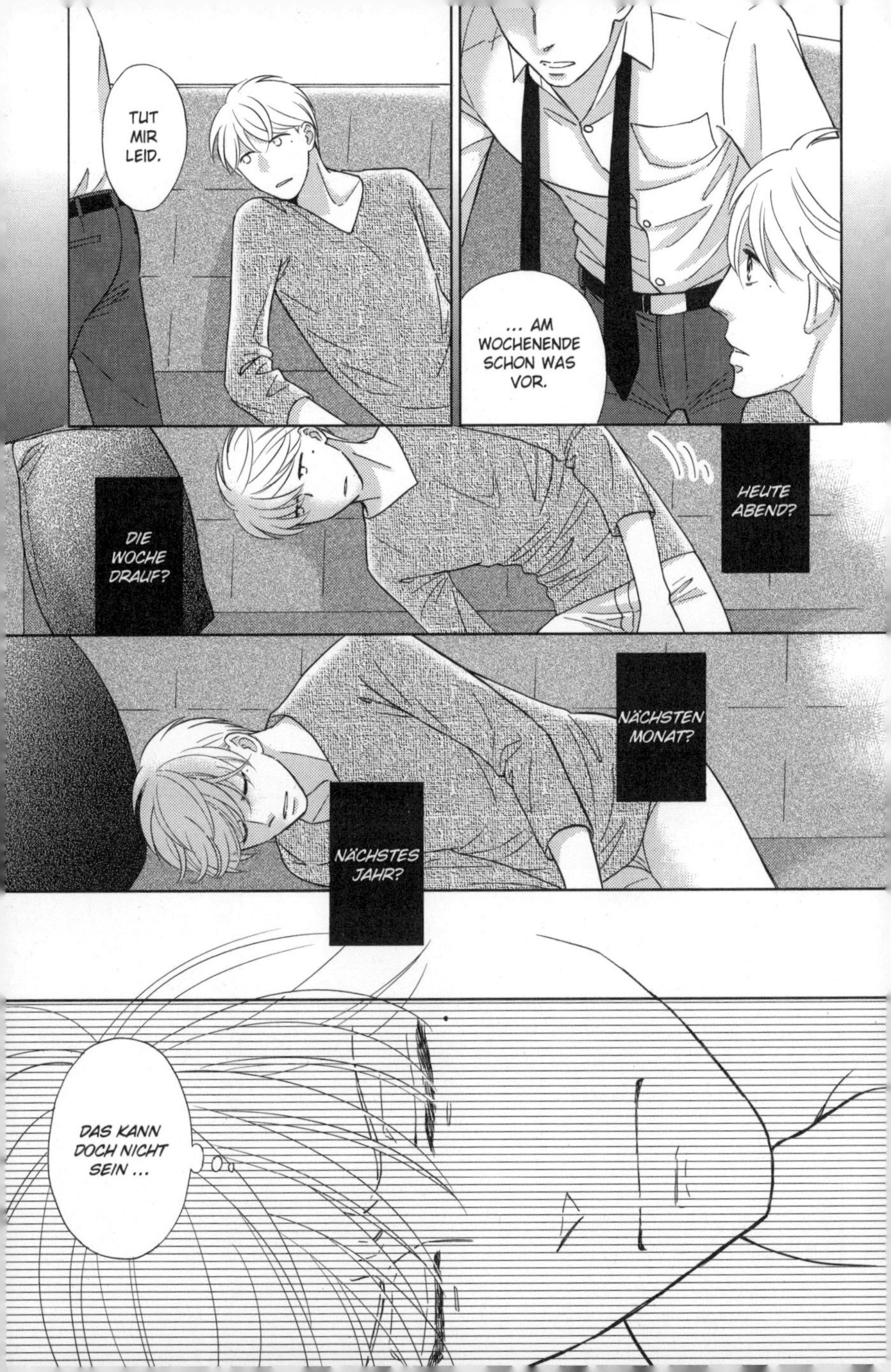
... AM WOCHENENDE SCHON WAS VOR.
TUT MIR LEID.
HEUTE ABEND?
DIE WOCHE DRAUF?
NÄCHSTEN MONAT?
NÄCHSTES JAHR?
DAS KANN DOCH NICHT SEIN ...

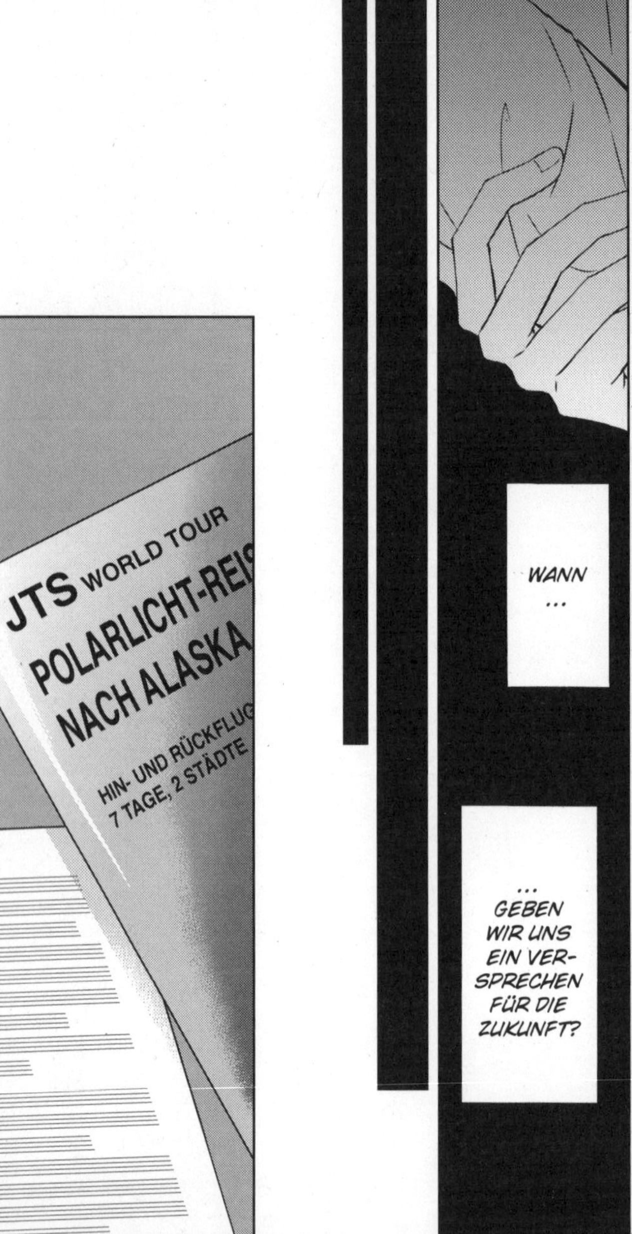

WANN HAT ER DENN ZEIT FÜR MICH?
WANN ...
... GEBEN WIR UNS EIN VER-SPRECHEN FÜR DIE ZUKUNFT?
JTS WORLD TOUR
POLARLICHT-REIS
NACH ALASKA
HIN- UND RÜCKFLUG
7 TAGE, 2 STÄDTE

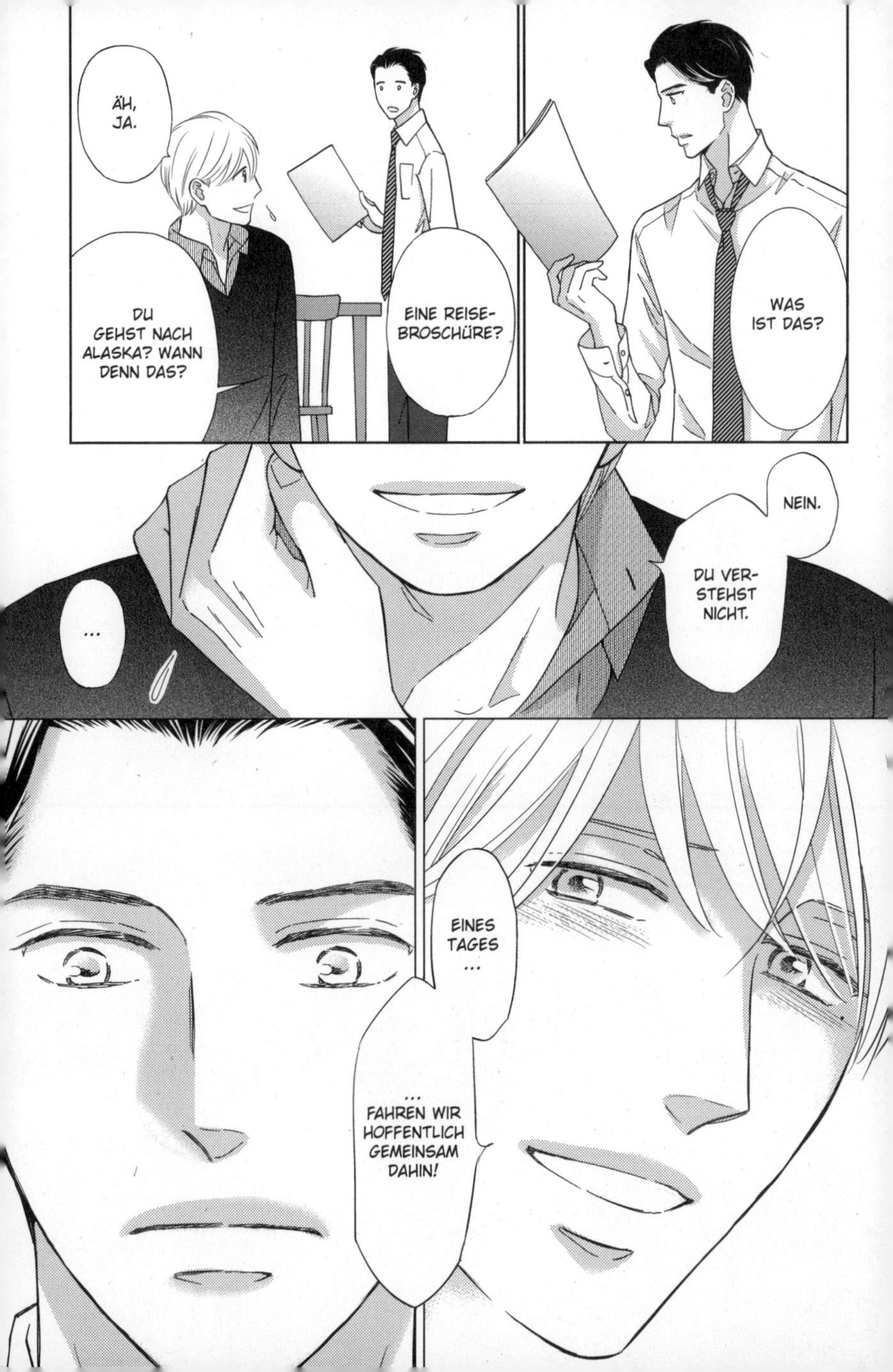
WAS IST DAS?
EINE REISE-BROSCHÜRE?
ÄH, JA.
DU GEHST NACH ALASKA? WANN DENN DAS?
NEIN.
DU VER-STEHST NICHT.
...
EINES TAGES ...
... FAHREN WIR HOFFENTLICH GEMEINSAM DAHIN!

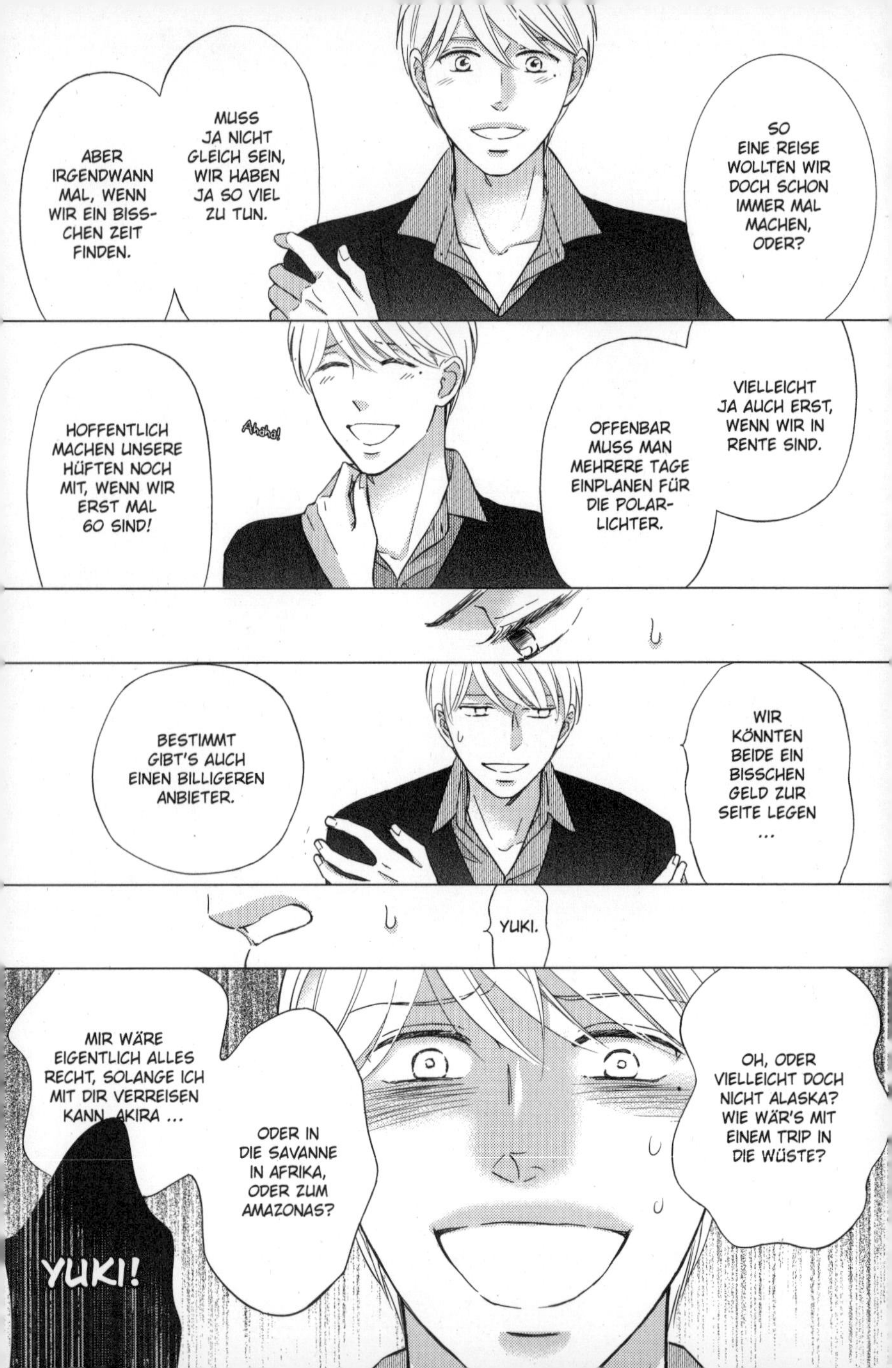
SO EINE REISE WOLLTEN WIR DOCH SCHON IMMER MAL MACHEN, ODER?
MUSS JA NICHT GLEICH SEIN, WIR HABEN JA SO VIEL ZU TUN.
ABER IRGENDWANN MAL, WENN WIR EIN BISSCHEN ZEIT FINDEN.
VIELLEICHT JA AUCH ERST, WENN WIR IN RENTE SIND.
OFFENBAR MUSS MAN MEHRERE TAGE EINPLANEN FÜR DIE POLARLICHTER.
Ahaha!
HOFFENTLICH MACHEN UNSERE HÜFTEN NOCH MIT, WENN WIR ERST MAL 60 SIND!
WIR KÖNNTEN BEIDE EIN BISSCHEN GELD ZUR SEITE LEGEN …
BESTIMMT GIBT'S AUCH EINEN BILLIGEREN ANBIETER.
YUKI.
OH, ODER VIELLEICHT DOCH NICHT ALASKA? WIE WÄR'S MIT EINEM TRIP IN DIE WÜSTE?
ODER IN DIE SAVANNE IN AFRIKA, ODER ZUM AMAZONAS?
MIR WÄRE EIGENTLICH ALLES RECHT, SOLANGE ICH MIT DIR VERREISEN KANN, AKIRA …
YUKI!

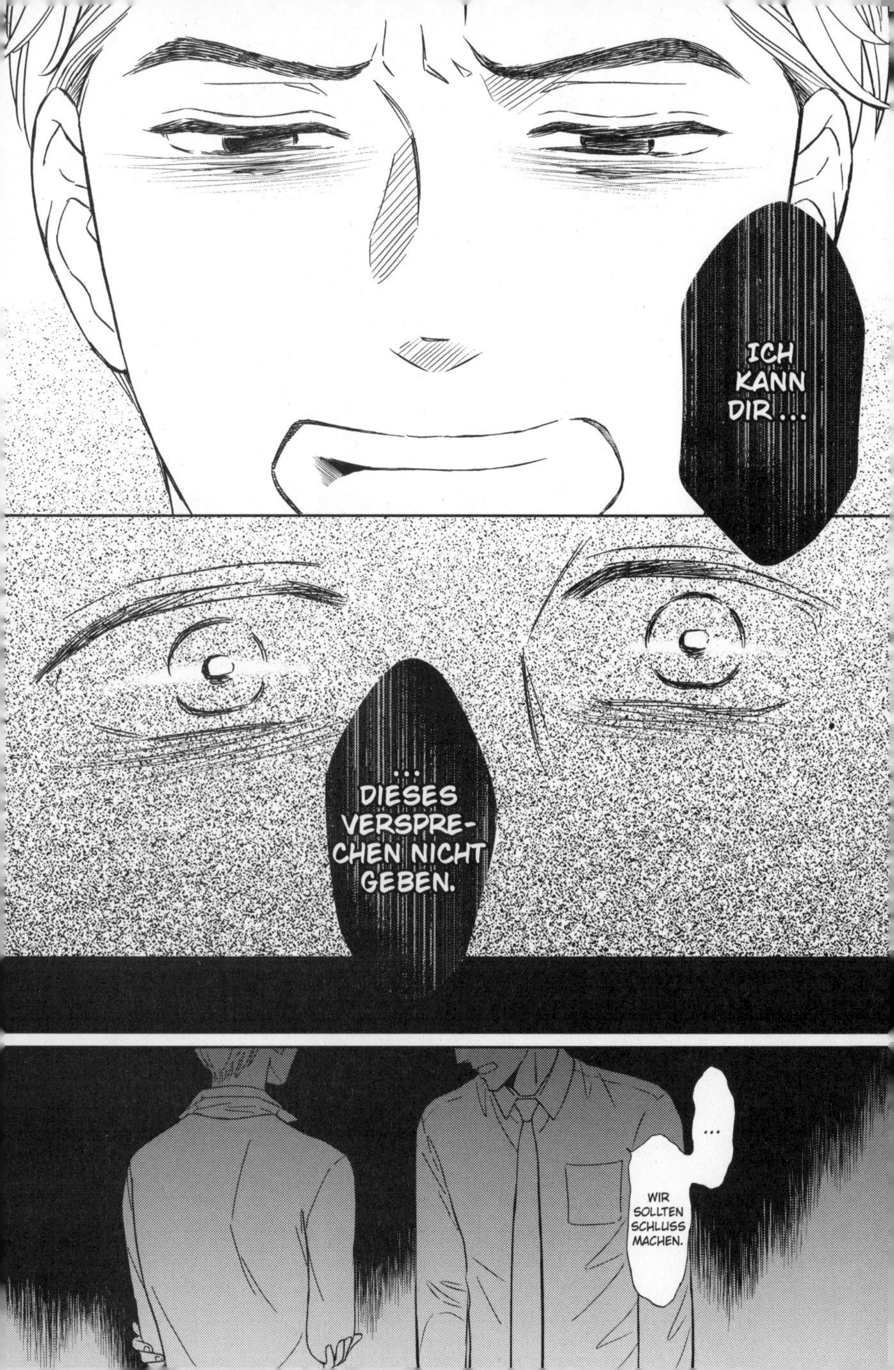
ICH KANN DIR …
… DIESES VERSPRE-CHEN NICHT GEBEN.
…
WIR SOLLTEN SCHLUSS MACHEN.

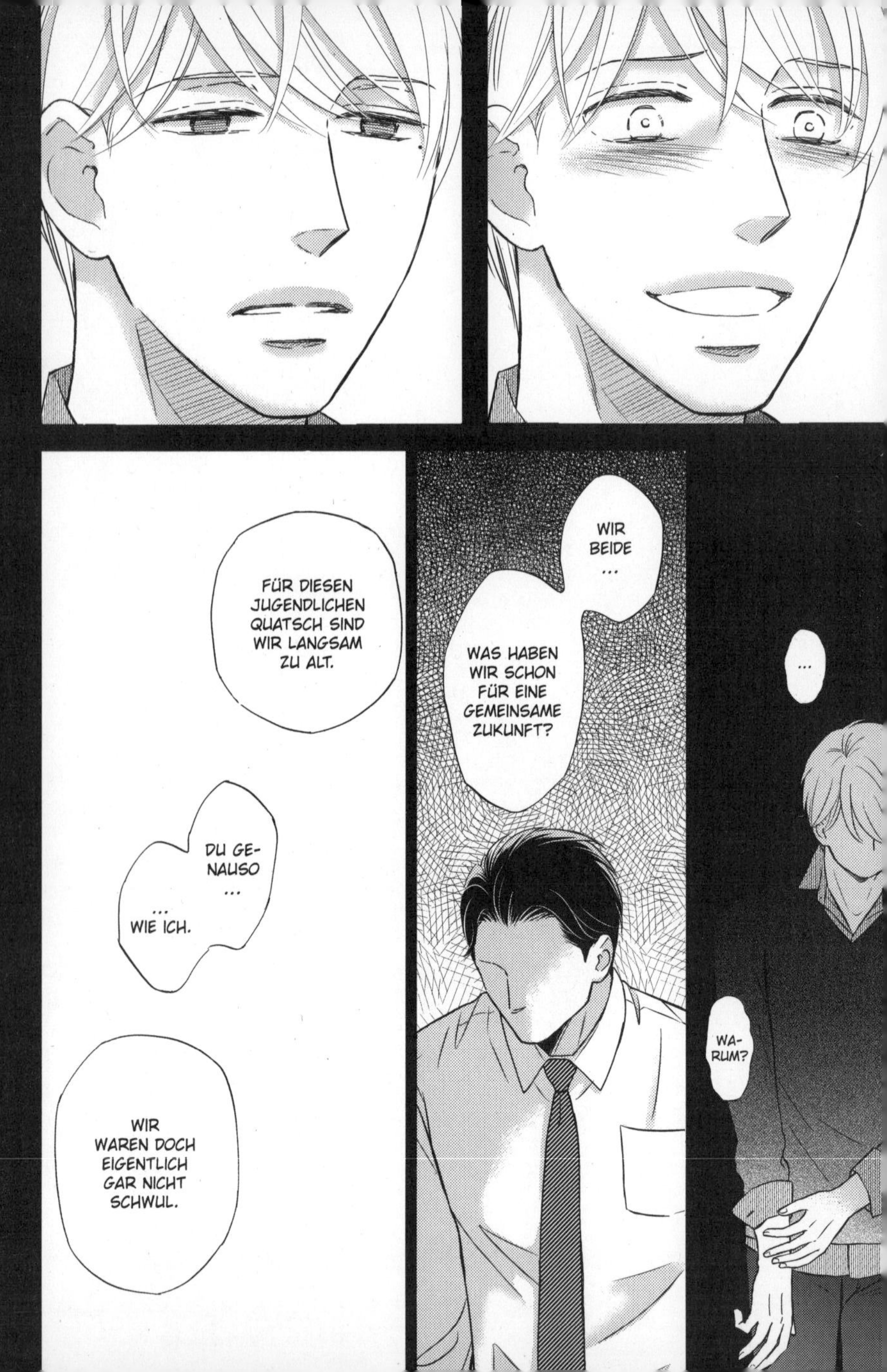
...
WA-RUM?
WIR BEIDE ...
WAS HABEN WIR SCHON FÜR EINE GEMEINSAME ZUKUNFT?
FÜR DIESEN JUGENDLICHEN QUATSCH SIND WIR LANGSAM ZU ALT.
DU GE-NAUSO ...
... WIE ICH.
WIR WAREN DOCH EIGENTLICH GAR NICHT SCHWUL.

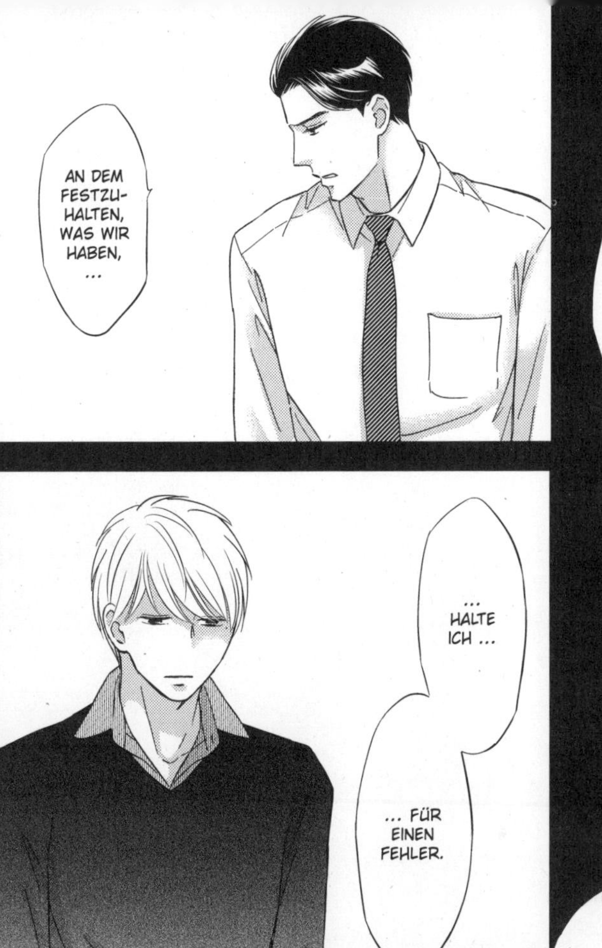
DENK MAL AN DEINE ZUKUNFT! DU WILLST DOCH SICHER AUCH IRGENDWANN MAL GANZ NORMAL HEIRATEN UND EINE FAMILIE GRÜNDEN, ODER NICHT?
AN DEM FESTZU-HALTEN, WAS WIR HABEN, ...
WENN WIR MIT DIESER NUTZLOSEN BEZIEHUNG WEITERMACHEN, ...
... BEREUEN WIR DAS GARANTIERT, SOBALD WIR VIERZIG ODER FÜNFZIG SIND!
... HALTE ICH ...
... FÜR EINEN FEHLER.
WIE ÄTZEND.

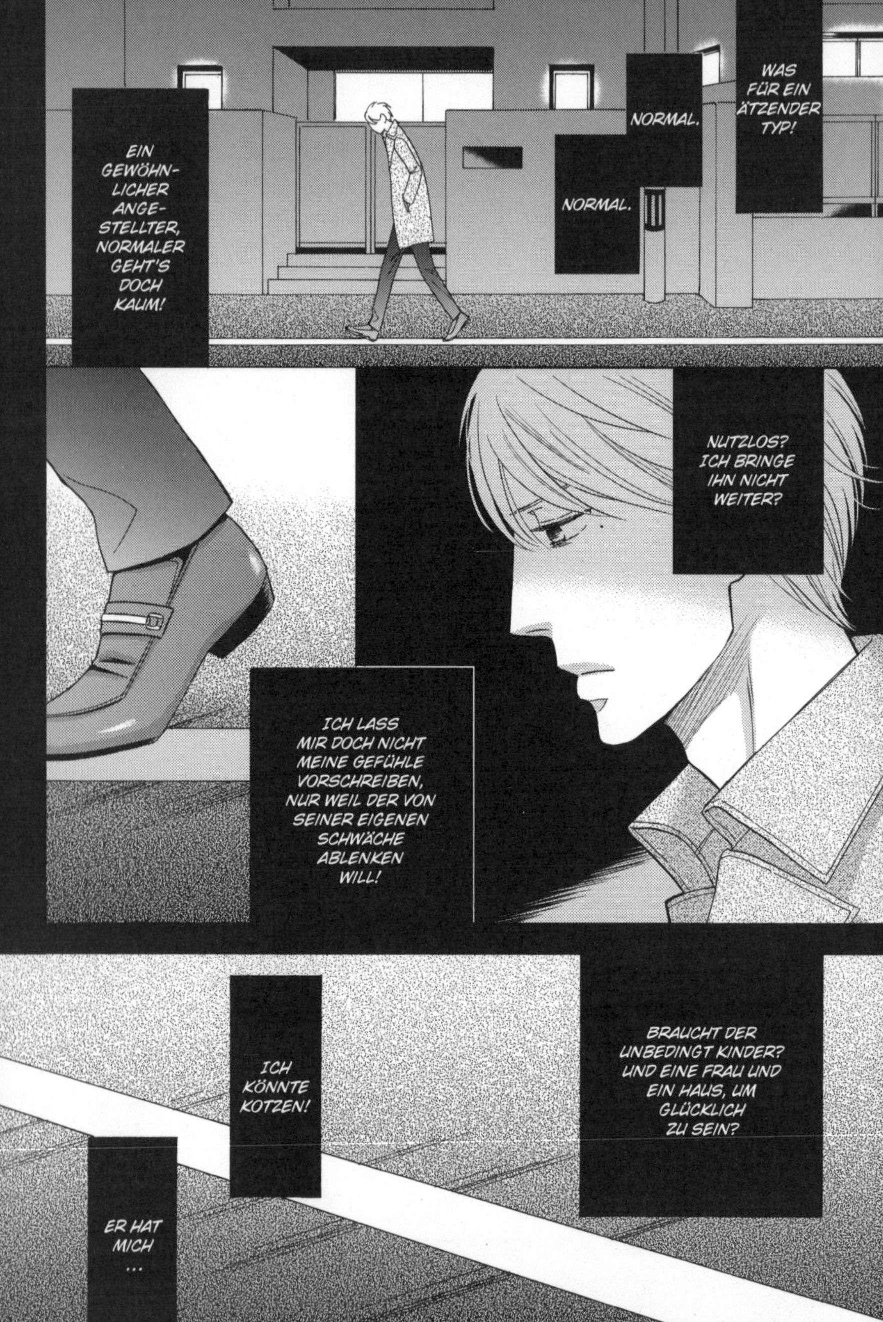
WAS FÜR EIN ÄTZENDER TYP!
NORMAL.
NORMAL.
EIN GEWÖHN-LICHER ANGE-STELLTER, NORMALER GEHT'S DOCH KAUM!
NUTZLOS? ICH BRINGE IHN NICHT WEITER?
ICH LASS MIR DOCH NICHT MEINE GEFÜHLE VORSCHREIBEN, NUR WEIL DER VON SEINER EIGENEN SCHWÄCHE ABLENKEN WILL!
BRAUCHT DER UNBEDINGT KINDER? UND EINE FRAU UND EIN HAUS, UM GLÜCKLICH ZU SEIN?
ICH KÖNNTE KOTZEN!
ER HAT MICH ...

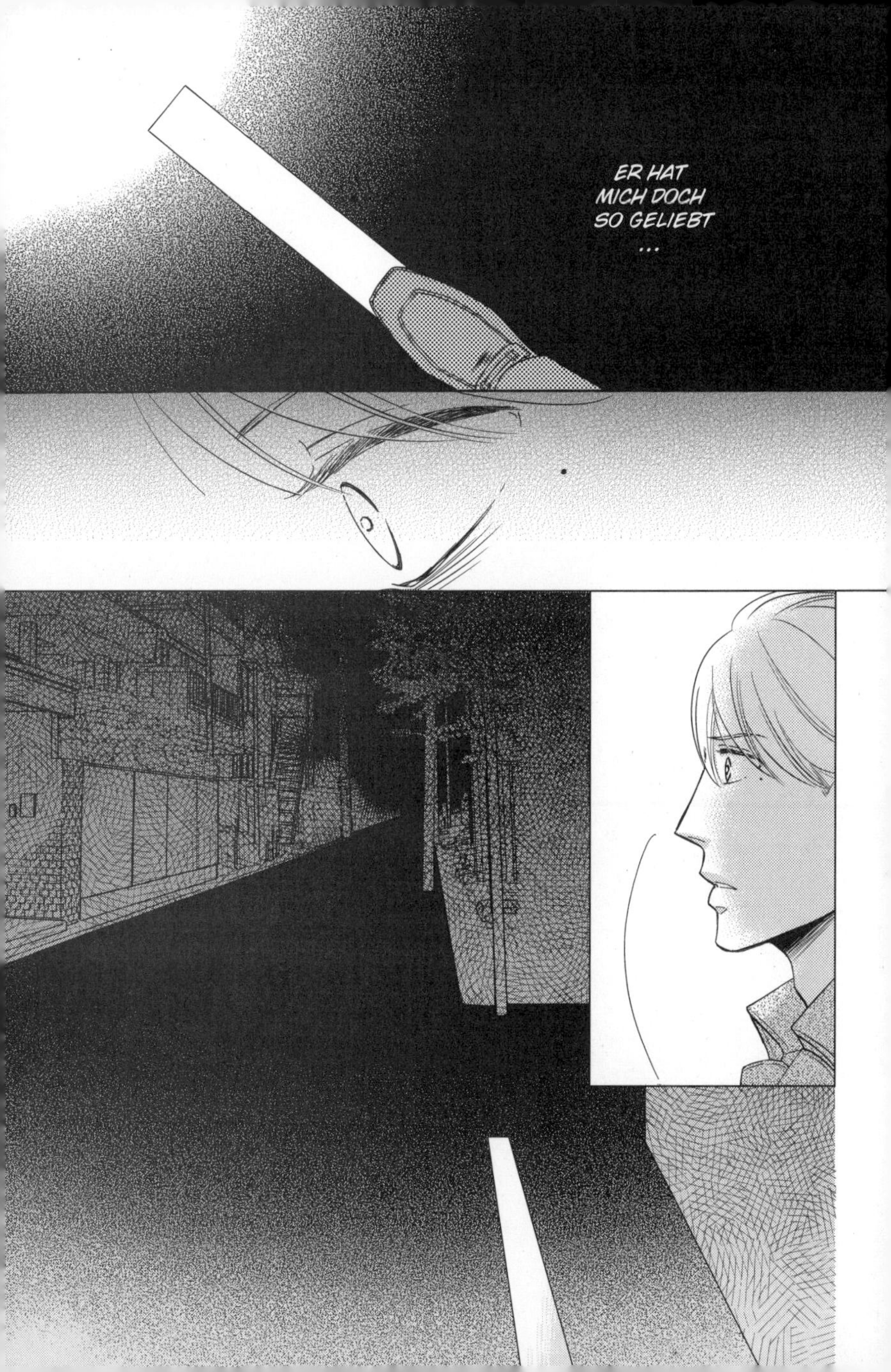
ER HAT
MICH DOCH
SO GELIEBT
...

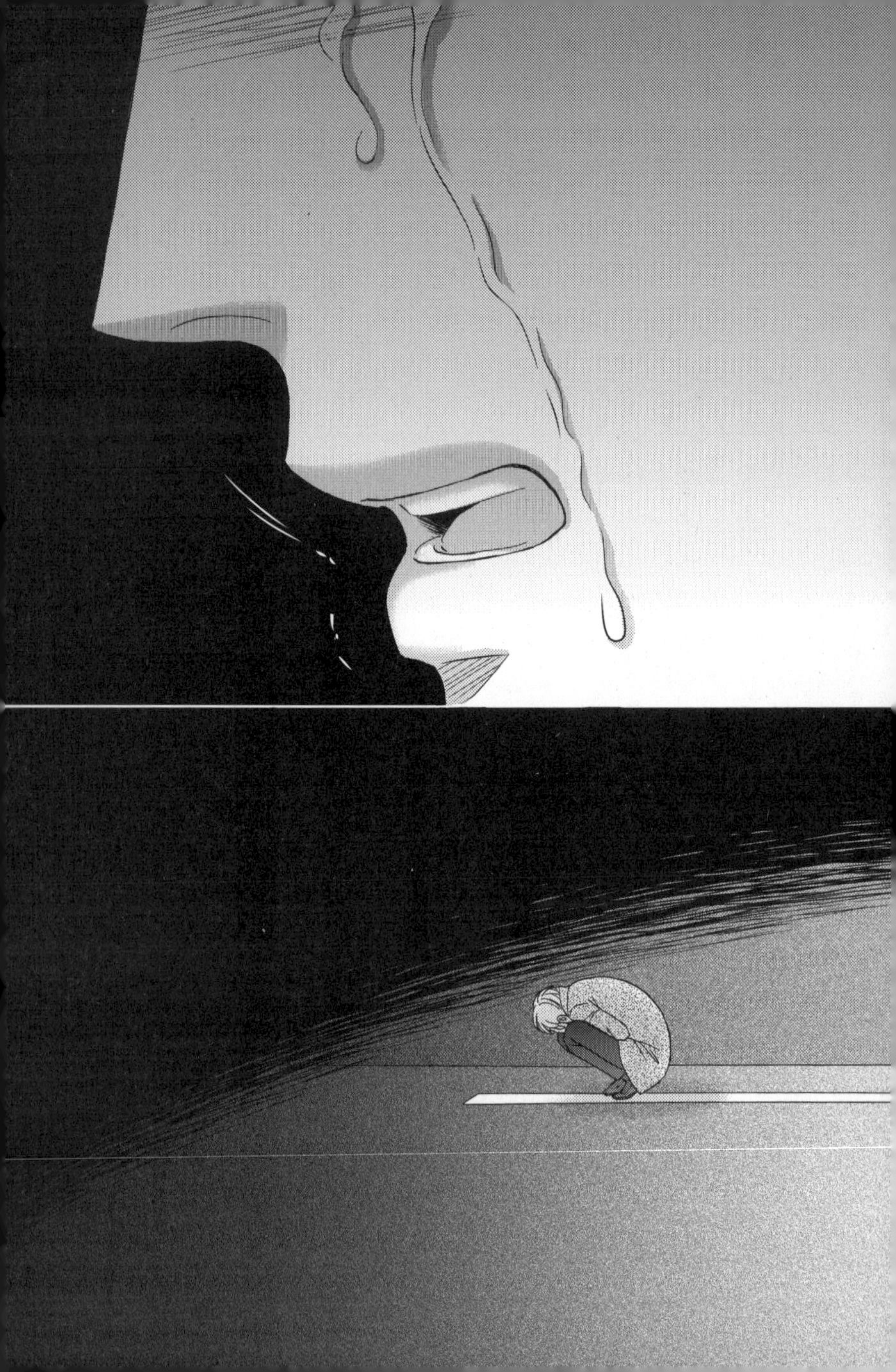

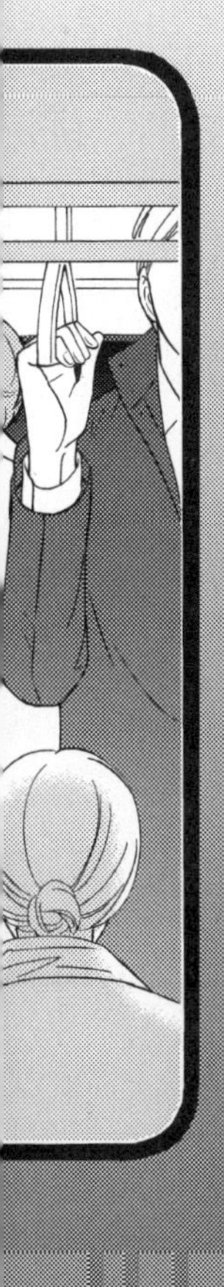

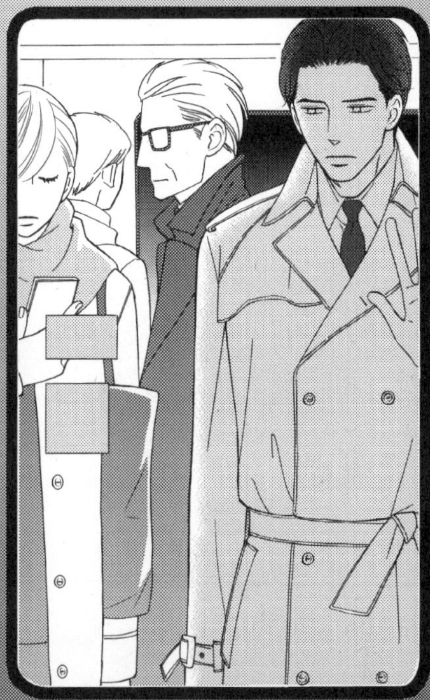

4

Life – Mit dir, ans Ende der Zeit

31 Einunddreißig

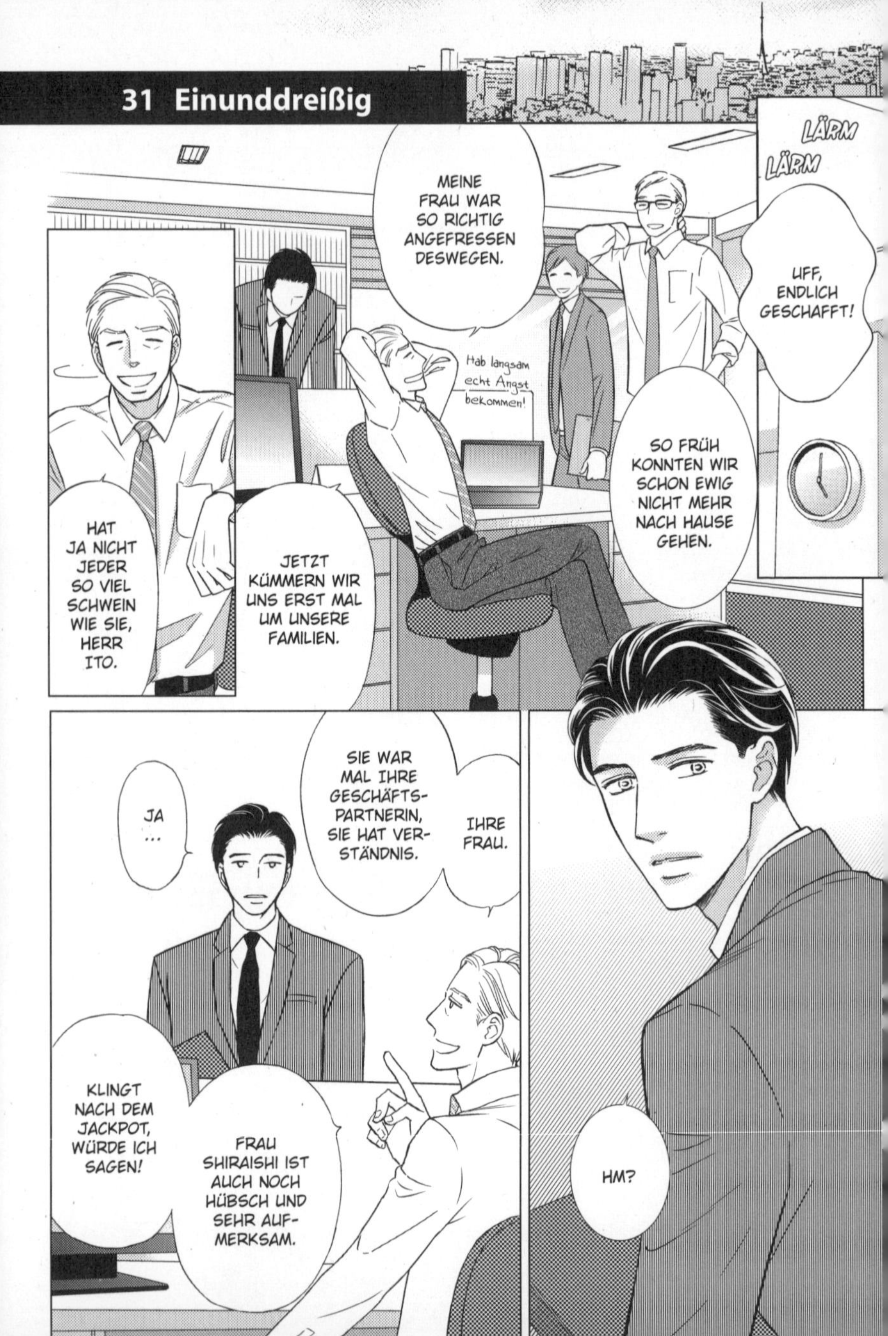

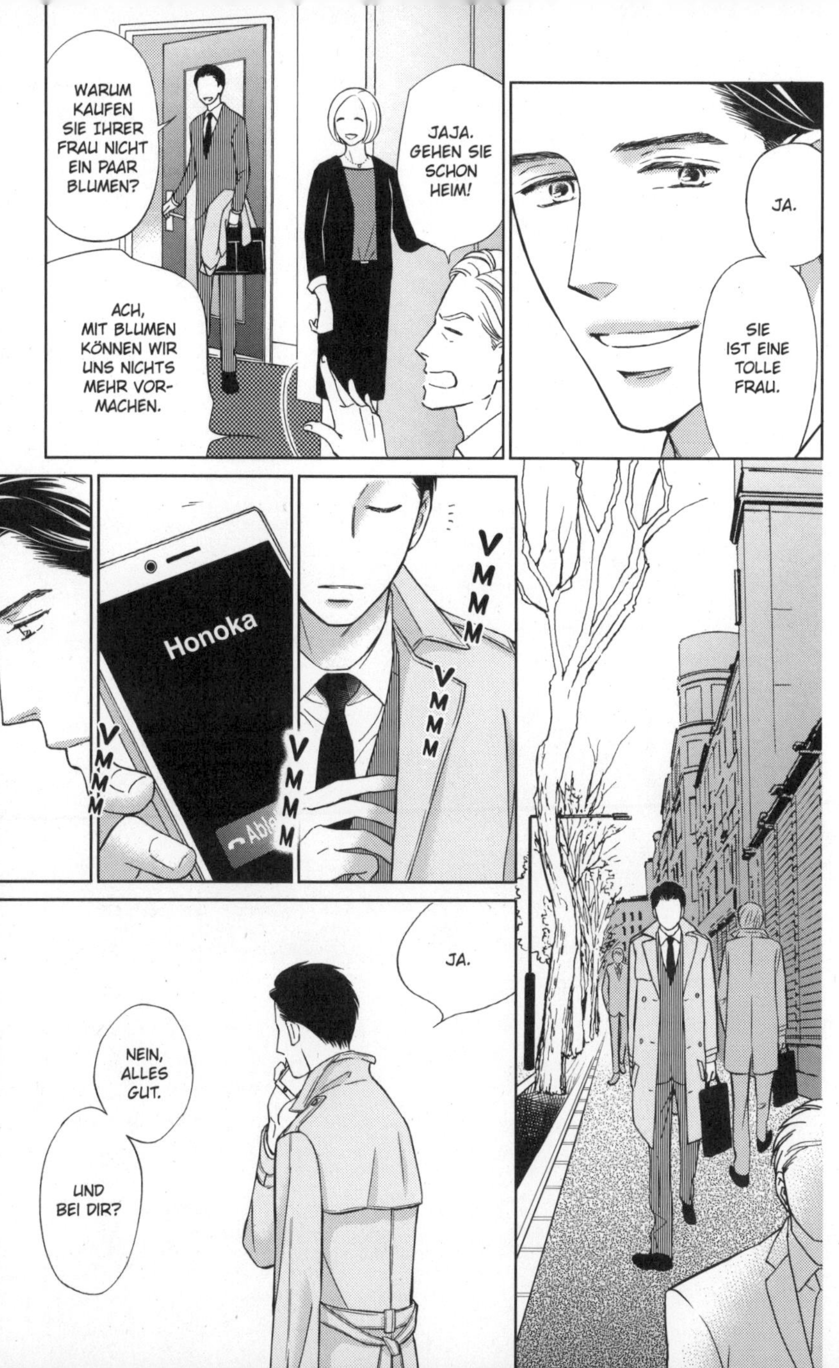
WARUM KAUFEN SIE IHRER FRAU NICHT EIN PAAR BLUMEN?
ACH, MIT BLUMEN KÖNNEN WIR UNS NICHTS MEHR VOR-MACHEN.
JAJA. GEHEN SIE SCHON HEIM!
JA.
SIE IST EINE TOLLE FRAU.
VMMM
VMMM
VMMM
VMMM
Honoka
JA.
NEIN, ALLES GUT.
UND BEI DIR?

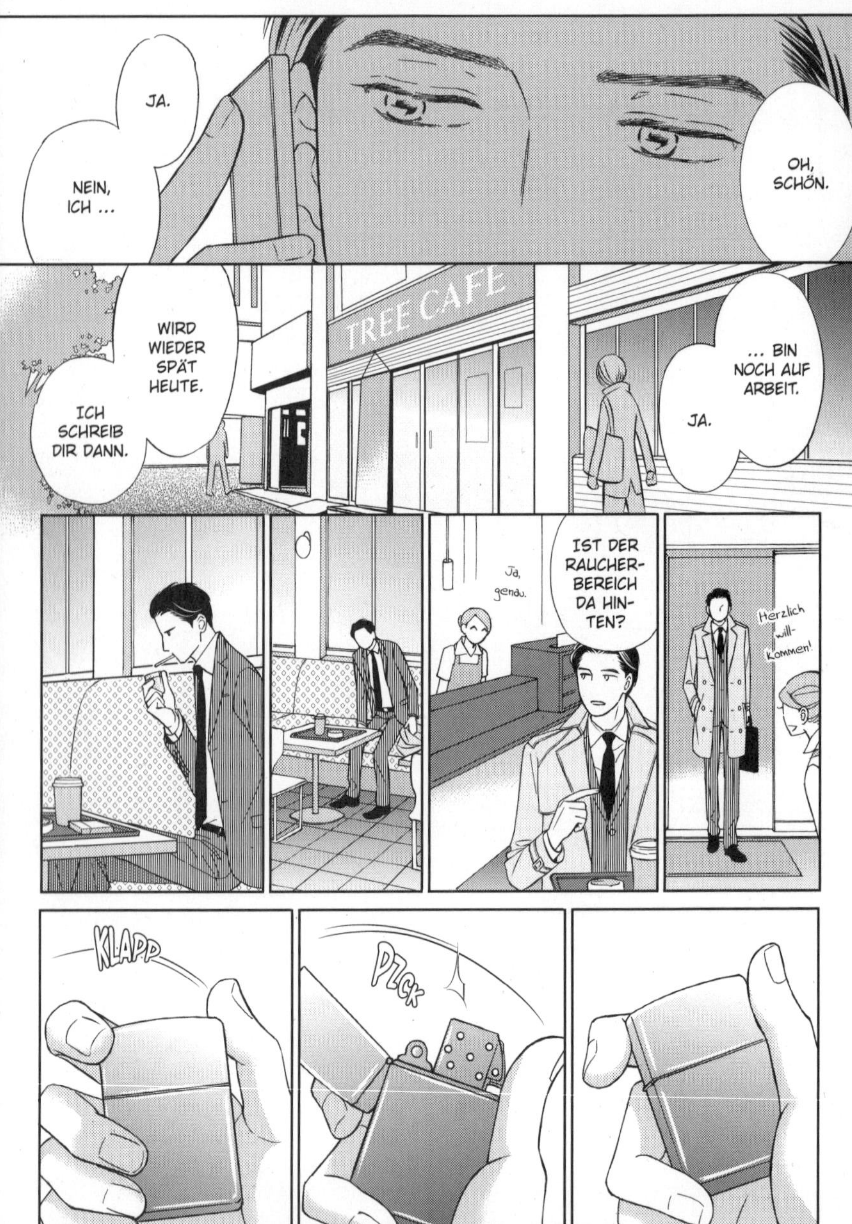
OH, SCHÖN.
JA.
NEIN, ICH …
TREE CAFE
… BIN NOCH AUF ARBEIT.
JA.
WIRD WIEDER SPÄT HEUTE.
ICH SCHREIB DIR DANN.
Herzlich will-kommen!
IST DER RAUCHER-BEREICH DA HIN-TEN?
Ja, genau.
PZCK
KLAPP

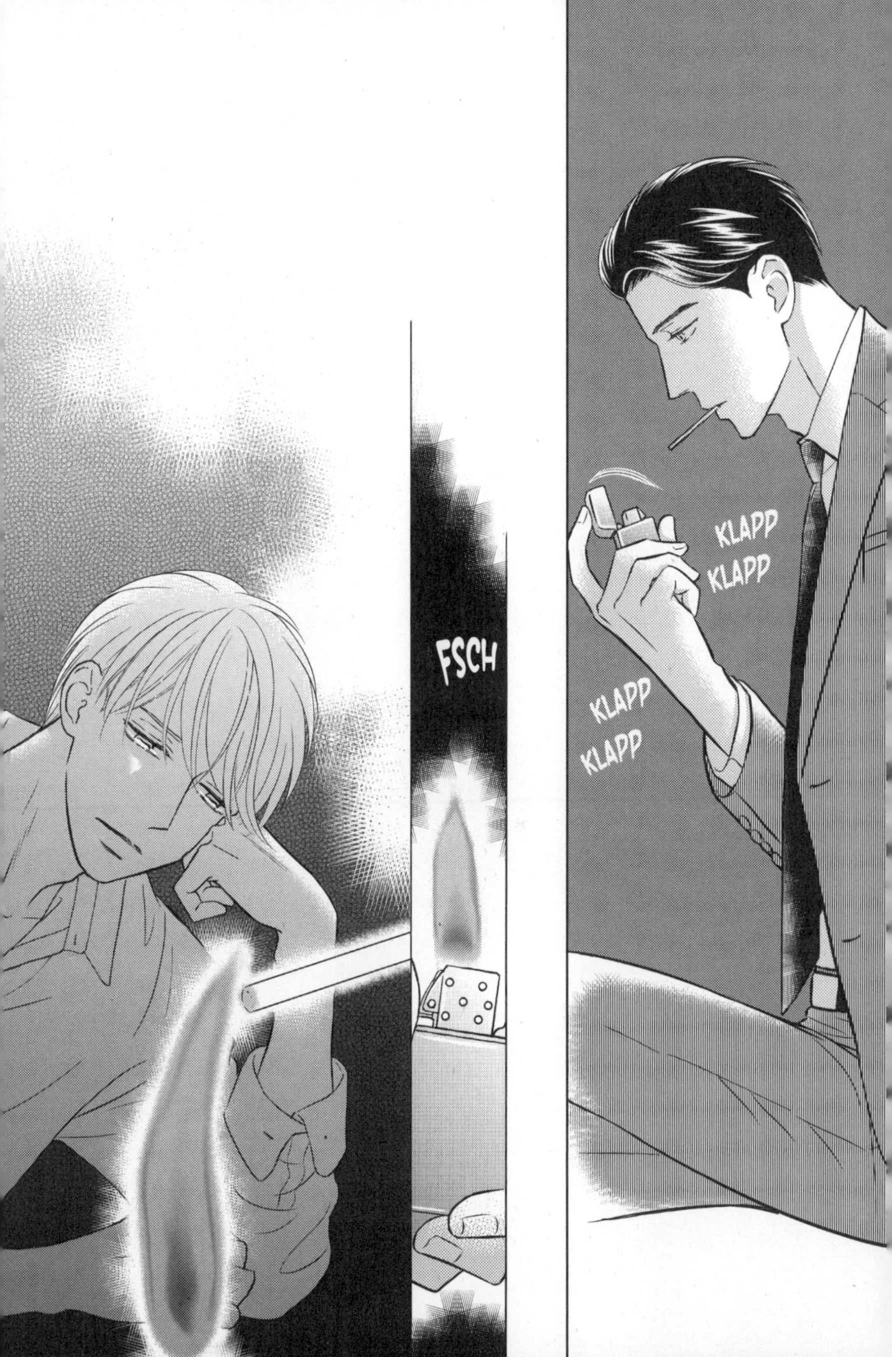
KLAPP
KLAPP
KLAPP
KLAPP
FSCH

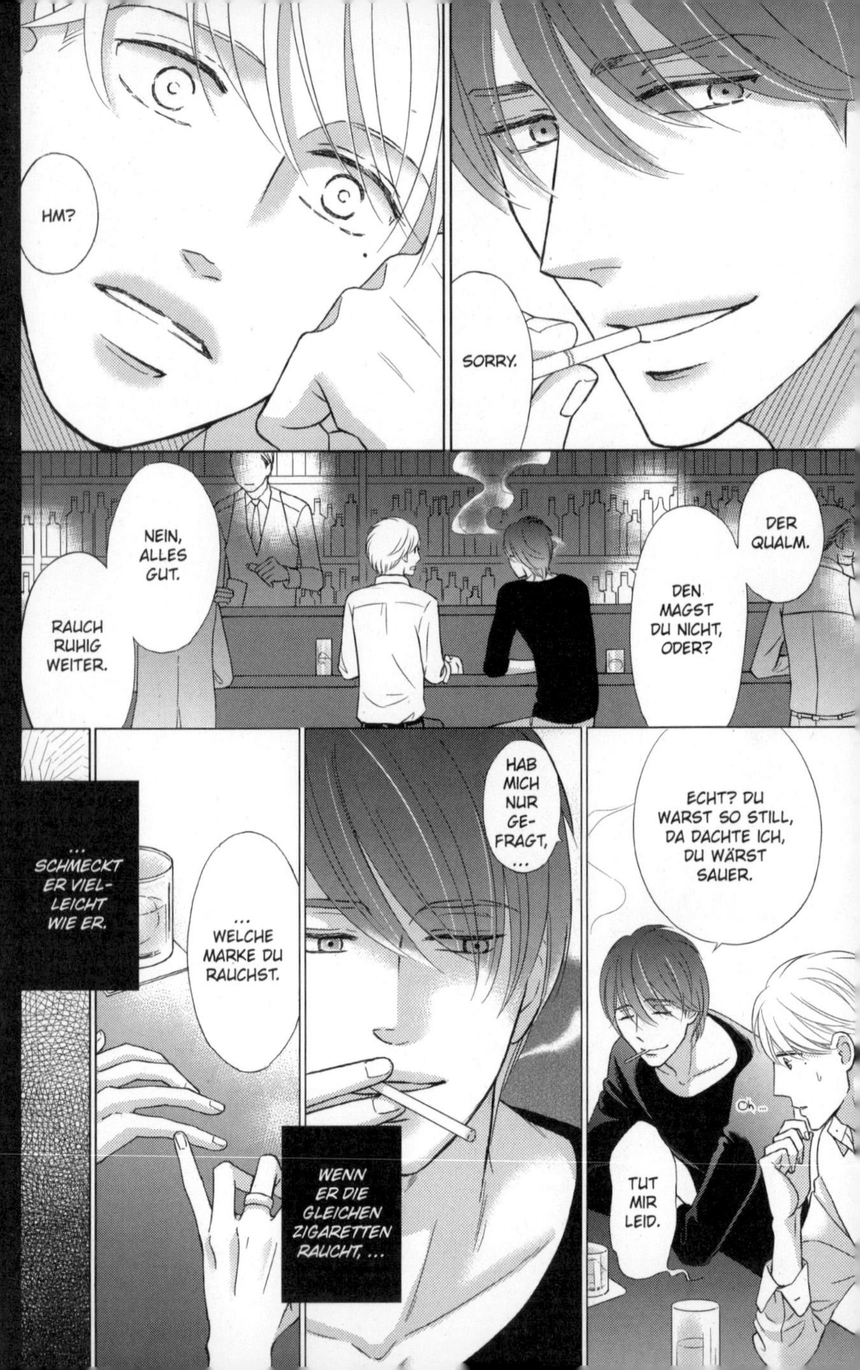
SORRY.
HM?
DER QUALM.
DEN MAGST DU NICHT, ODER?
NEIN, ALLES GUT.
RAUCH RUHIG WEITER.
ECHT? DU WARST SO STILL, DA DACHTE ICH, DU WÄRST SAUER.
Oh...
TUT MIR LEID.
HAB MICH NUR GE-FRAGT, ...
... WELCHE MARKE DU RAUCHST.
WENN ER DIE GLEICHEN ZIGARETTEN RAUCHT, ...
... SCHMECKT ER VIEL-LEICHT WIE ER.

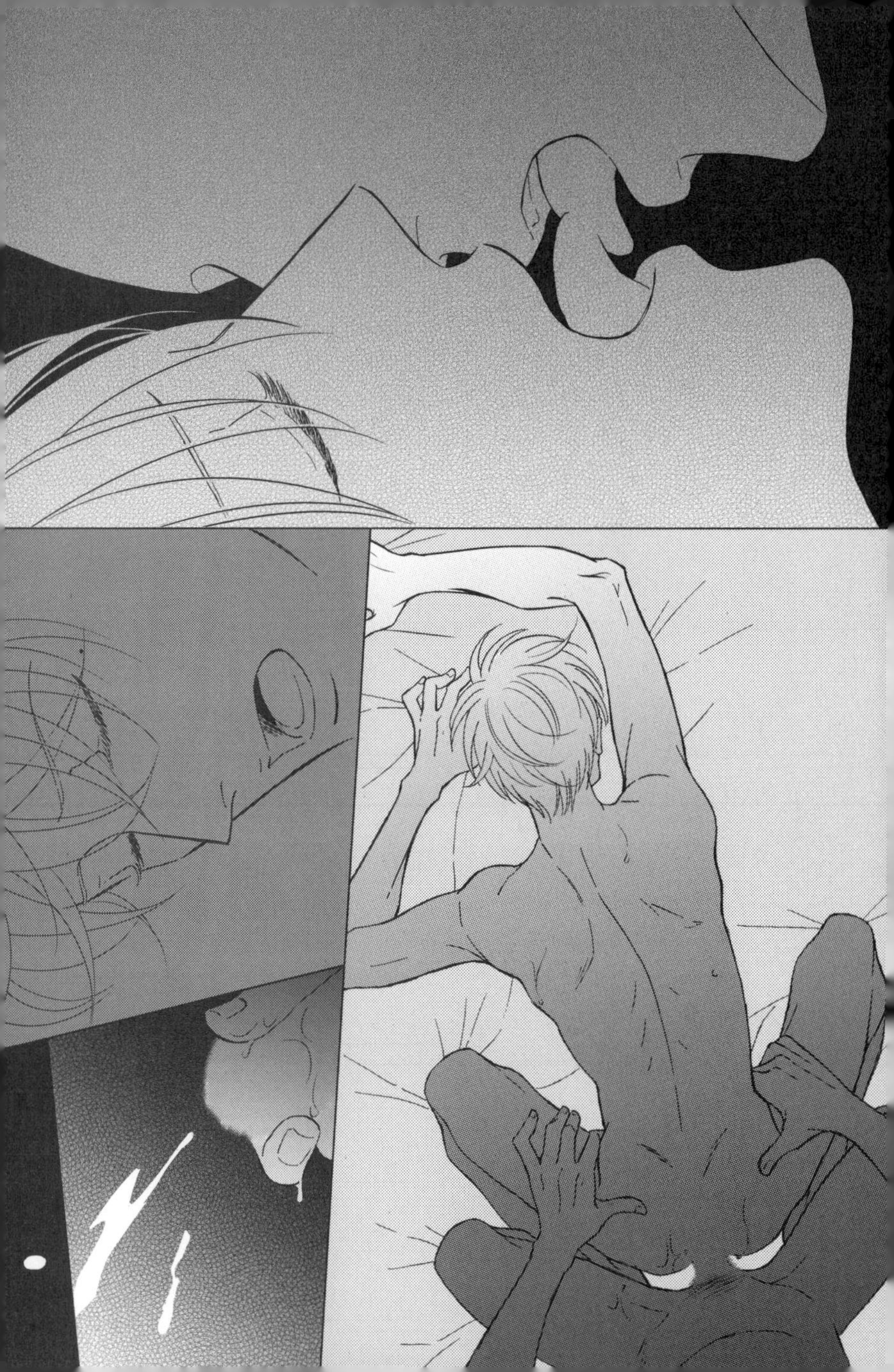

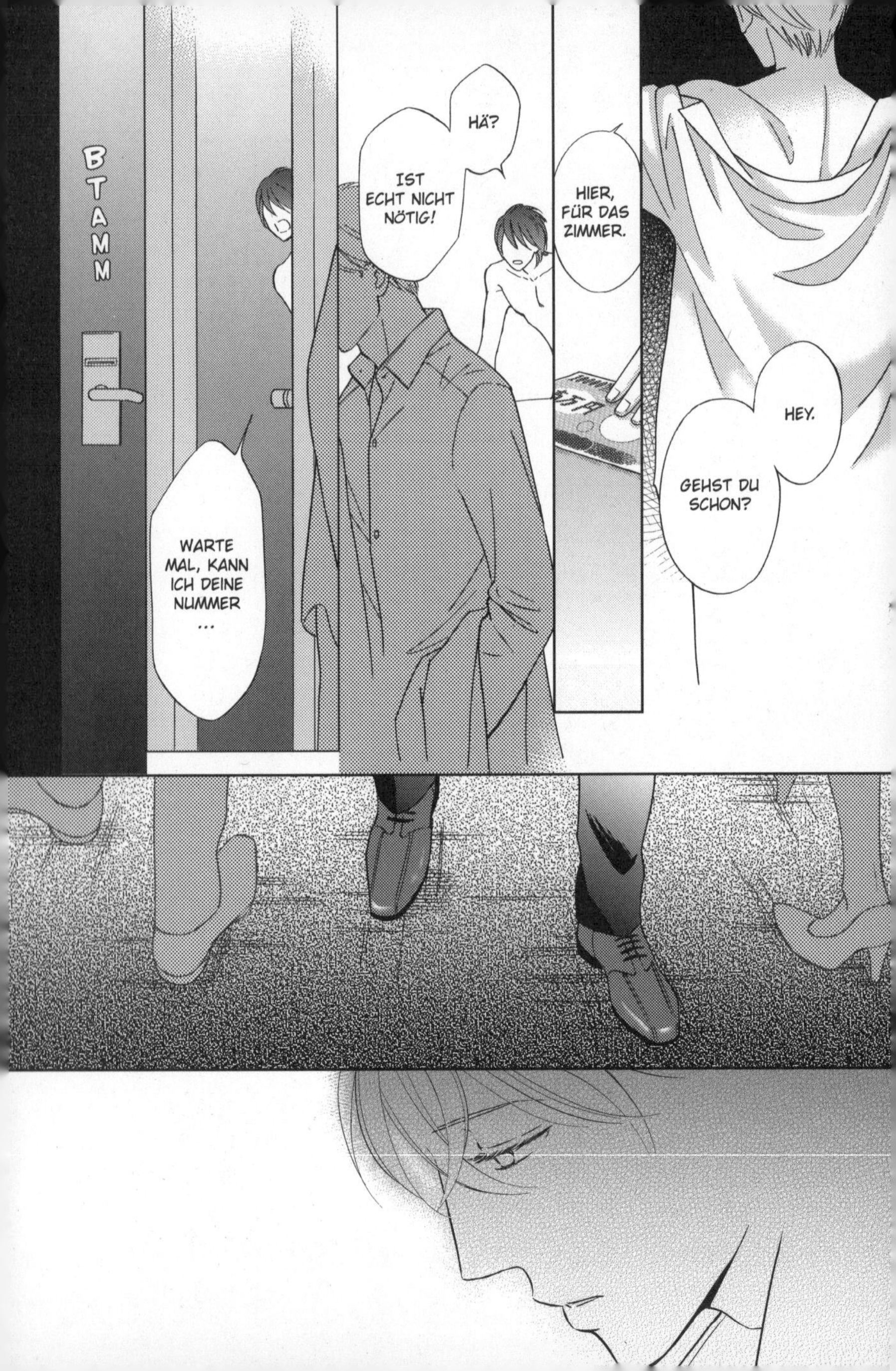
HEY.
GEHST DU SCHON?
HIER, FÜR DAS ZIMMER.
HÄ?
IST ECHT NICHT NÖTIG!
WARTE MAL, KANN ICH DEINE NUMMER ...
BTAMM

32 Zweiunddreißig

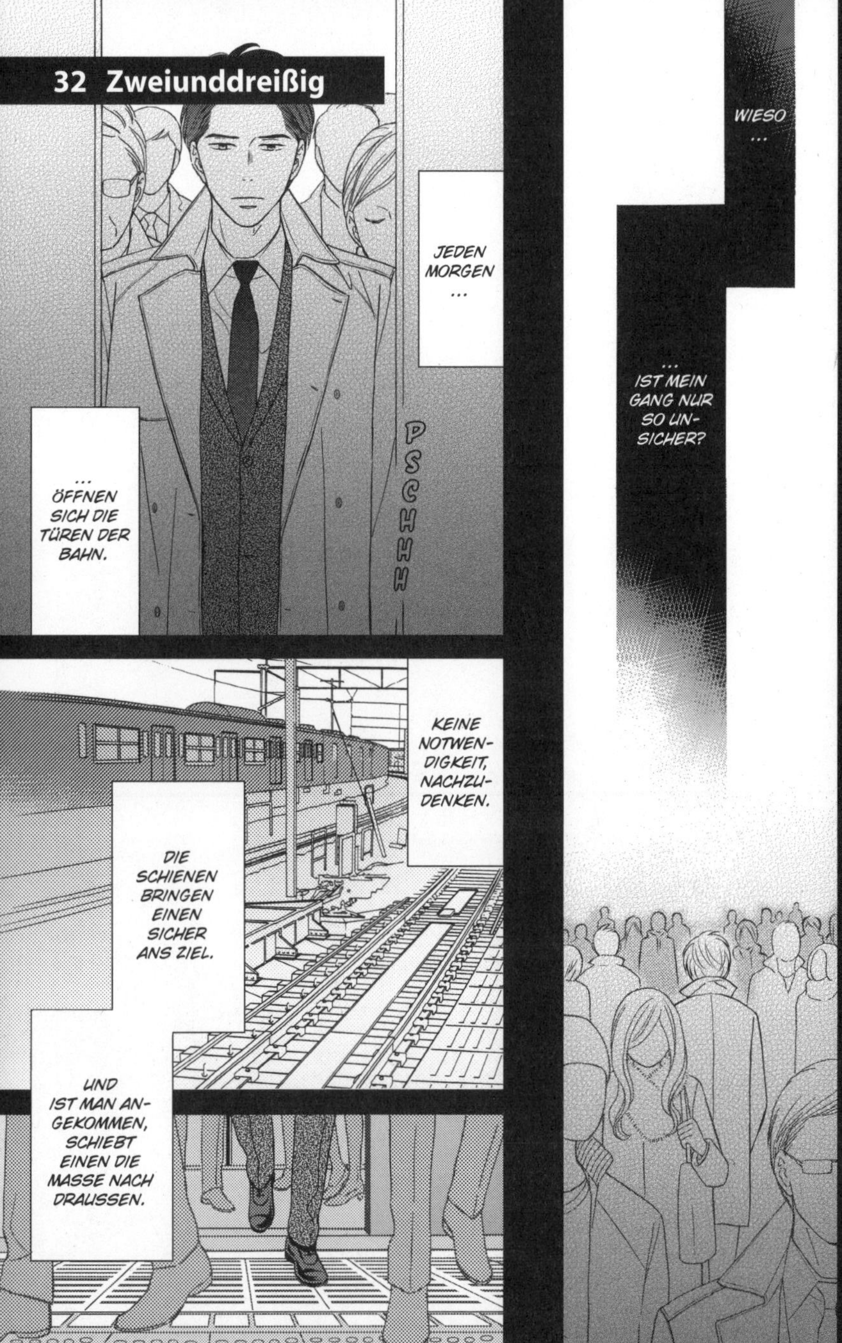

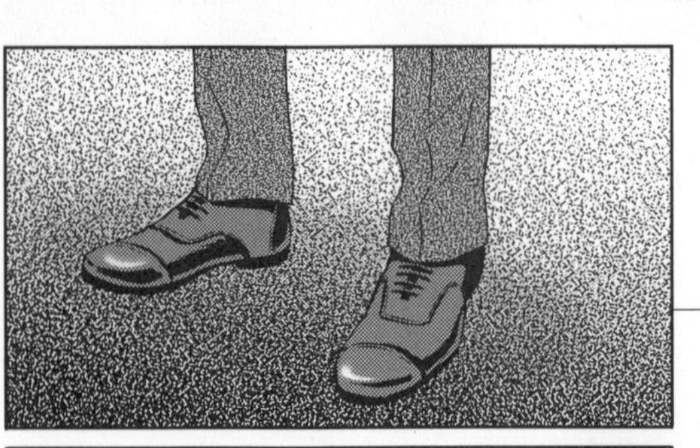

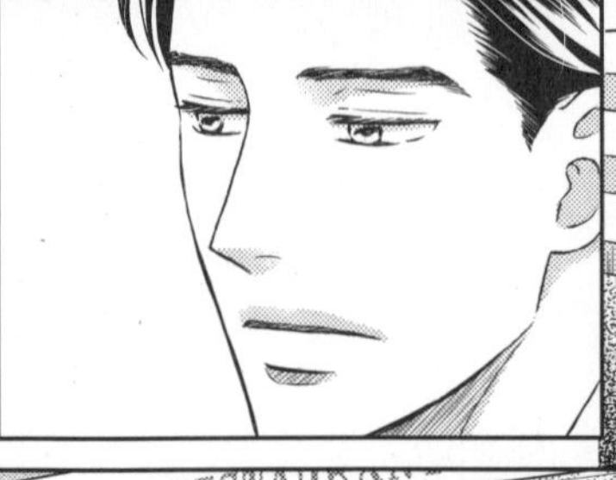

HONOKA LENKT MICH IN DIE RICHTIGE BAHN.

UND JETZT WARTET SIE DARAUF, DASS ICH HEIM-KOMME.

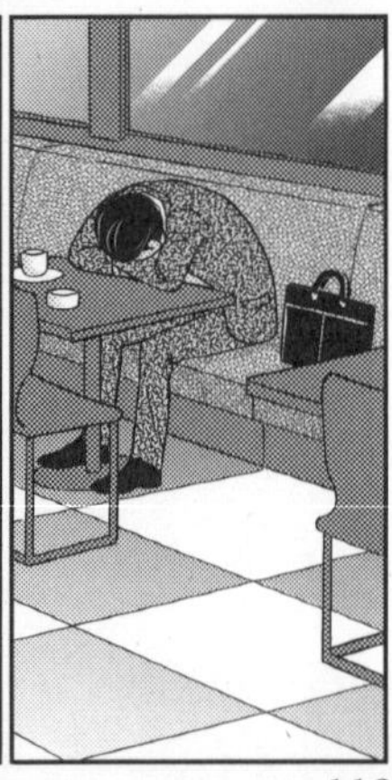

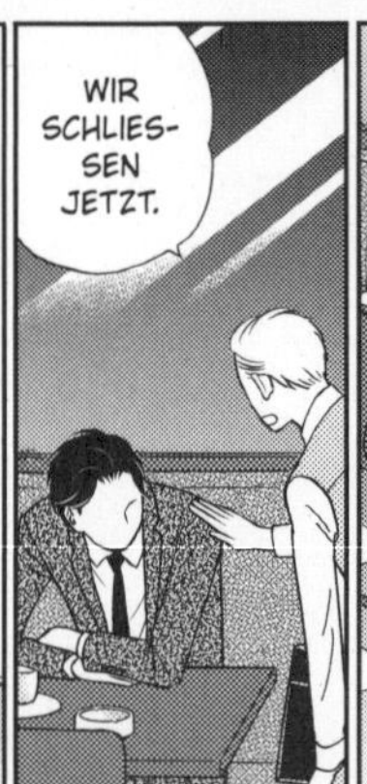

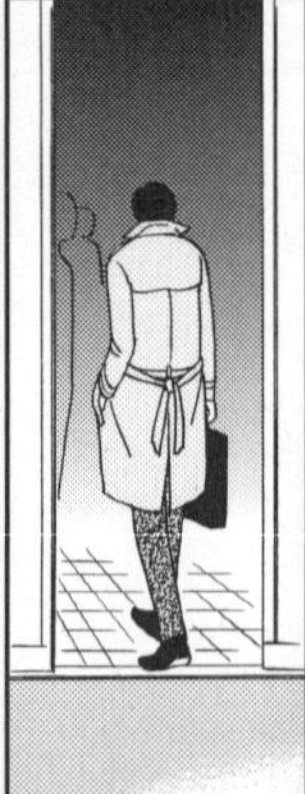

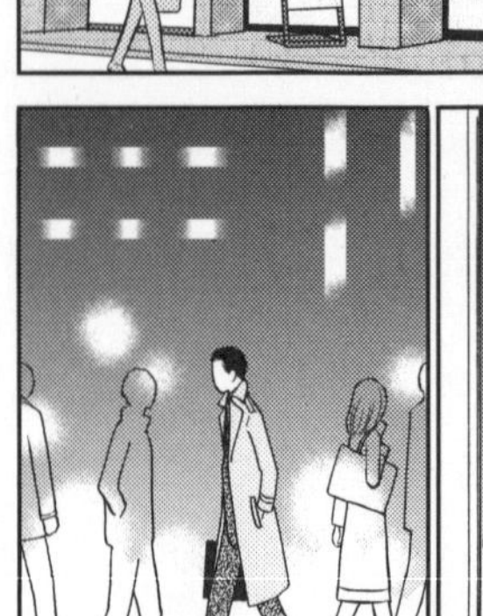

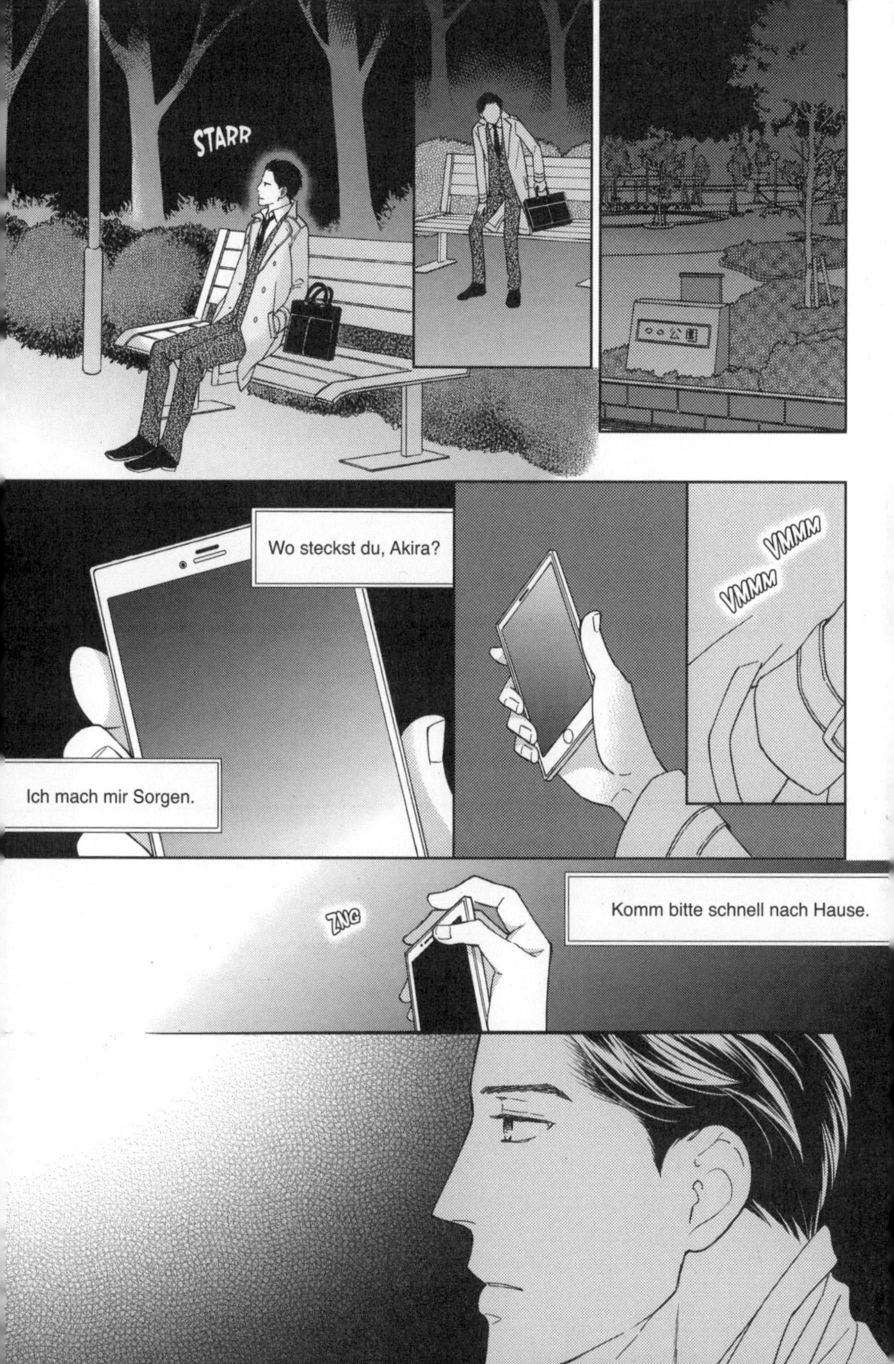
○○公園
STARR
VMMM
VMMM
Wo steckst du, Akira?
Ich mach mir Sorgen.
Komm bitte schnell nach Hause.
ZNG

SO IST
ES GUT.
ODER?

ENDLICH
BIN ICH DIESE
UNGEWISSHEIT
LOS.

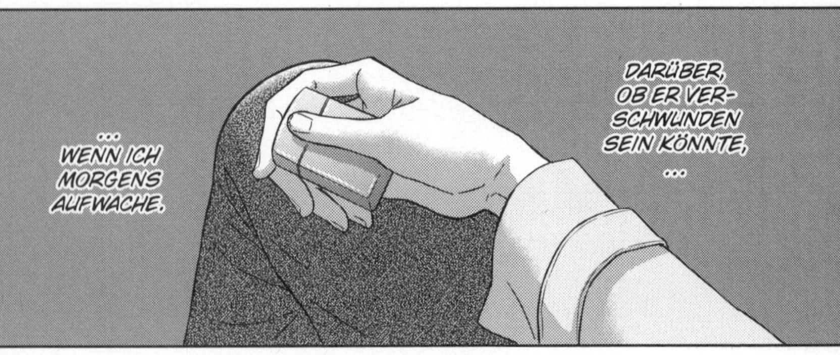

KOMM
SCHON.

DU MUSST
JETZT AUF-
STEHEN.

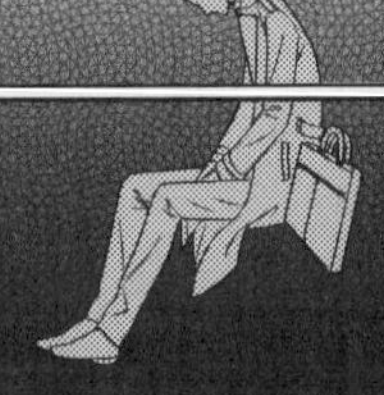

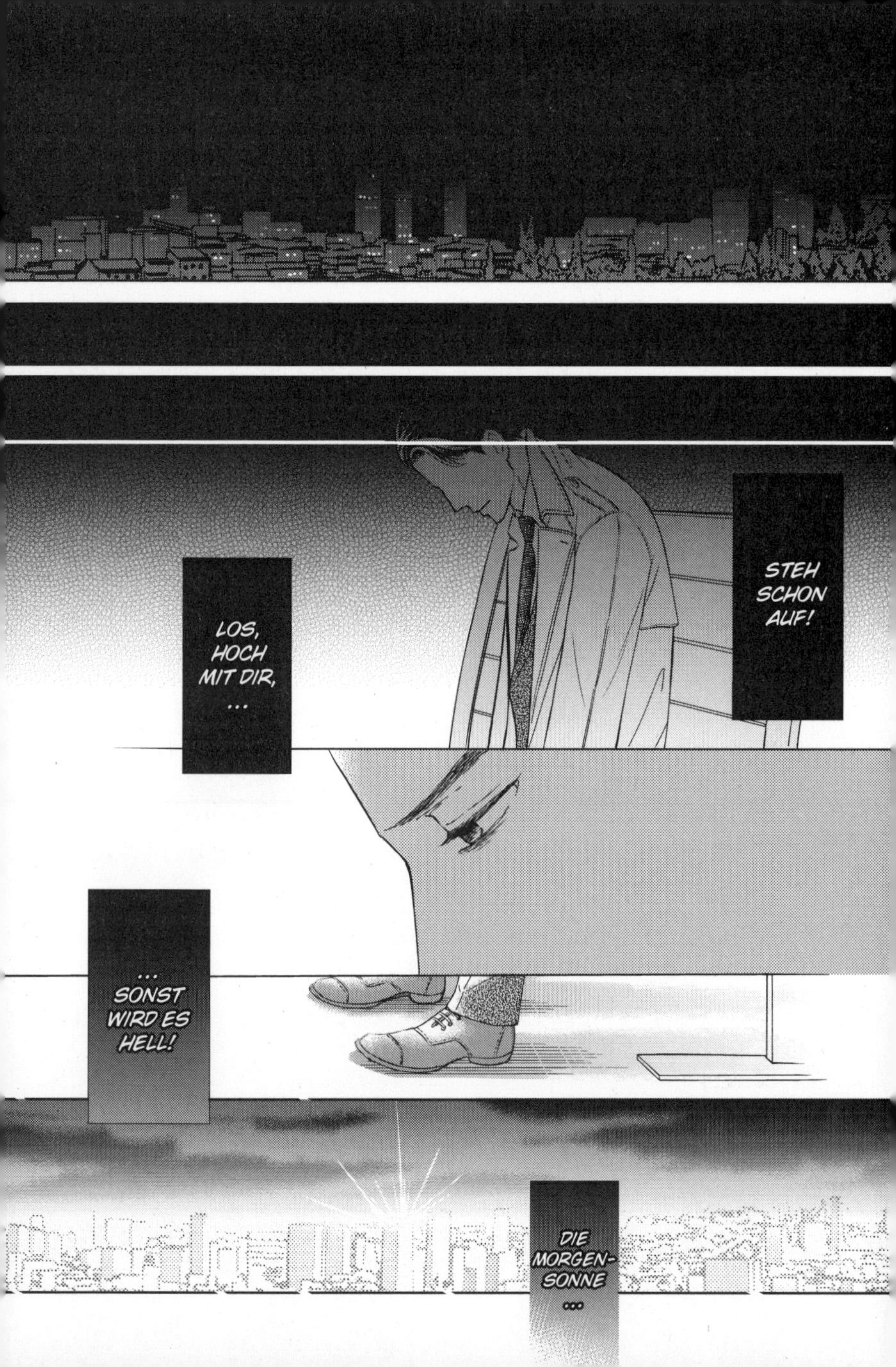
STEH SCHON AUF!
LOS, HOCH MIT DIR, ...
... SONST WIRD ES HELL!
DIE MORGEN-SONNE ...

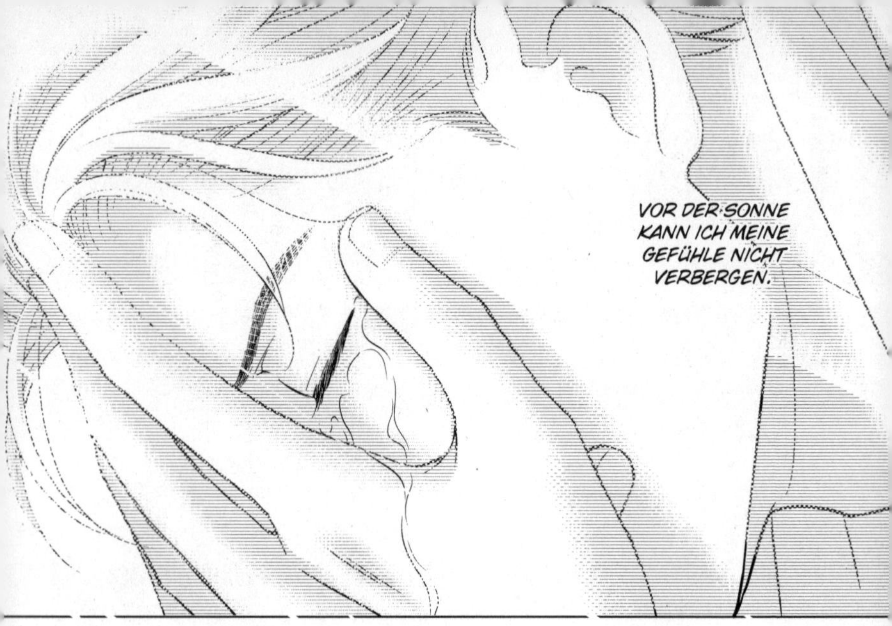

WIE AN JENEM TAG, ...

... ALS MIR IM MORGENLICHT BEWUSST WURDE, ...

... WIE SEHR ICH IHN LIEBE.

WIR KÖNNTEN GEMEINSAM ALT WERDEN.

DOCH DIE GESELLSCHAFTLICHEN ZWÄNGE ...

SIE WÜRDEN UNS AUF LANGE SICHT AUSEINANDERTREIBEN.

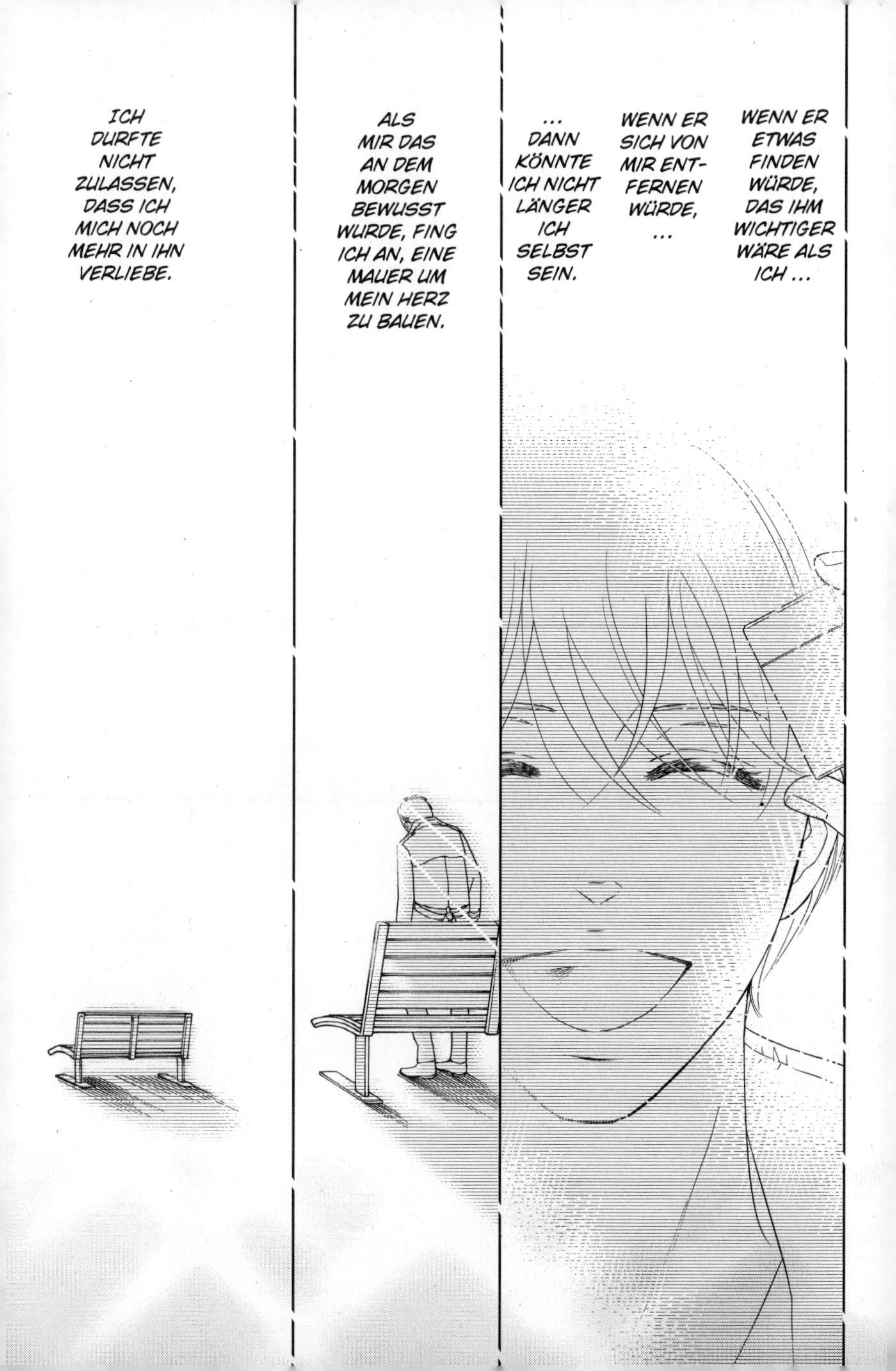

WENN ER ETWAS FINDEN WÜRDE, DAS IHM WICHTIGER WÄRE ALS ICH ...

WENN ER SICH VON MIR ENTFERNEN WÜRDE, ...

... DANN KÖNNTE ICH NICHT LÄNGER ICH SELBST SEIN.

ALS MIR DAS AN DEM MORGEN BEWUSST WURDE, FING ICH AN, EINE MAUER UM MEIN HERZ ZU BAUEN.

ICH DURFTE NICHT ZULASSEN, DASS ICH MICH NOCH MEHR IN IHN VERLIEBE.

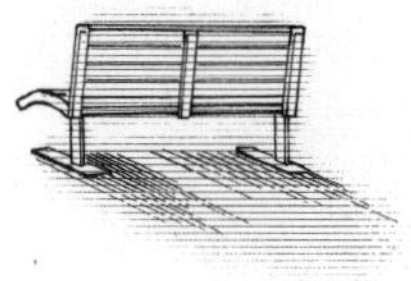

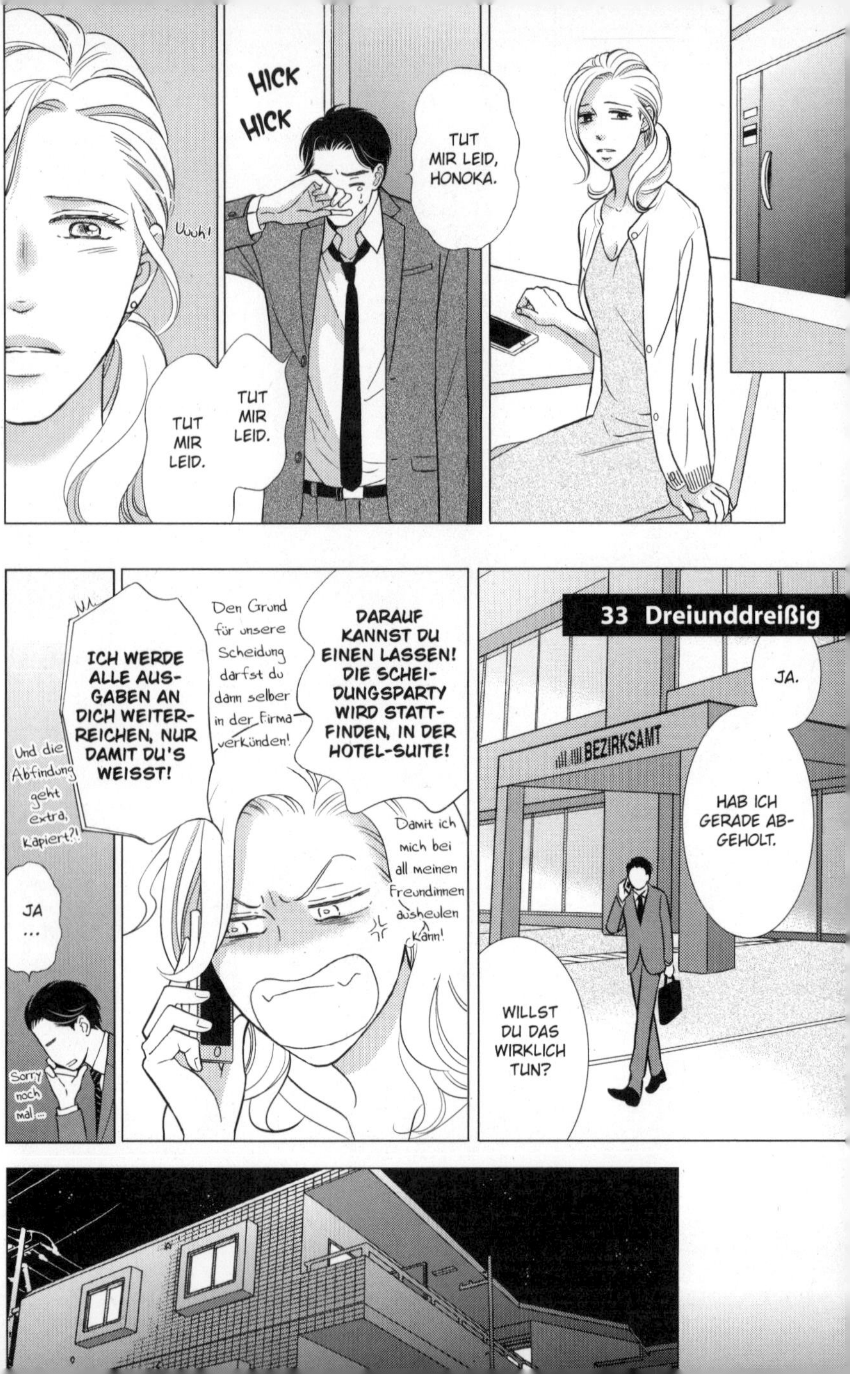

HICK
HICK
TUT MIR LEID, HONOKA.
Uuuh!
TUT MIR LEID.
TUT MIR LEID.

33 Dreiunddreißig

JA.
HAB ICH GERADE ABGEHOLT.
BEZIRKSAMT
WILLST DU DAS WIRKLICH TUN?
DARAUF KANNST DU EINEN LASSEN! DIE SCHEIDUNGSPARTY WIRD STATTFINDEN, IN DER HOTEL-SUITE!
Damit ich mich bei all meinen Freundinnen ausheulen kann!
Den Grund für unsere Scheidung darfst du dann selber in der Firma verkünden!
ICH WERDE ALLE AUSGABEN AN DICH WEITERREICHEN, NUR DAMIT DU'S WEISST!
Und die Abfindung geht extra, kapiert?!
JA …
Sorry noch mal …

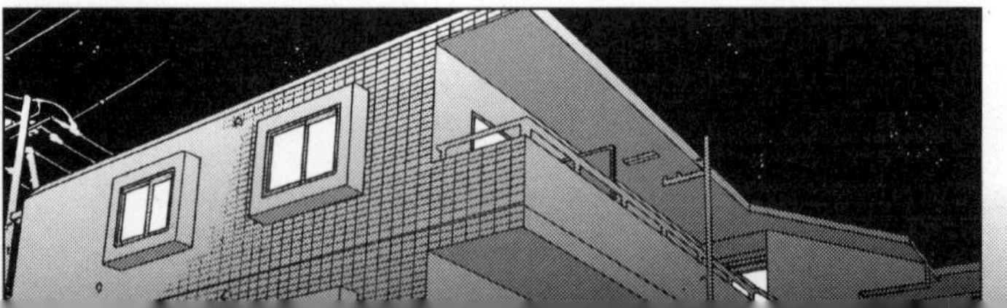

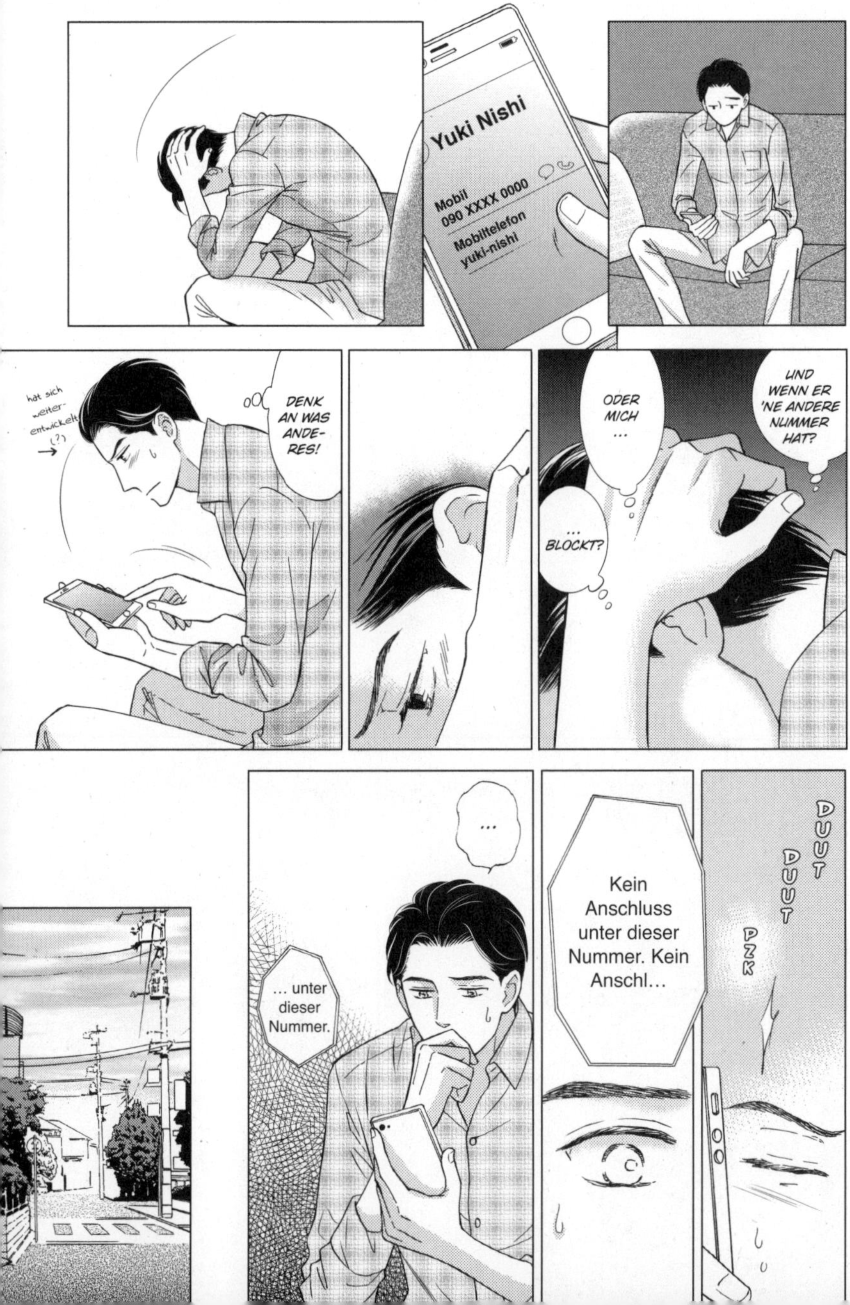

Yuki Nishi
Mobil
090 XXXX 0000
Mobiltelefon
yuki-nishi

UND WENN ER 'NE ANDERE NUMMER HAT?
ODER MICH …
… BLOCKT?
DENK AN WAS ANDERES!
hat sich weiter-entwickelt (?) →

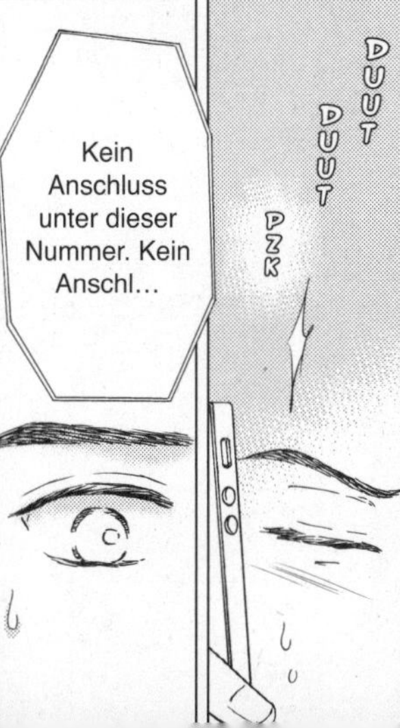

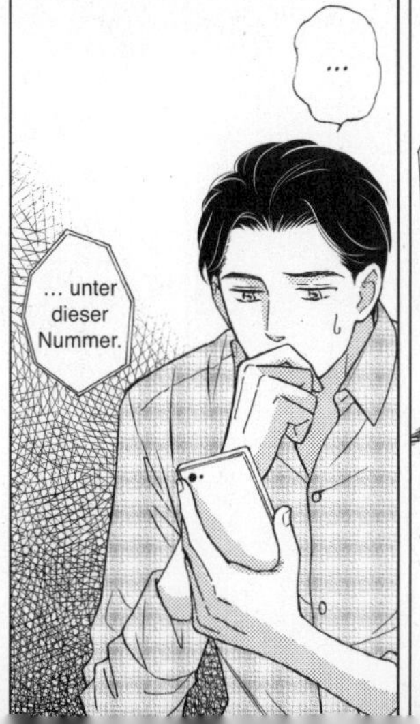

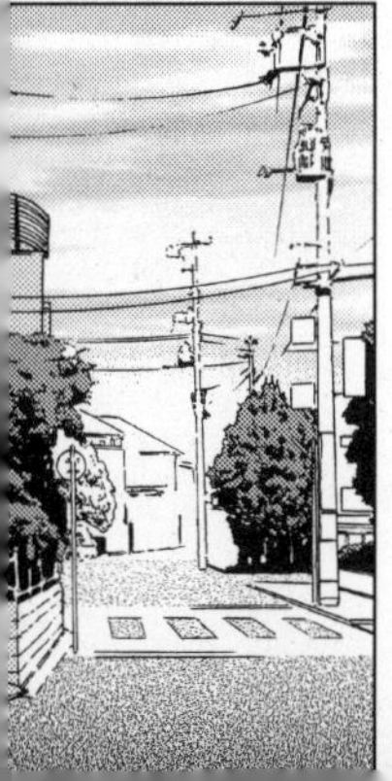

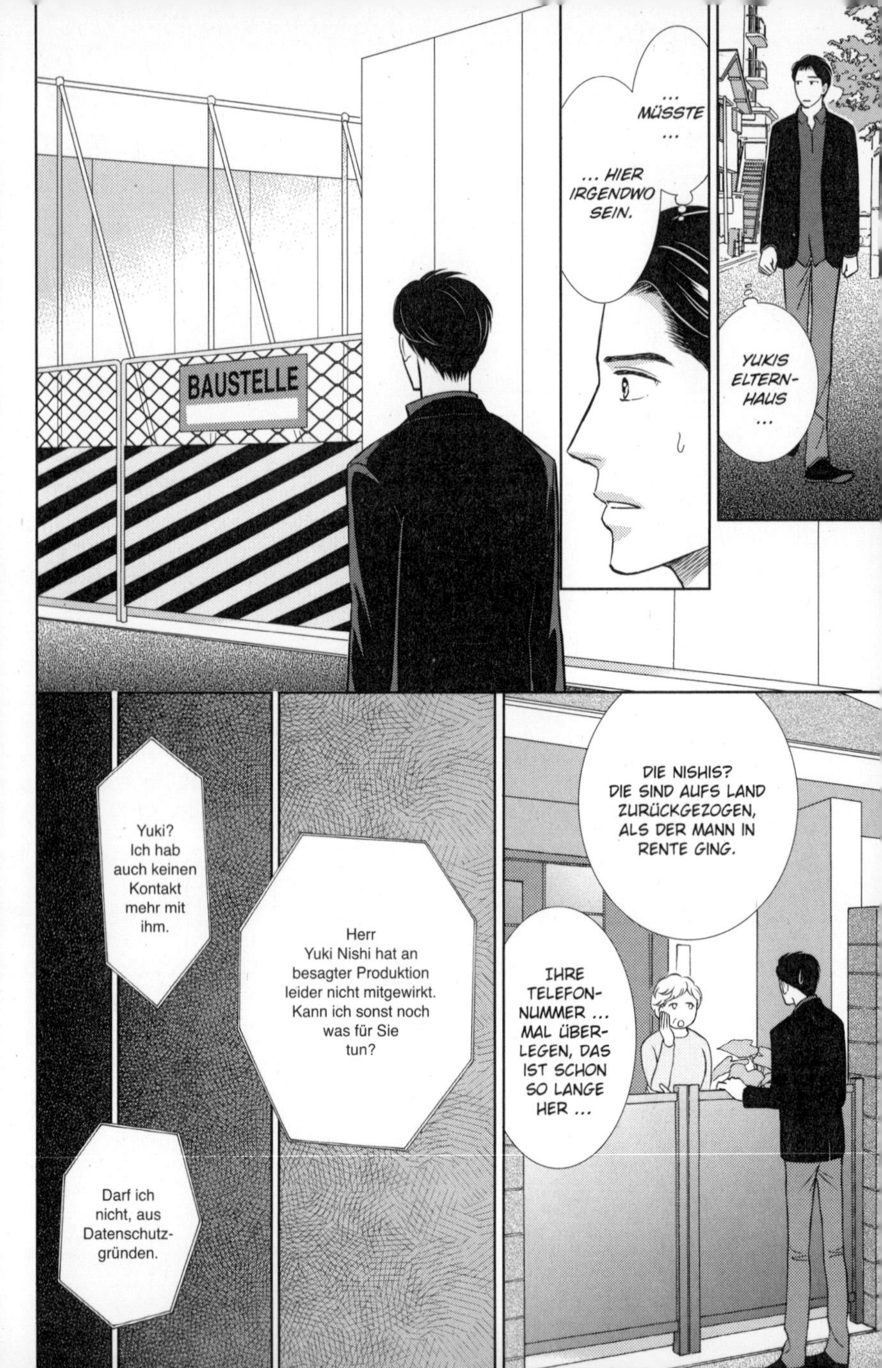
YUKIS ELTERN-HAUS …
… MÜSSTE …
… HIER IRGENDWO SEIN.
BAUSTELLE
DIE NISHIS? DIE SIND AUFS LAND ZURÜCKGEZOGEN, ALS DER MANN IN RENTE GING.
IHRE TELEFON-NUMMER … MAL ÜBER-LEGEN, DAS IST SCHON SO LANGE HER …
Herr Yuki Nishi hat an besagter Produktion leider nicht mitgewirkt. Kann ich sonst noch was für Sie tun?
Yuki? Ich hab auch keinen Kontakt mehr mit ihm.
Darf ich nicht, aus Datenschutz-gründen.

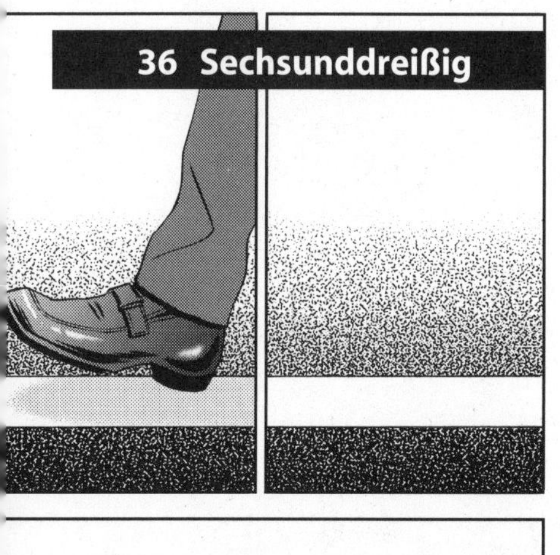
36 Sechsunddreißig

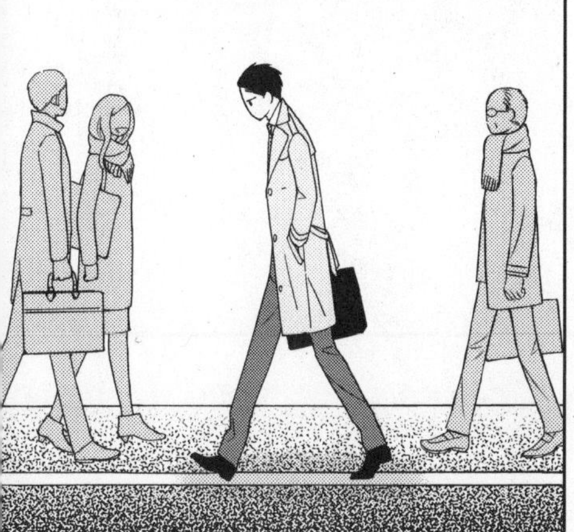

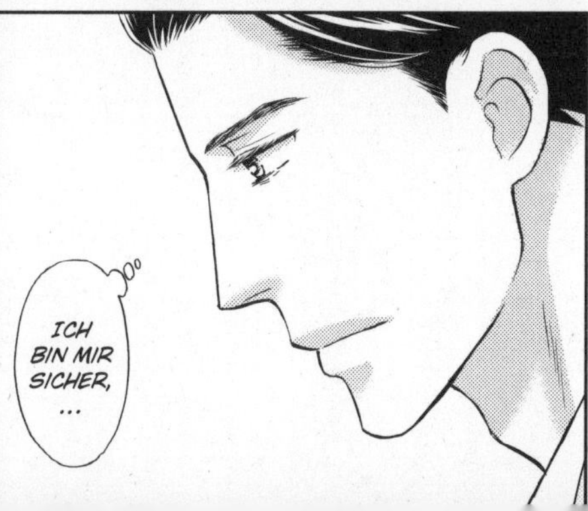
ICH BIN MIR SICHER, ...

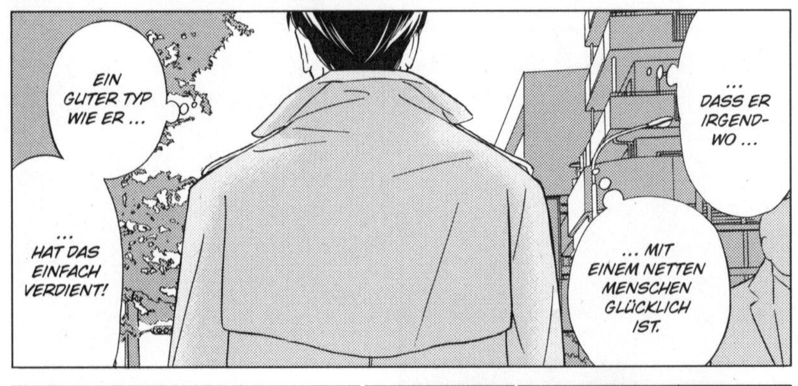

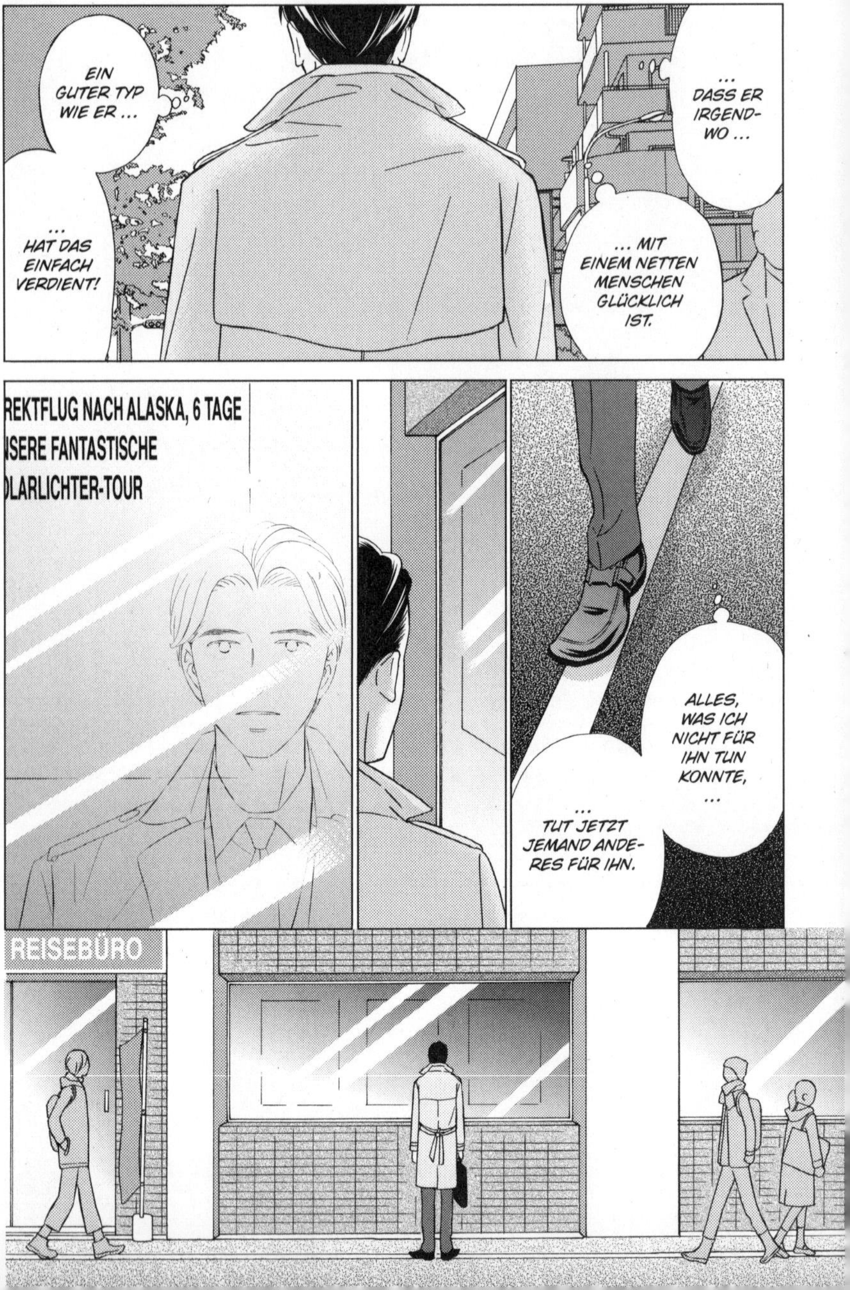

ALLES, WAS ICH NICHT FÜR IHN TUN KONNTE, ...

... TUT JETZT JEMAND ANDERES FÜR IHN.

RKTFLUG NACH ALASKA, 6 TAGE
NSERE FANTASTISCHE
OLARLICHTER-TOUR

REISEBÜRO

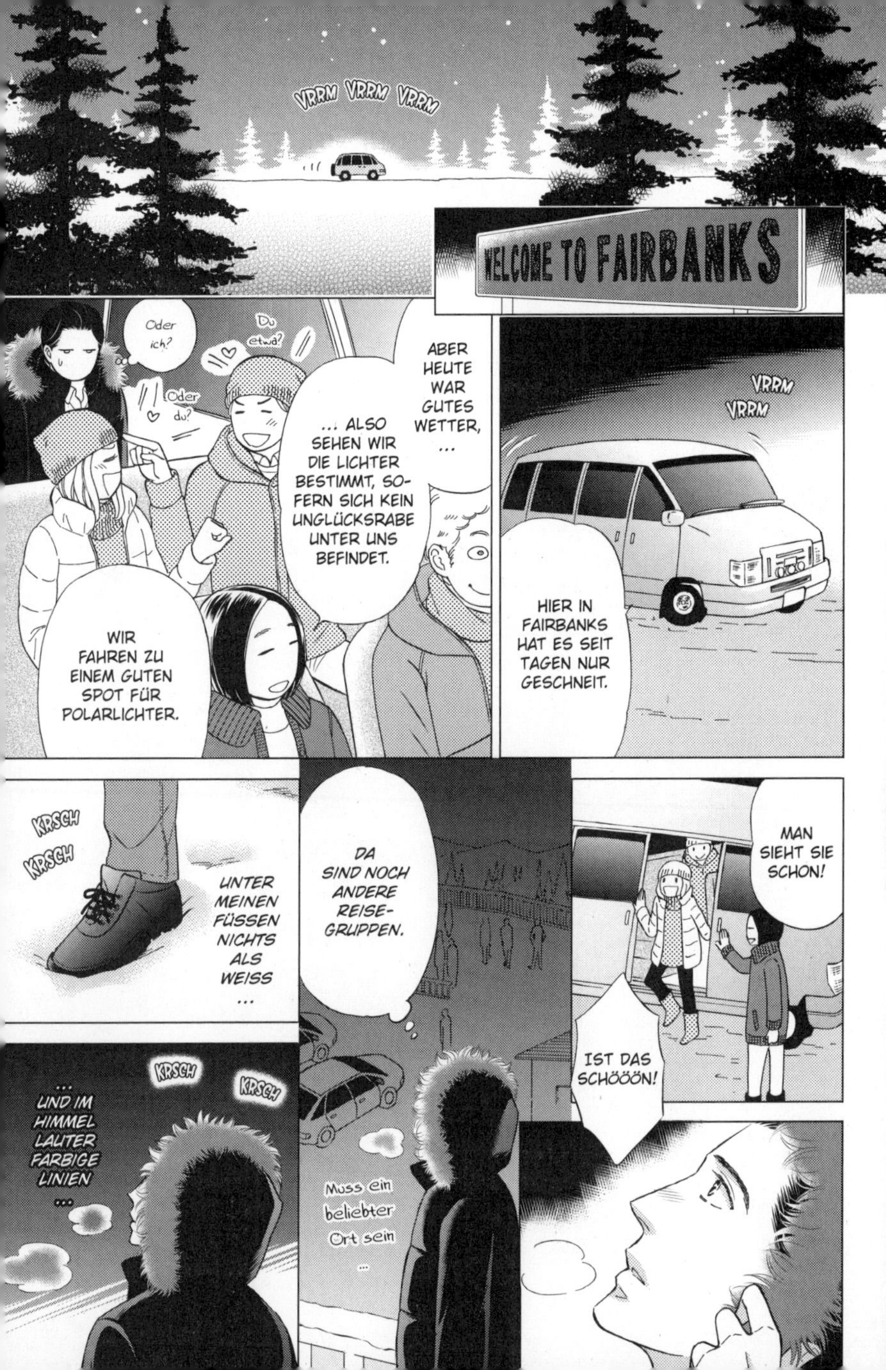
VRRM VRRM VRRM
WELCOME TO FAIRBANKS
VRRM
VRRM
HIER IN FAIRBANKS HAT ES SEIT TAGEN NUR GESCHNEIT.
ABER HEUTE WAR GUTES WETTER, ...
... ALSO SEHEN WIR DIE LICHTER BESTIMMT, SO-FERN SICH KEIN UNGLÜCKSRABE UNTER UNS BEFINDET.
Du etwa?
Oder ich?
Oder du?
WIR FAHREN ZU EINEM GUTEN SPOT FÜR POLARLICHTER.
MAN SIEHT SIE SCHON!
IST DAS SCHÖÖÖN!
DA SIND NOCH ANDERE REISE-GRUPPEN.
Muss ein beliebter Ort sein ...
KRSCH
KRSCH
UNTER MEINEN FÜSSEN NICHTS ALS WEISS ...
KRSCH
KRSCH
... UND IM HIMMEL LAUTER FARBIGE LINIEN ...

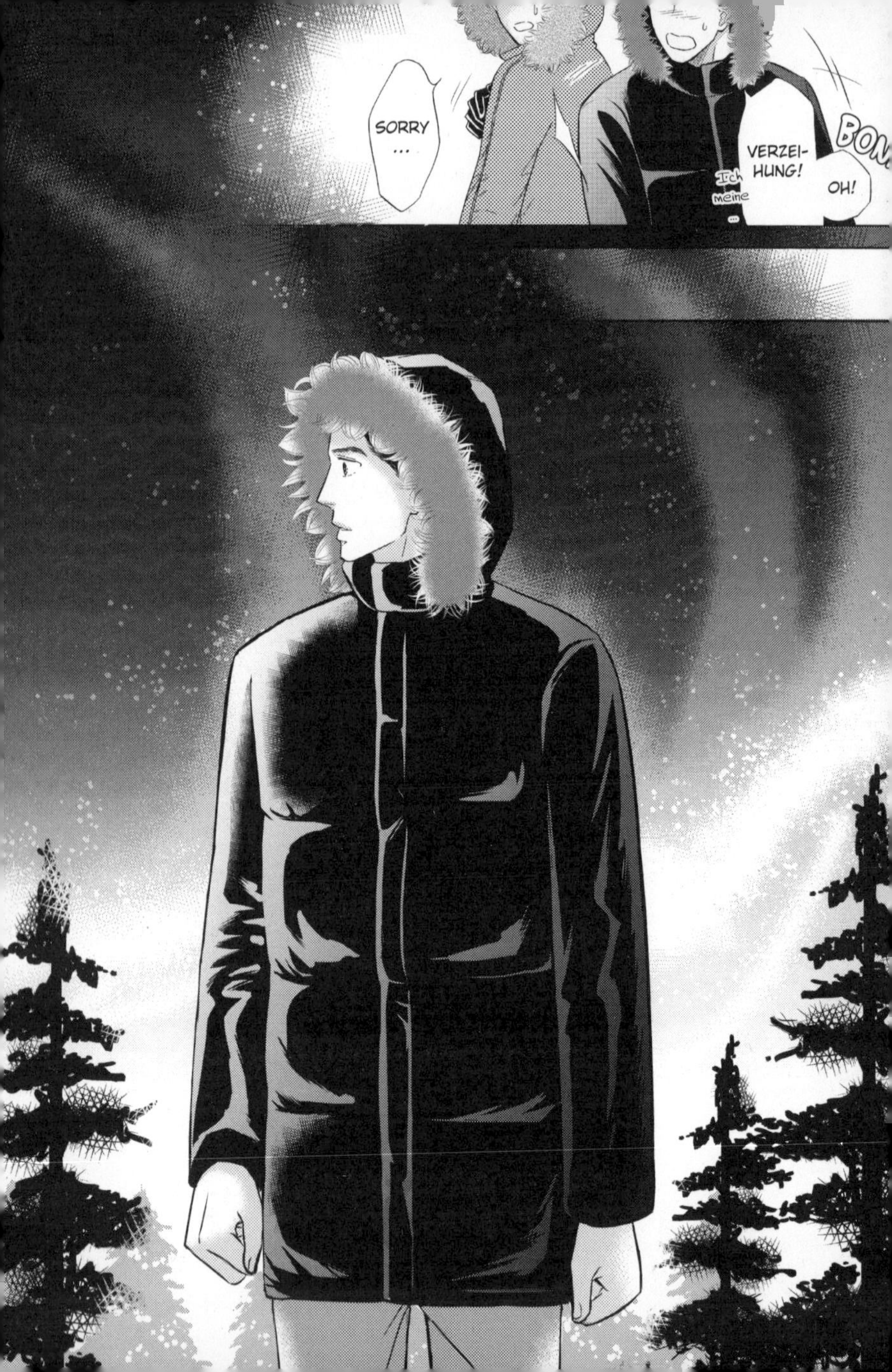
BOM
OH!
VERZEI-
HUNG!
Ich
meine
...
SORRY
...

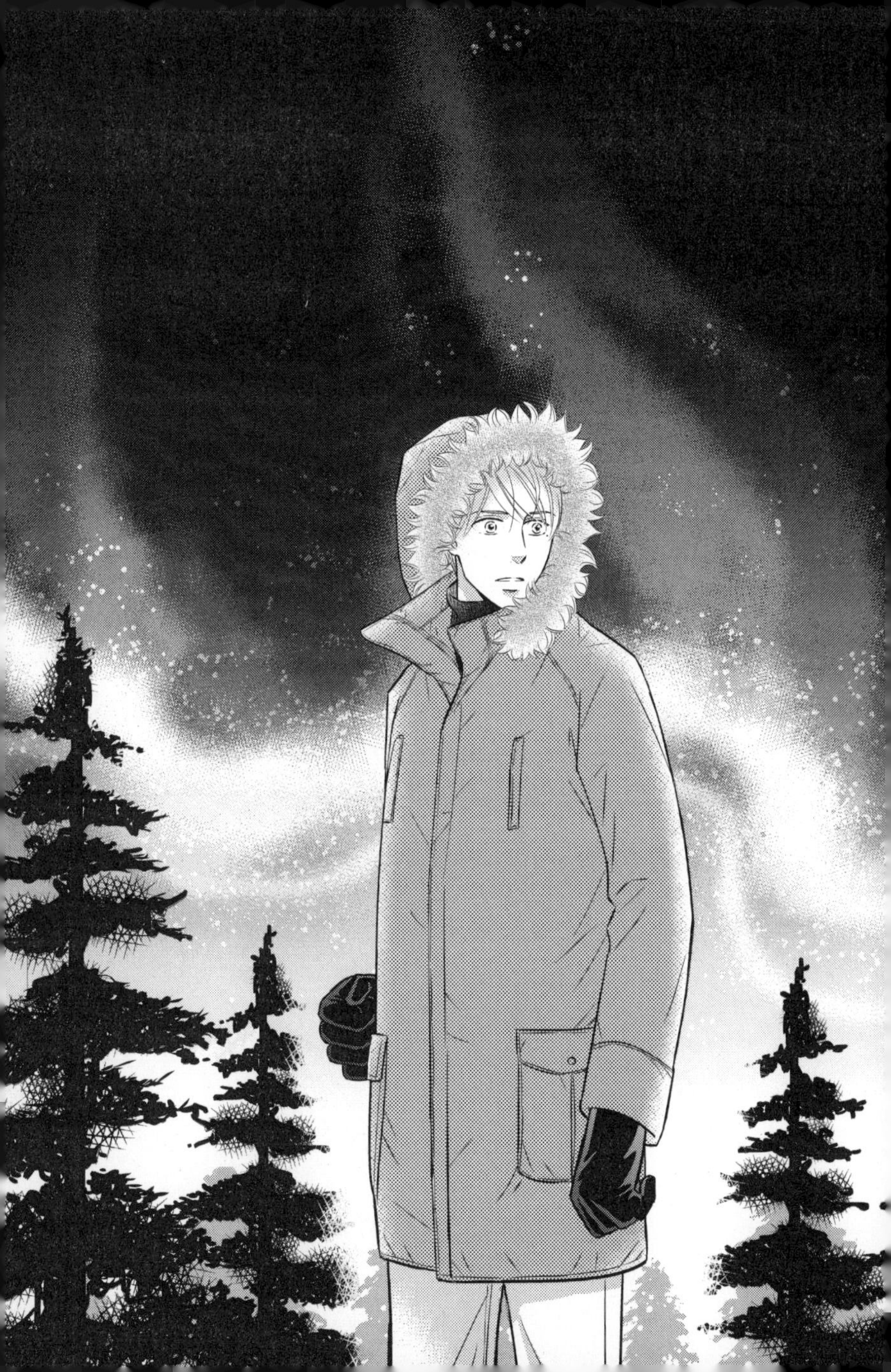

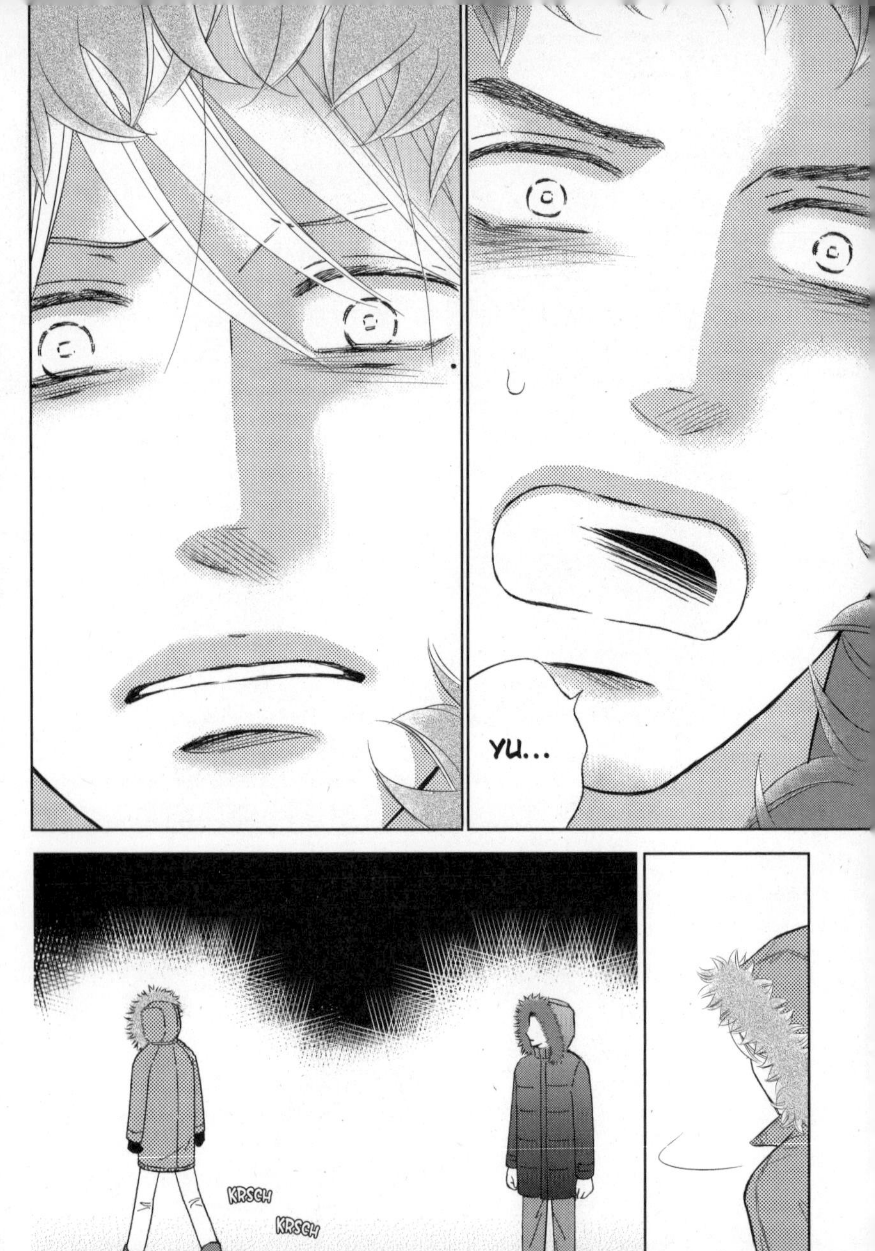
YU...
KRSCH
KRSCH

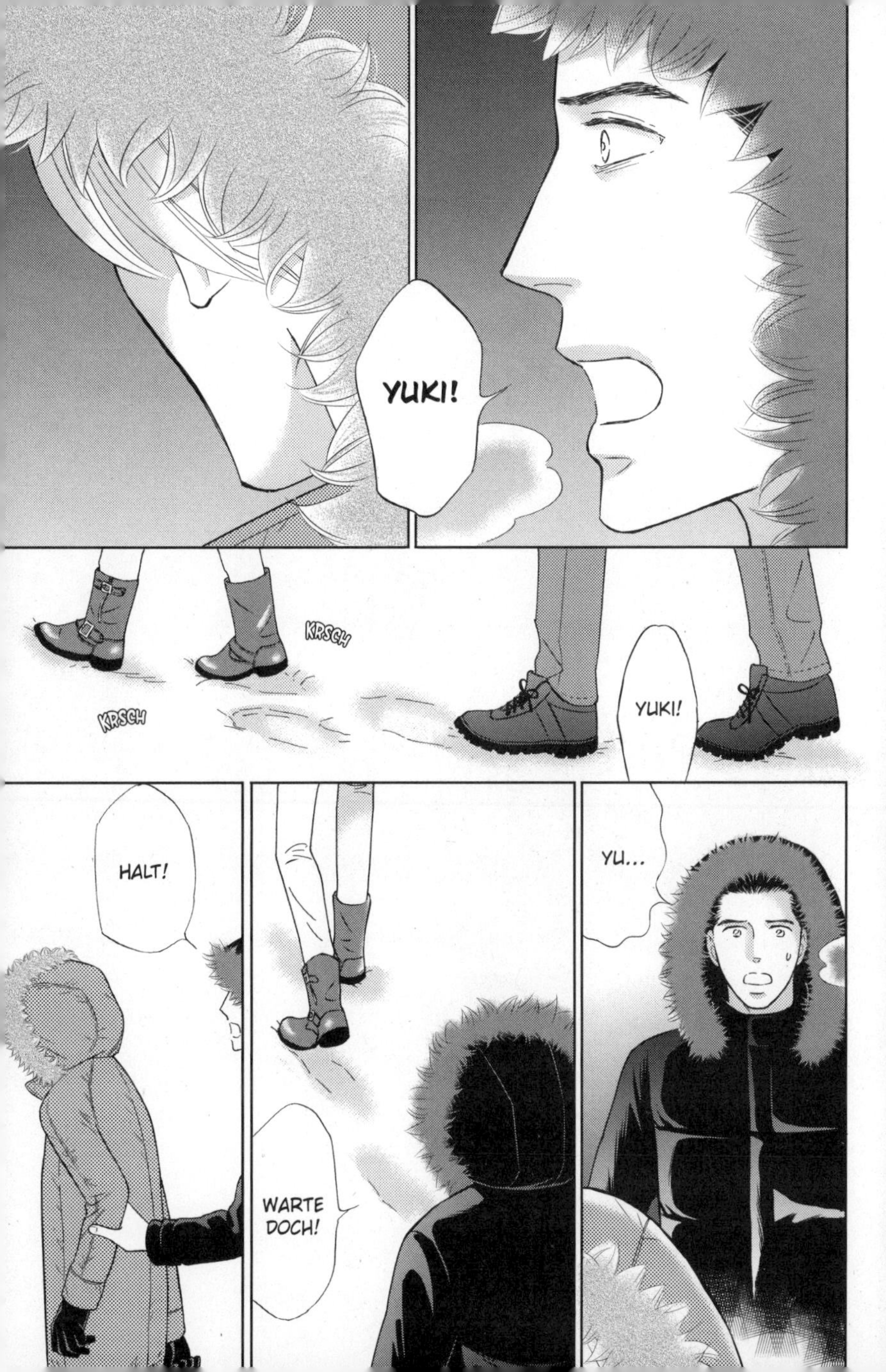
YUKI!
KRSCH
KRSCH
YUKI!
YU...
HALT!
WARTE DOCH!

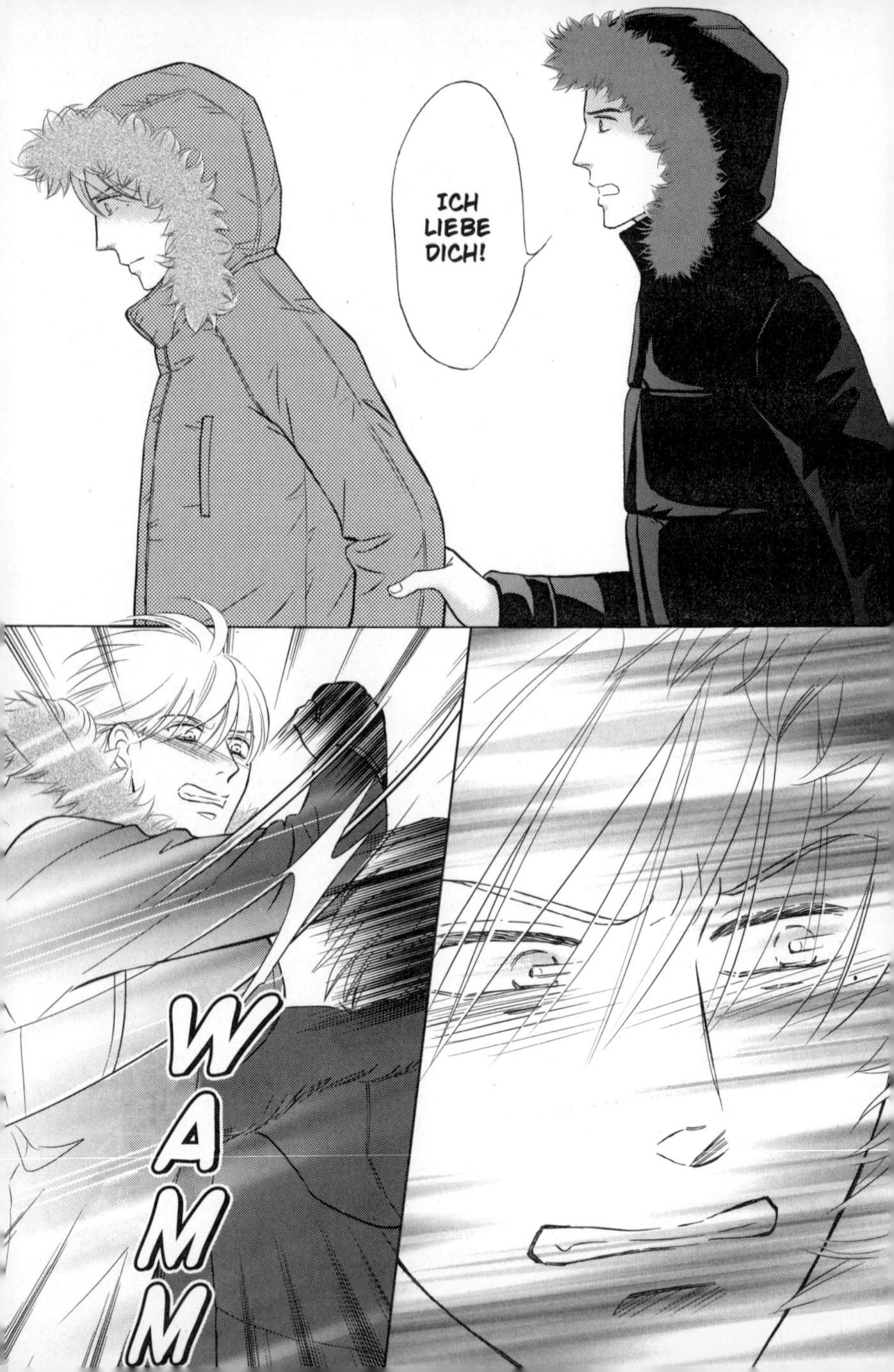
ICH LIEBE DICH!
WAMM

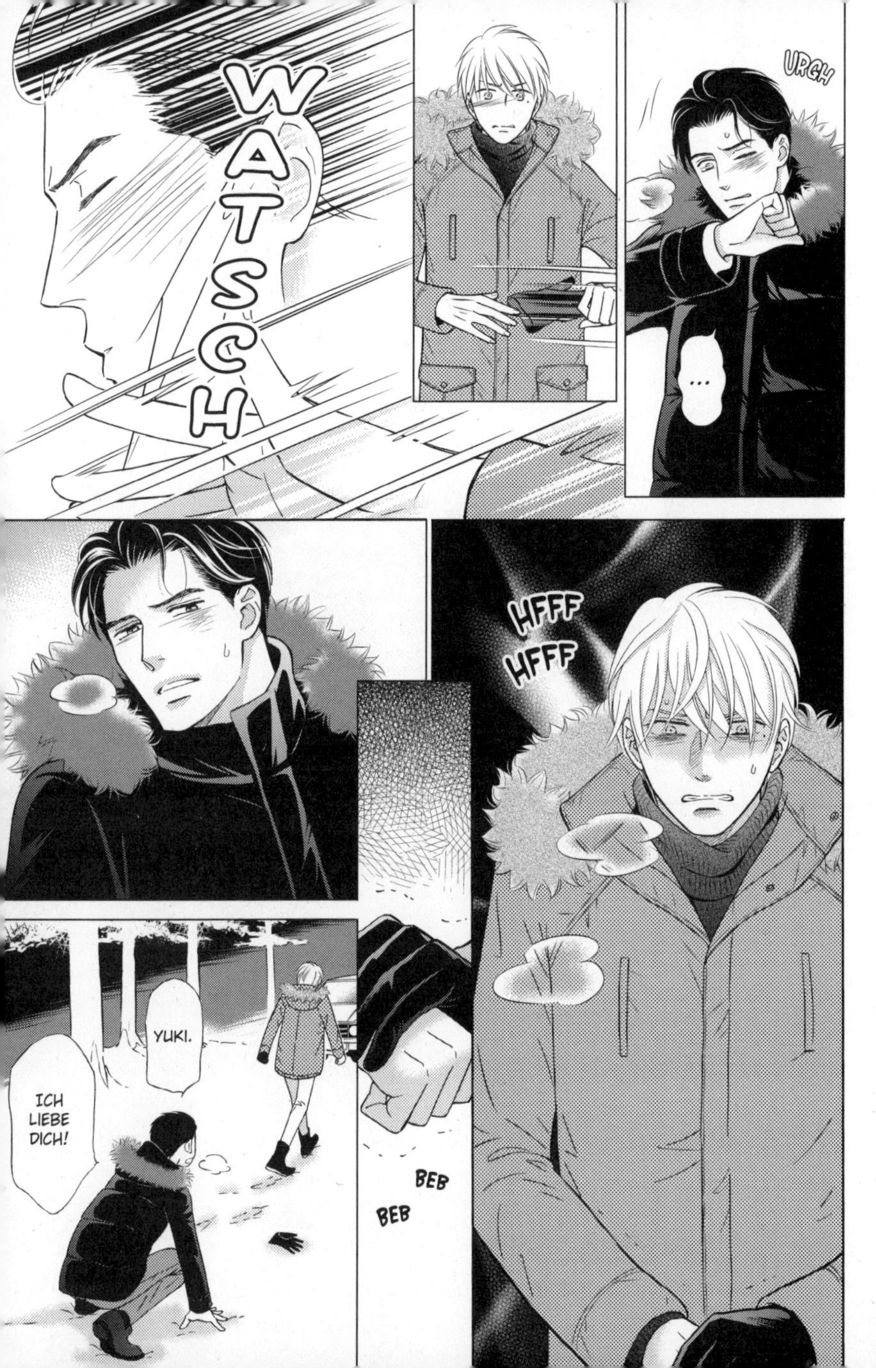
URGH
...
WATSCH
HFFF
HFFF
YUKI.
ICH LIEBE DICH!
BEB
BEB

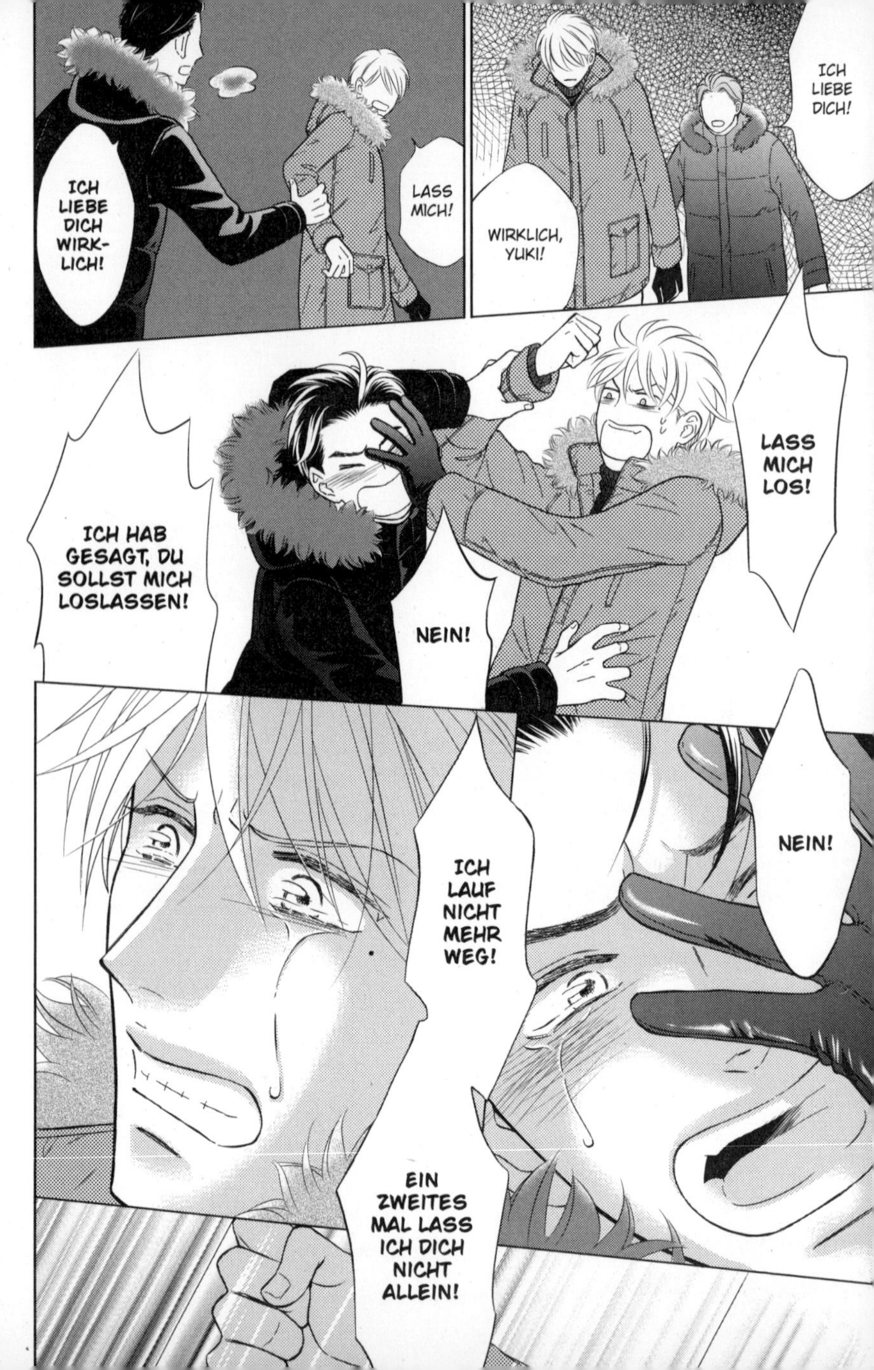

ICH LIEBE DICH!
WIRKLICH, YUKI!
LASS MICH!
ICH LIEBE DICH WIRKLICH!
LASS MICH LOS!
NEIN!
ICH HAB GESAGT, DU SOLLST MICH LOSLASSEN!
NEIN!
ICH LAUF NICHT MEHR WEG!
EIN ZWEITES MAL LASS ICH DICH NICHT ALLEIN!

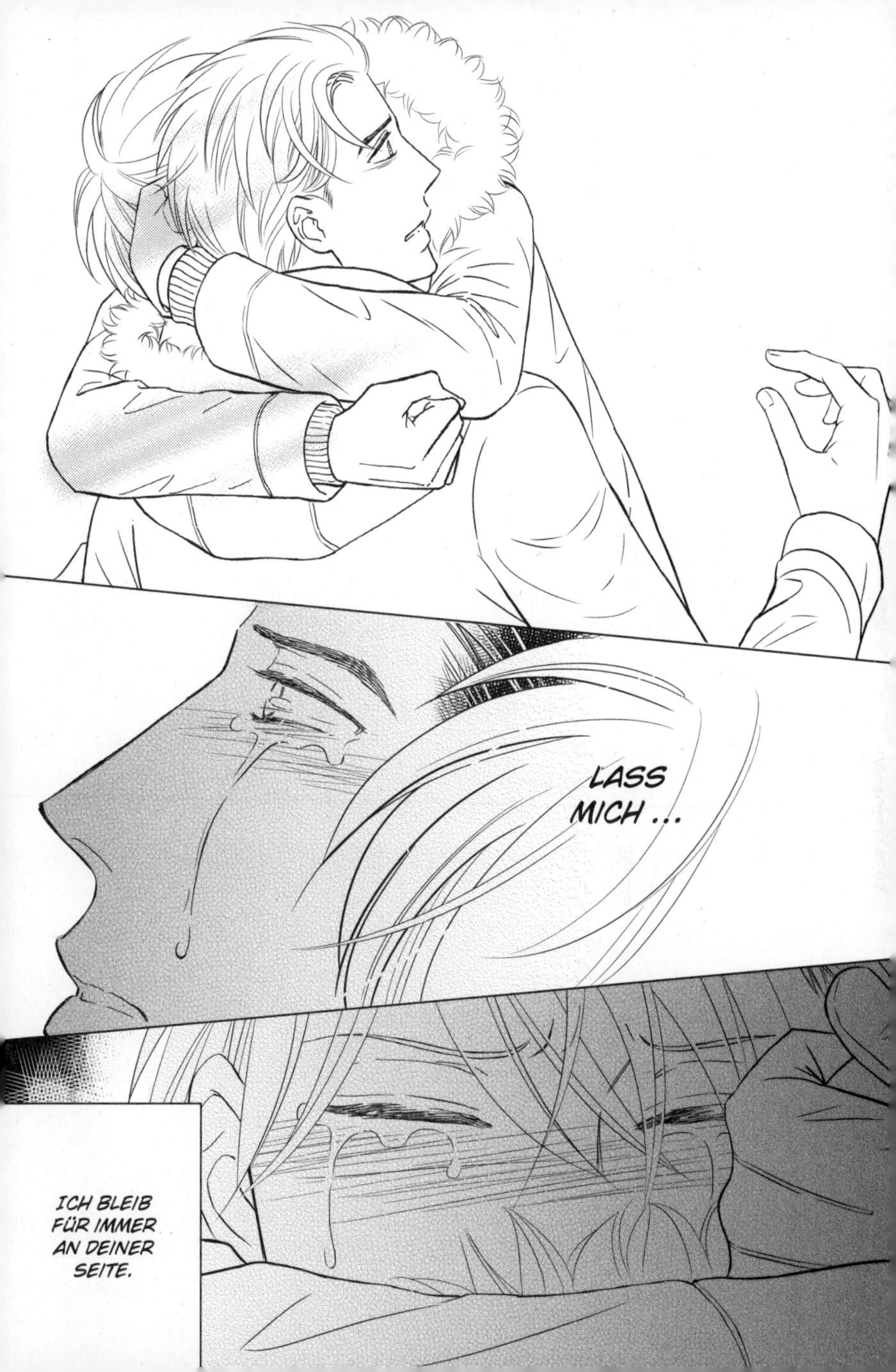
LASS MICH ...
ICH BLEIB FÜR IMMER AN DEINER SEITE.

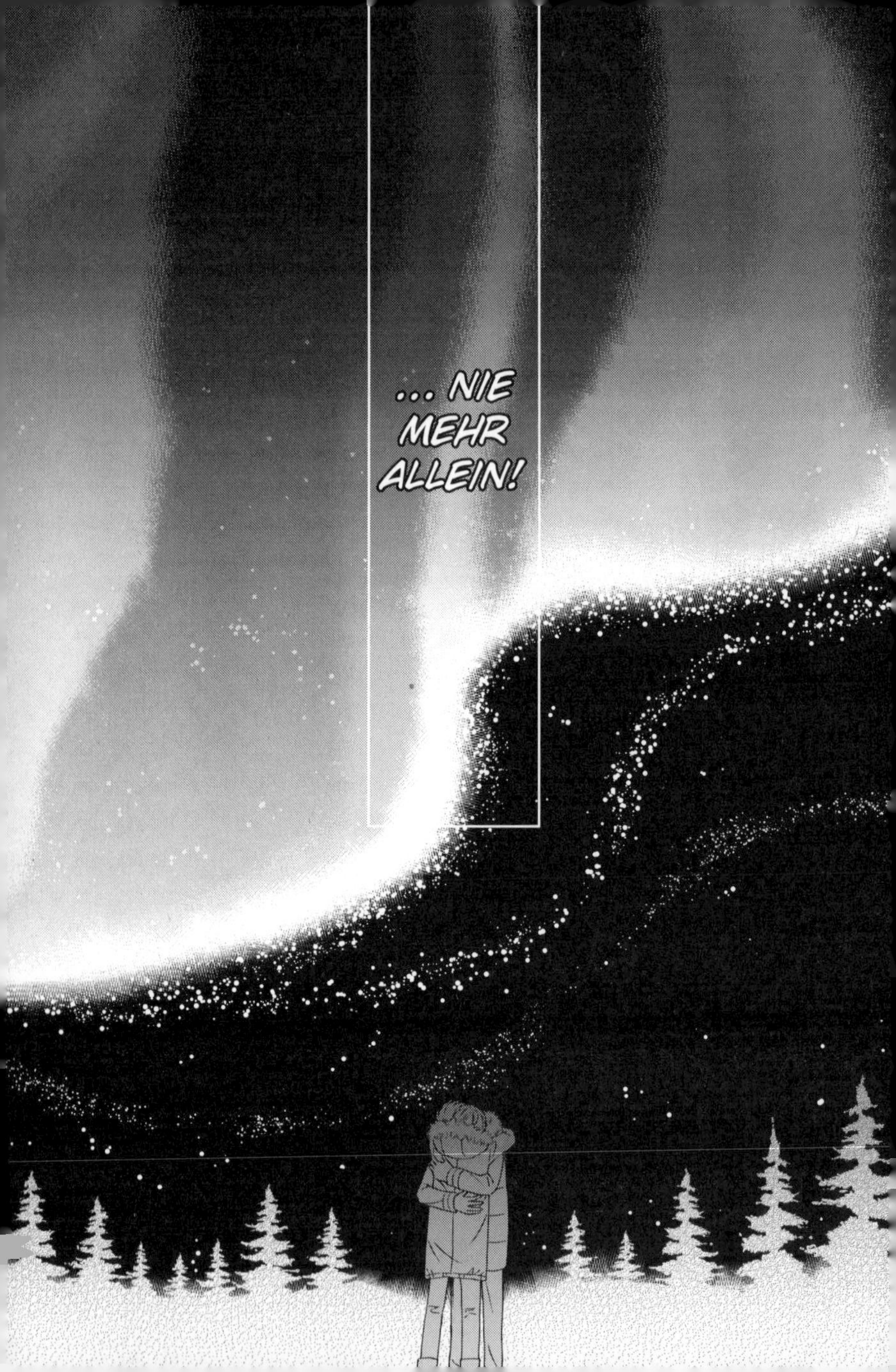
... NIE
MEHR
ALLEIN!

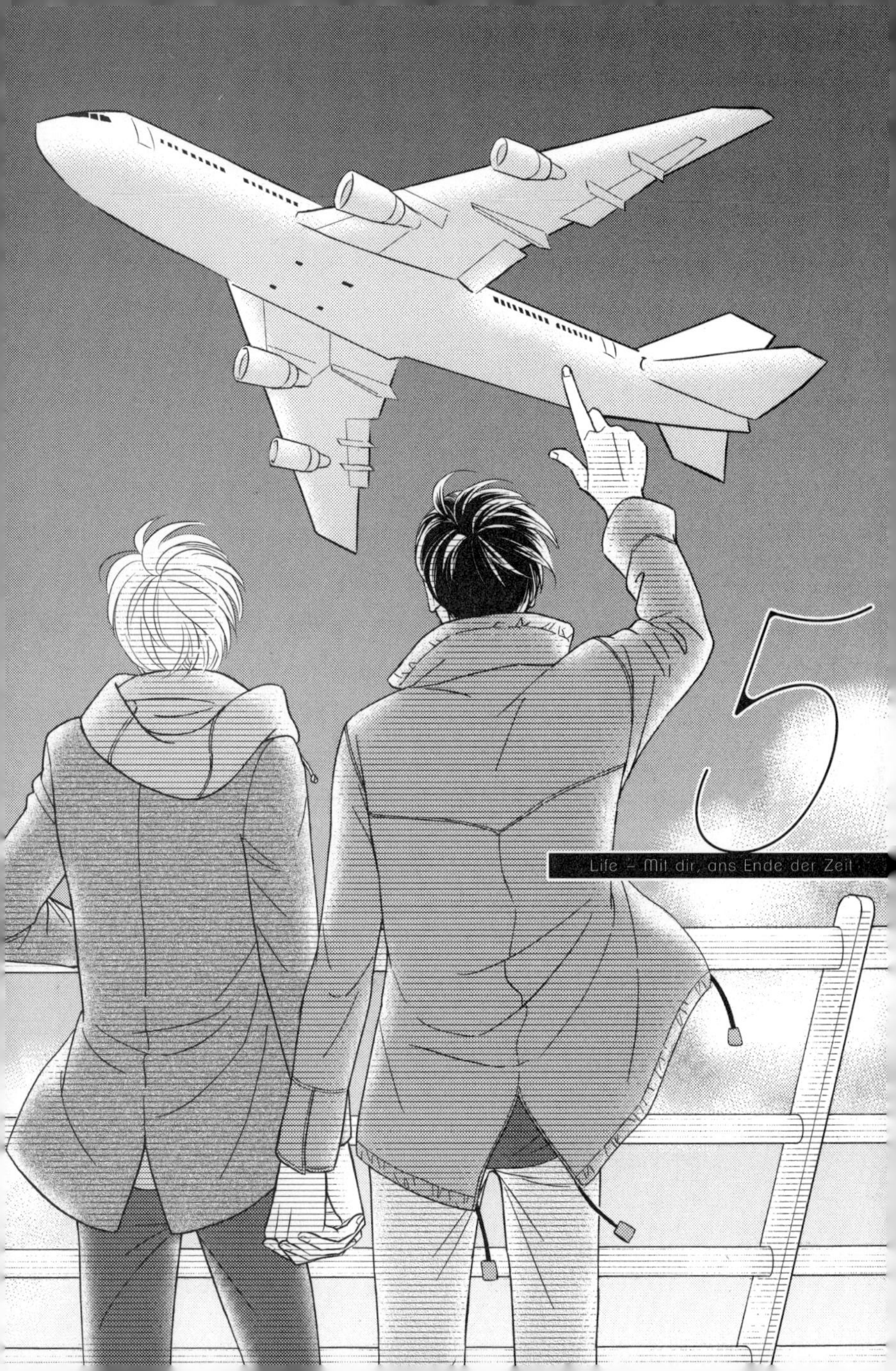
5
Life – Mit dir, ans Ende der Zeit

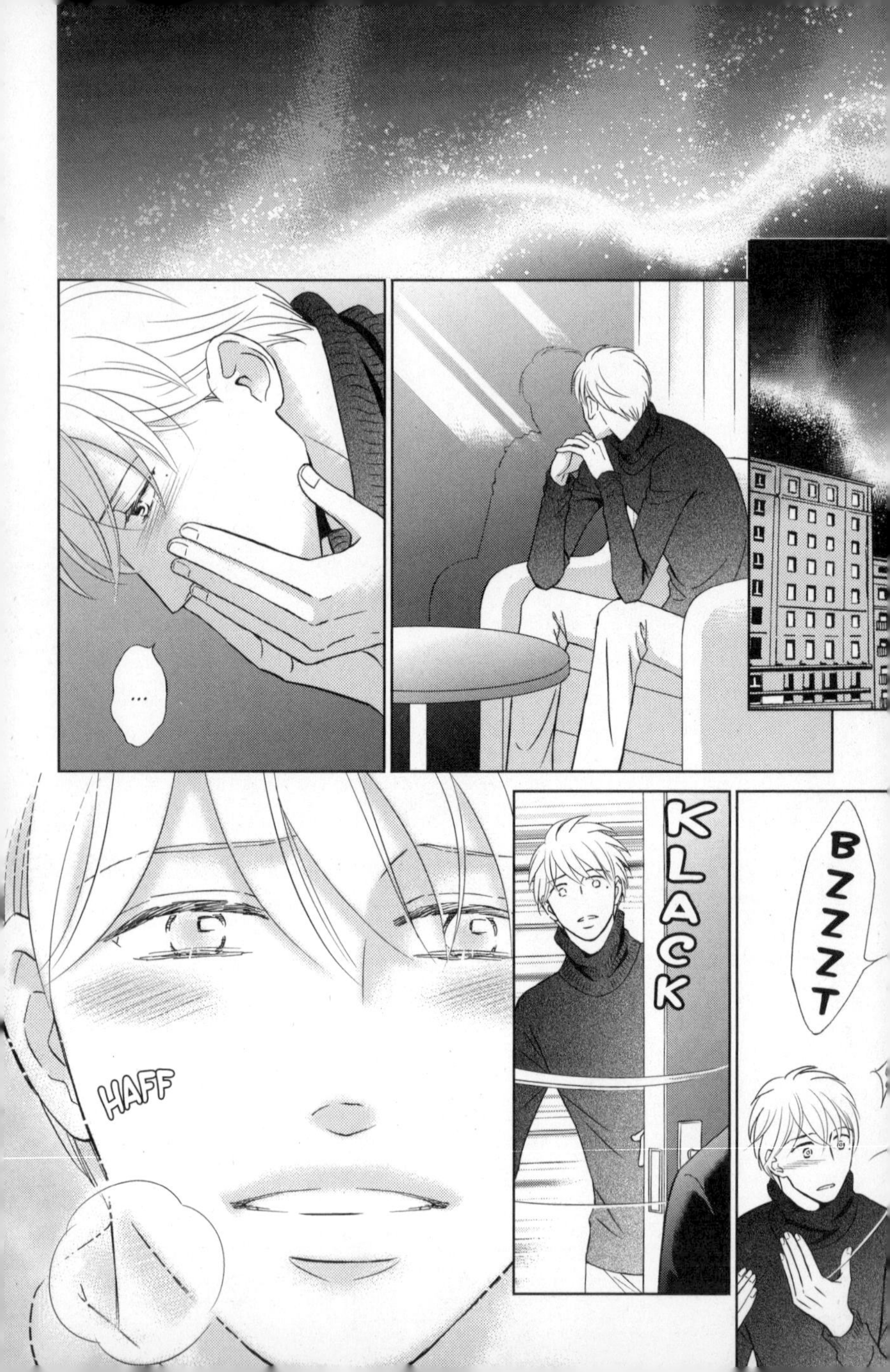
…
BZZZT
KLACK
HAFF

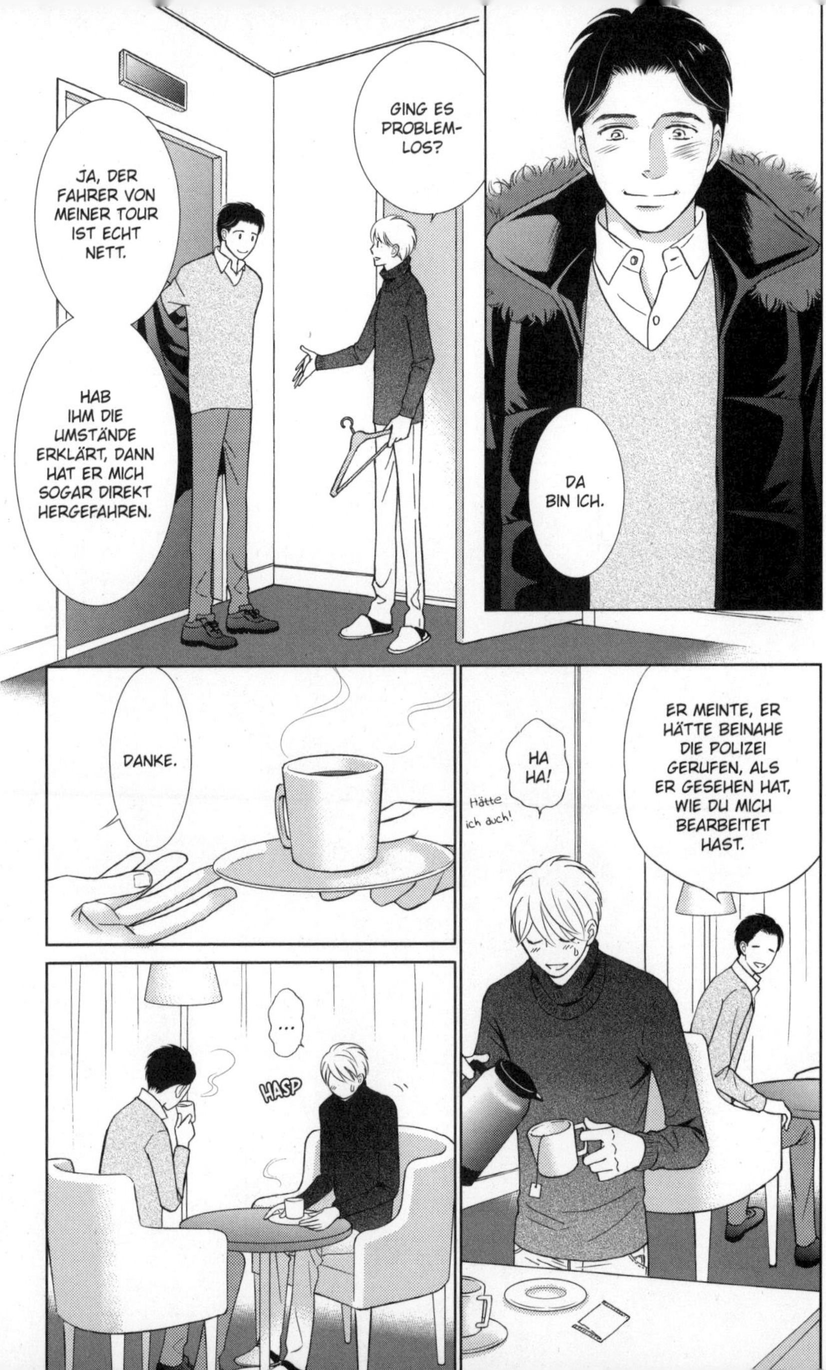
DA BIN ICH.
GING ES PROBLEM-LOS?
JA, DER FAHRER VON MEINER TOUR IST ECHT NETT.
HAB IHM DIE UMSTÄNDE ERKLÄRT, DANN HAT ER MICH SOGAR DIREKT HERGEFAHREN.
ER MEINTE, ER HÄTTE BEINAHE DIE POLIZEI GERUFEN, ALS ER GESEHEN HAT, WIE DU MICH BEARBEITET HAST.
HA HA!
Hätte ich auch!
DANKE.
...
HASP

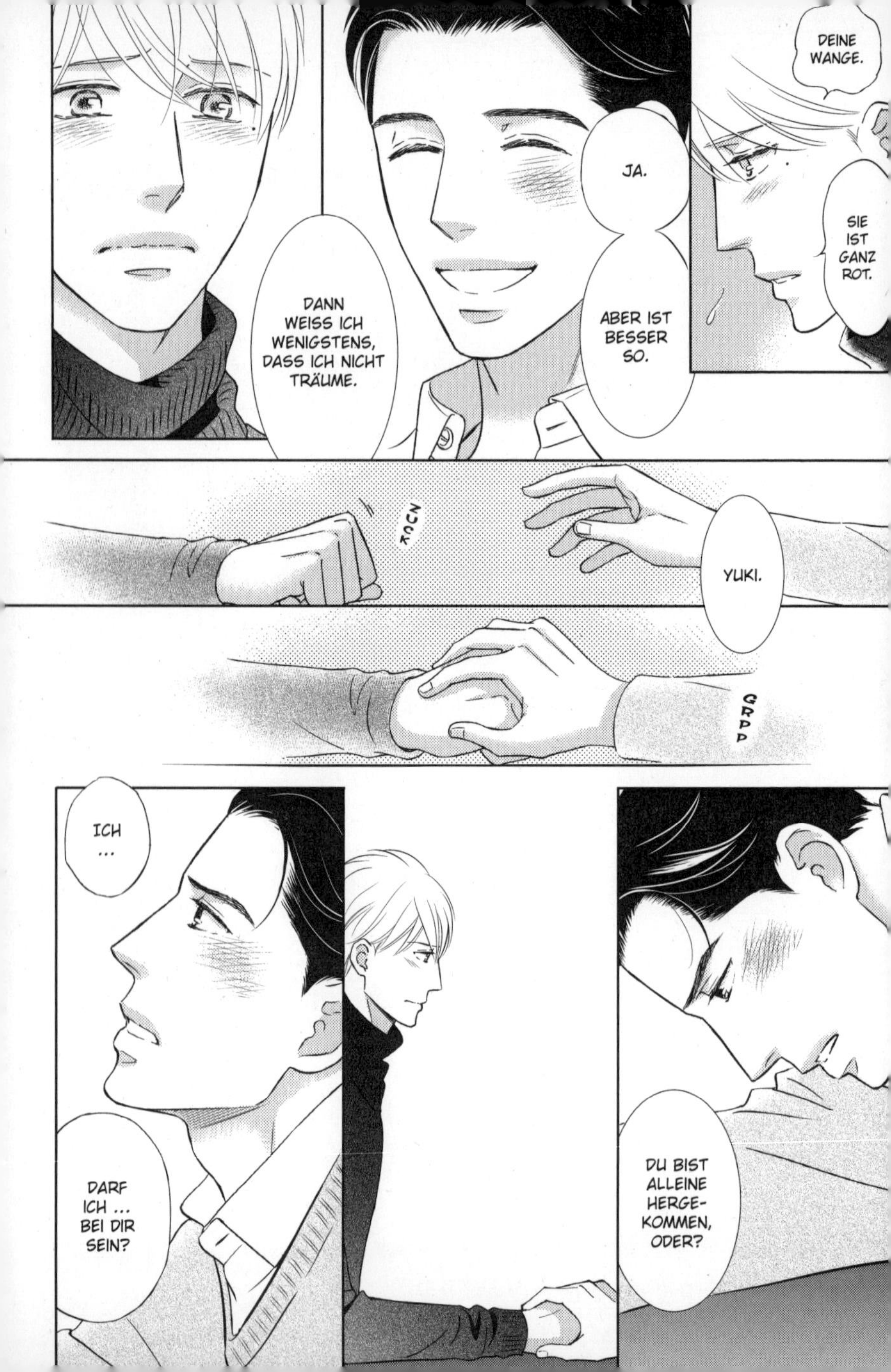
DEINE WANGE.
SIE IST GANZ ROT.
JA.
ABER IST BESSER SO.
DANN WEISS ICH WENIGSTENS, DASS ICH NICHT TRÄUME.
ZUCK
YUKI.
GRPP
DU BIST ALLEINE HERGE-KOMMEN, ODER?
ICH ...
DARF ICH ... BEI DIR SEIN?

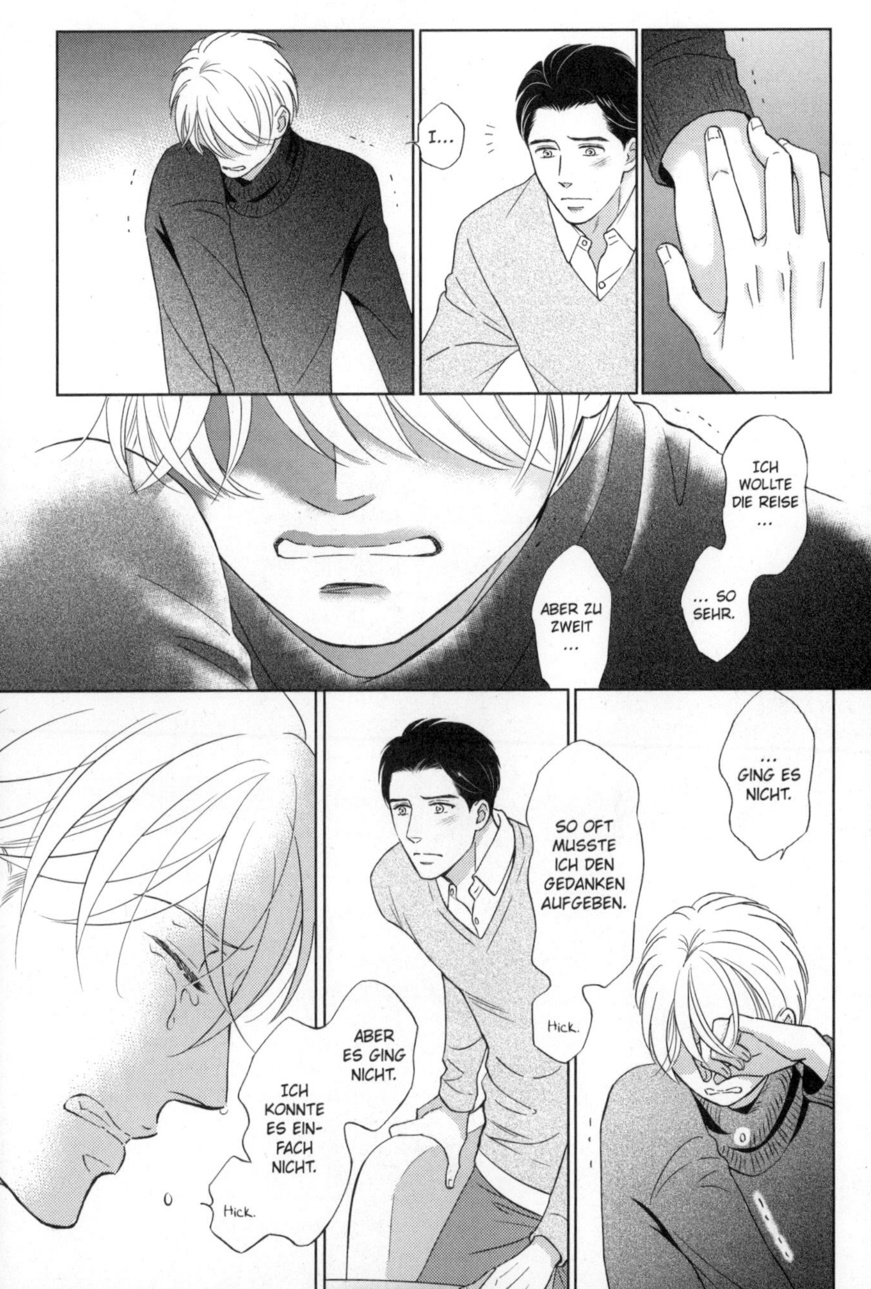
I...
ICH WOLLTE DIE REISE ...
... SO SEHR.
ABER ZU ZWEIT ...
... GING ES NICHT.
SO OFT MUSSTE ICH DEN GEDANKEN AUFGEBEN.
Hick.
ABER ES GING NICHT.
ICH KONNTE ES EIN-FACH NICHT.
Hick.

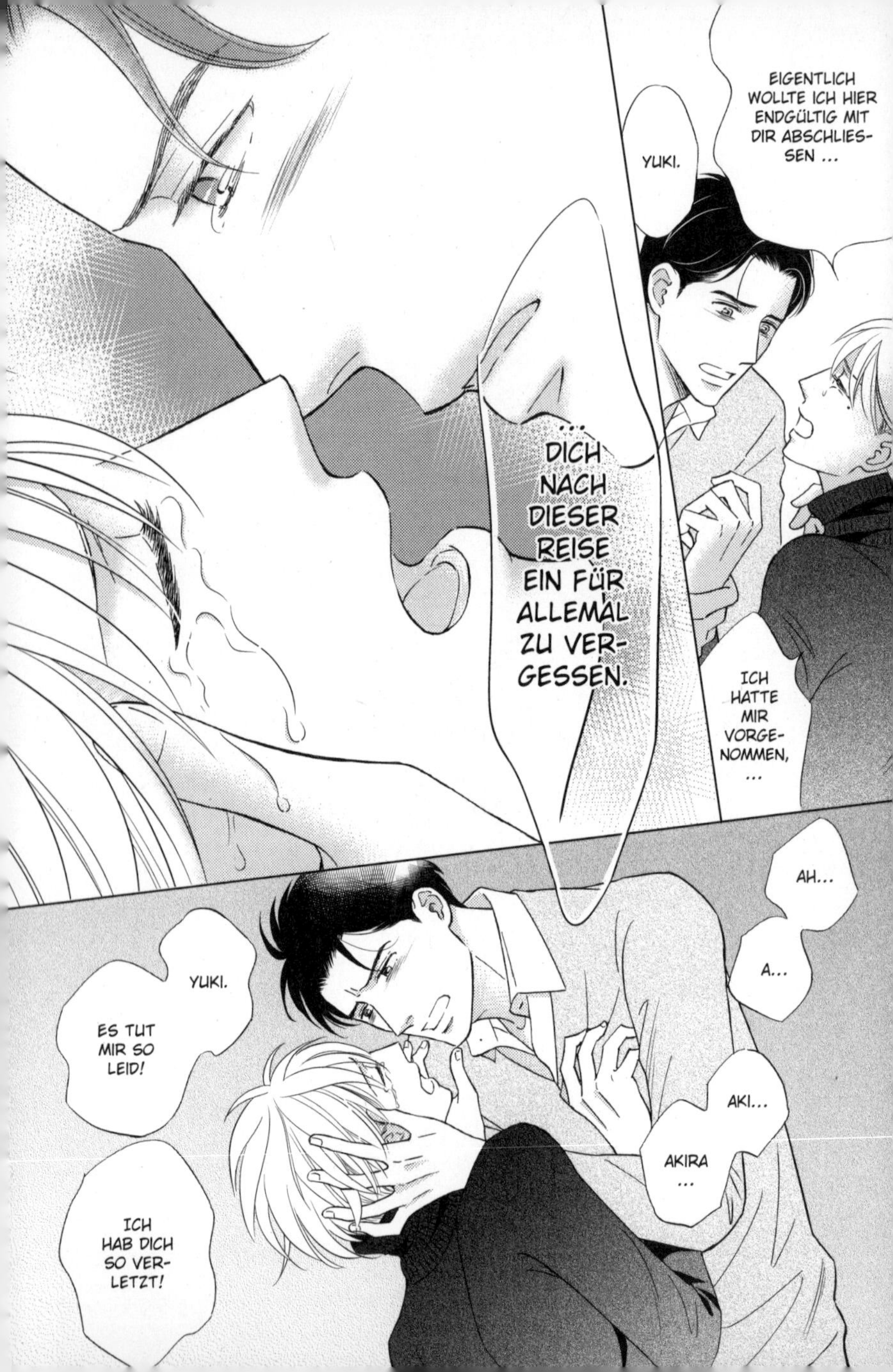
EIGENTLICH WOLLTE ICH HIER ENDGÜLTIG MIT DIR ABSCHLIESSEN ...
YUKI.
ICH HATTE MIR VORGENOMMEN, ...
... DICH NACH DIESER REISE EIN FÜR ALLEMAL ZU VERGESSEN.
AH...
A...
YUKI.
ES TUT MIR SO LEID!
AKI...
AKIRA ...
ICH HAB DICH SO VERLETZT!

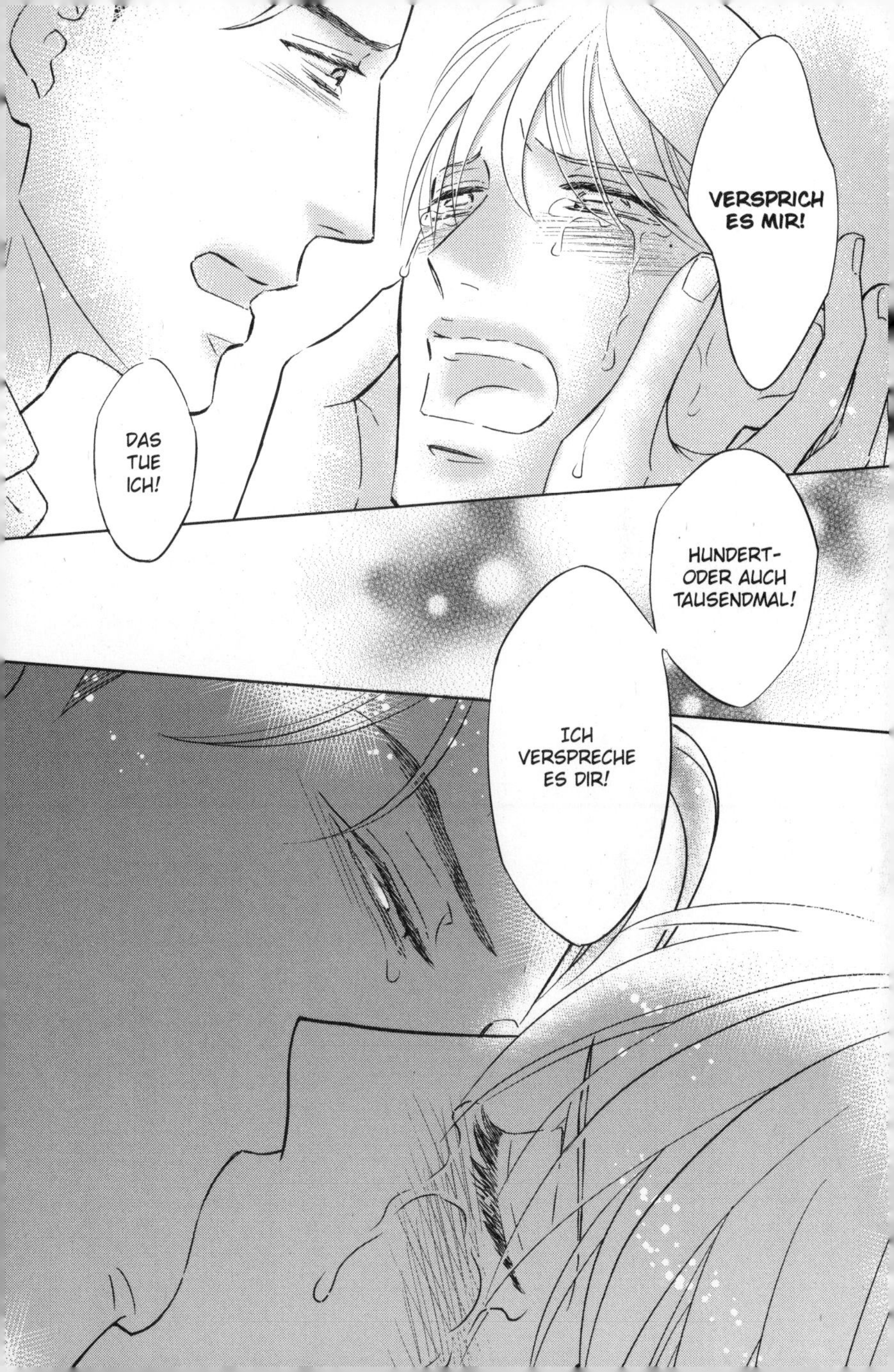
VERSPRICH ES MIR!
DAS TUE ICH!
HUNDERT- ODER AUCH TAUSENDMAL!
ICH VERSPRECHE ES DIR!

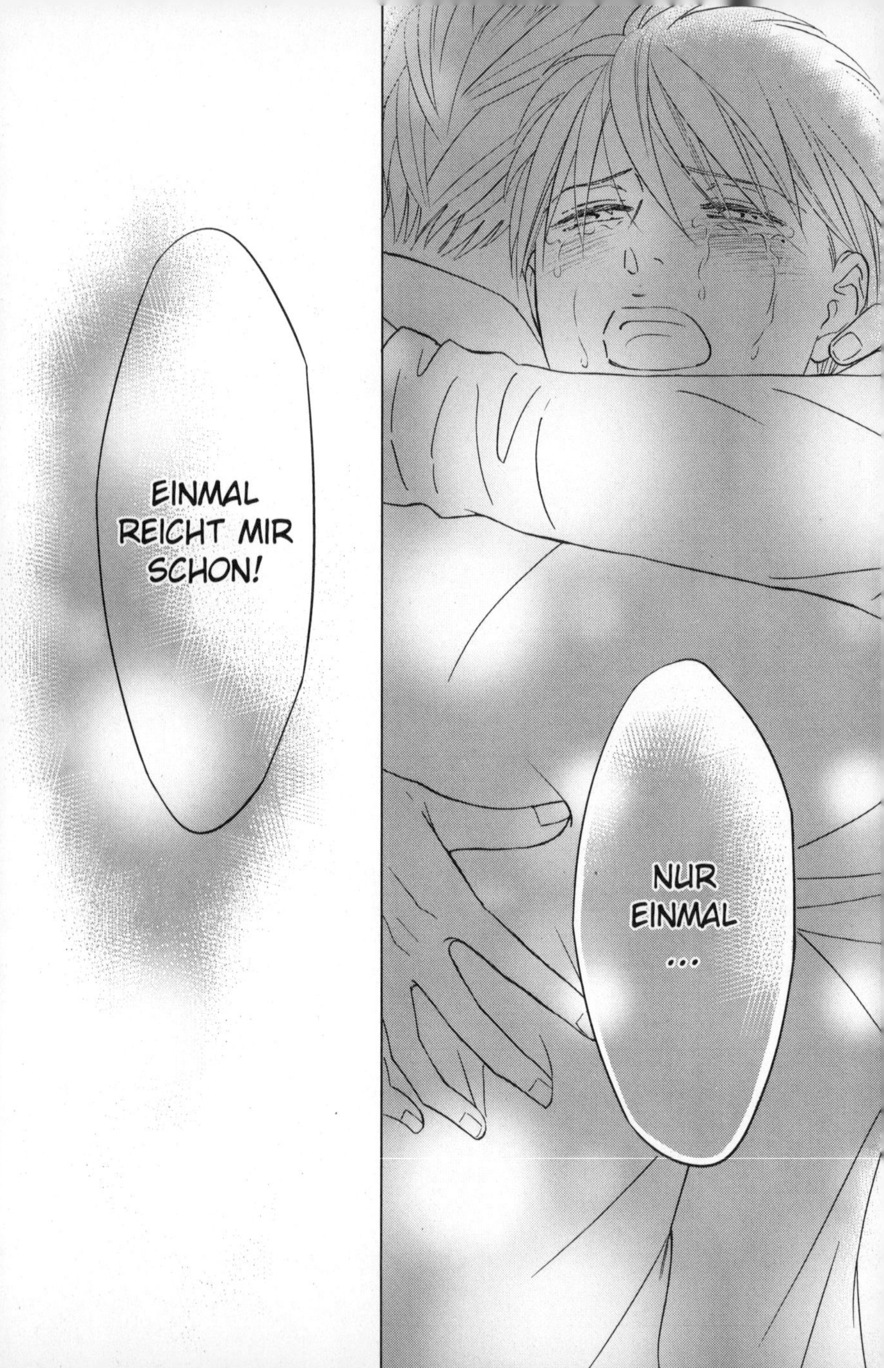
NUR EINMAL ...
EINMAL REICHT MIR SCHON!

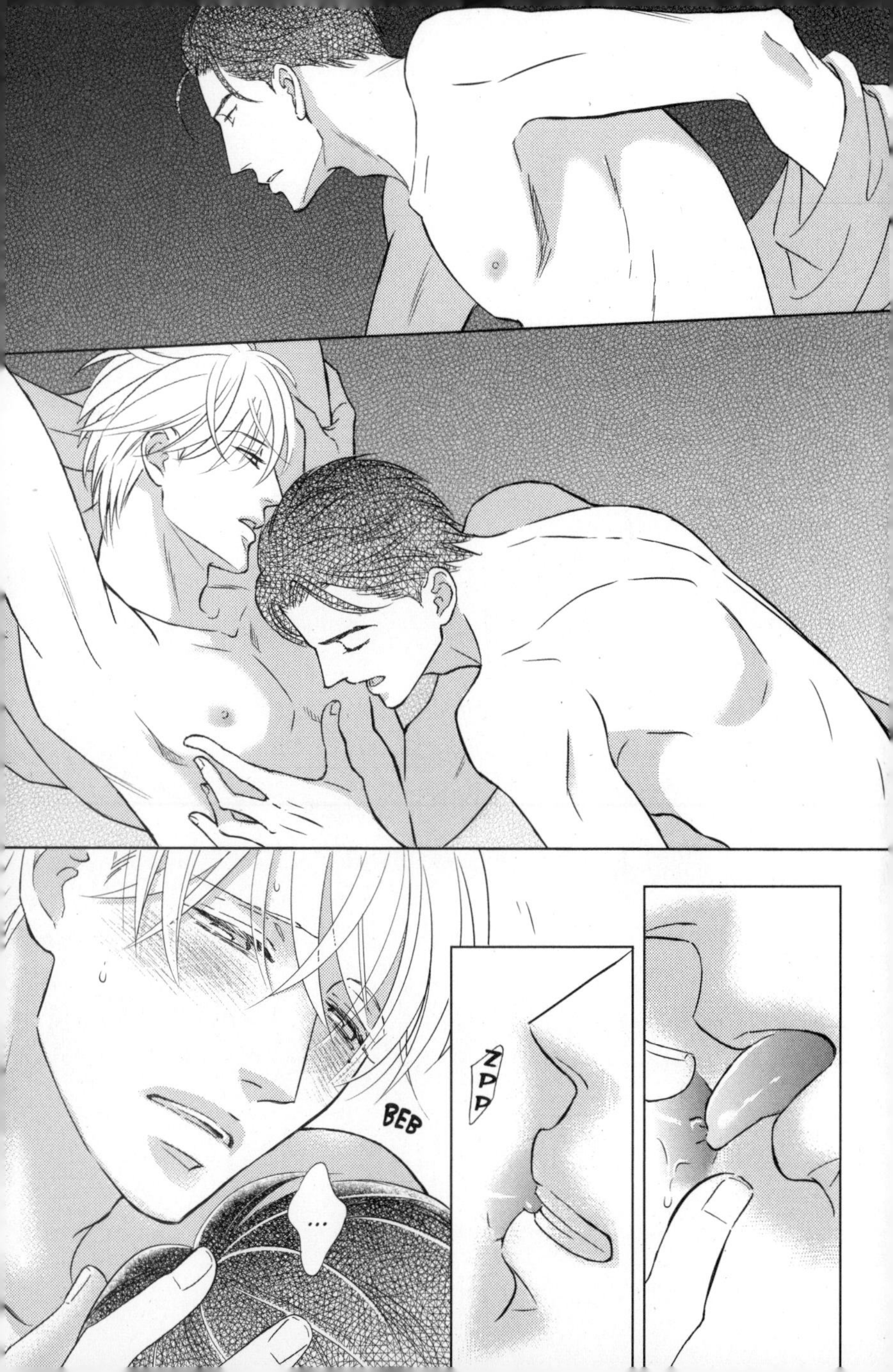
...
BEB
ZPP

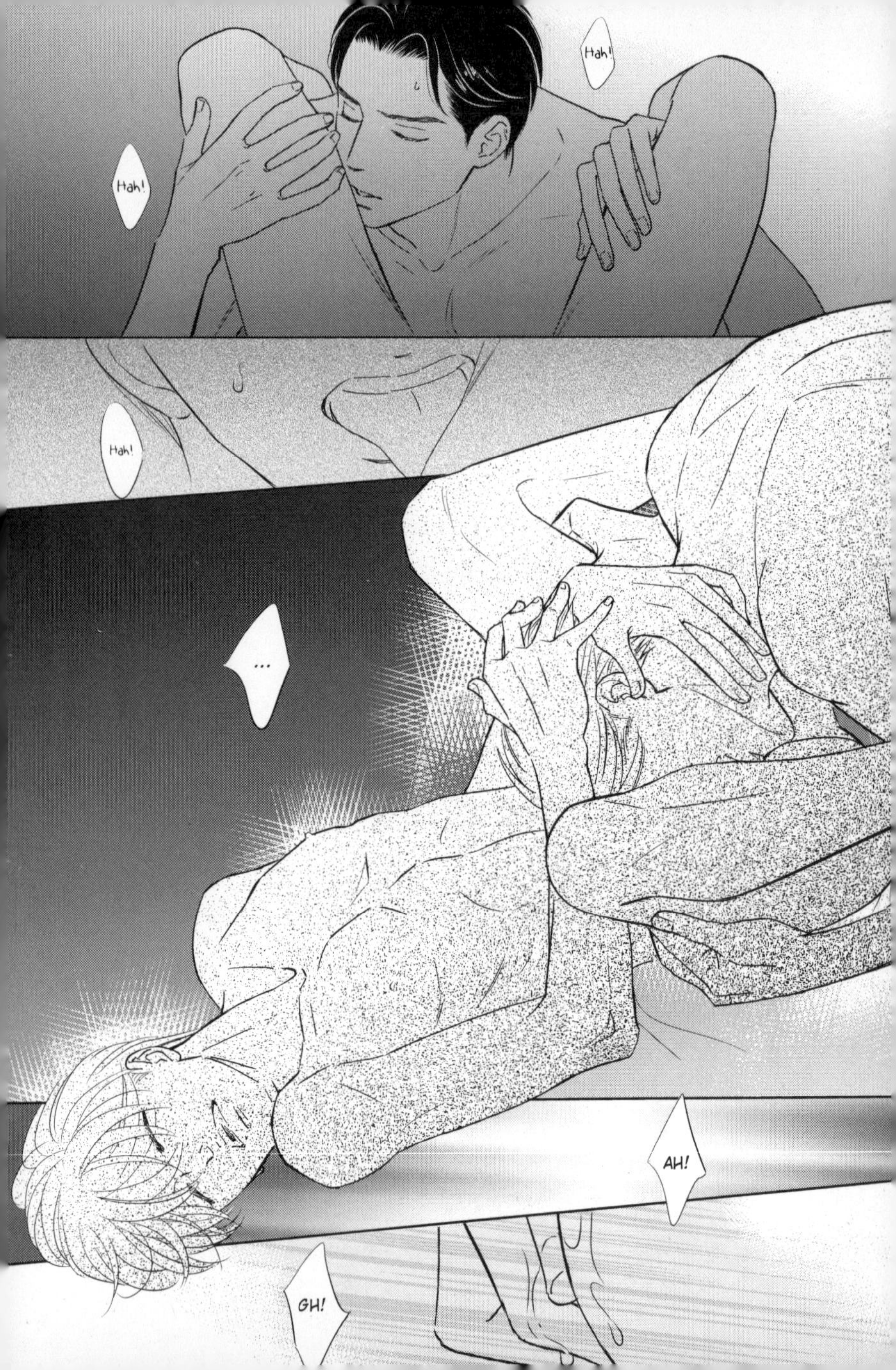
Hah!
Hah!
Hah!
...
AH!
GH!

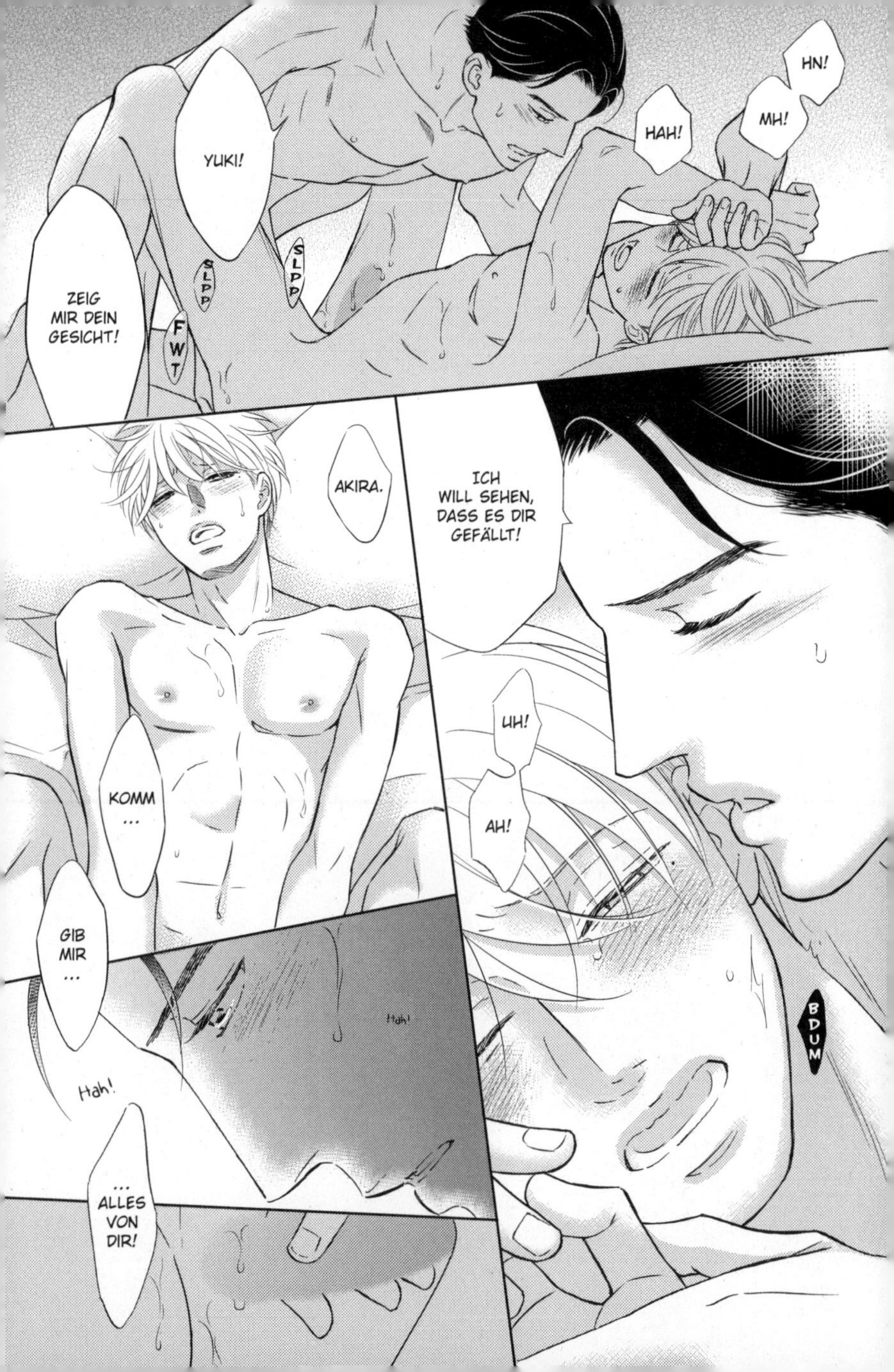
HN!
MH!
HAH!
YUKI!
SLPP
SLPP
ZEIG MIR DEIN GESICHT!
FWT
ICH WILL SEHEN, DASS ES DIR GEFÄLLT!
UH!
AH!
AKIRA.
KOMM …
GIB MIR …
BDUM
Hah!
Hah!
… ALLES VON DIR!

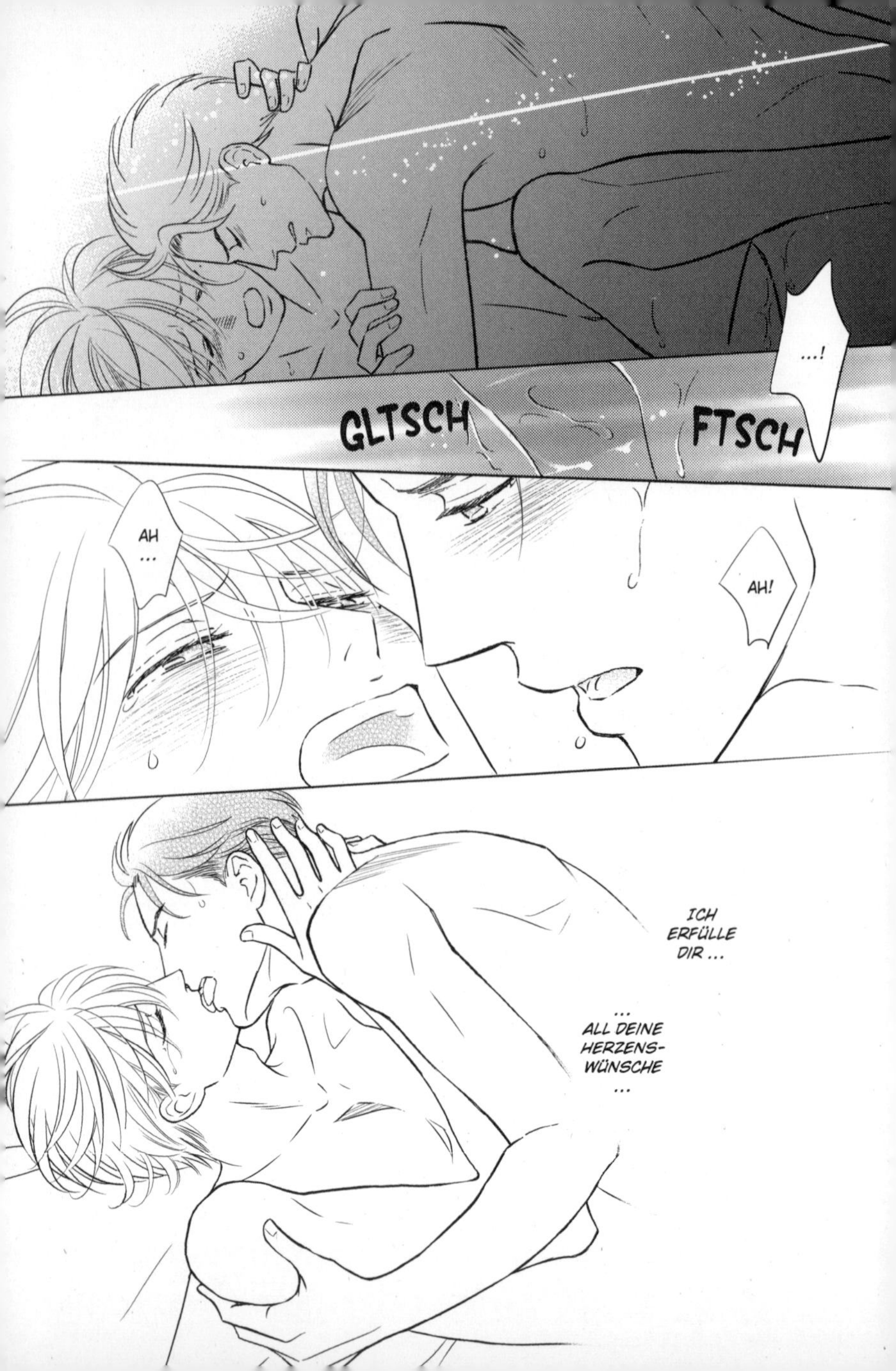
...!
GLTSCH
FTSCH
AH ...
AH!
ICH ERFÜLLE DIR ...
... ALL DEINE HERZENS-WÜNSCHE ...

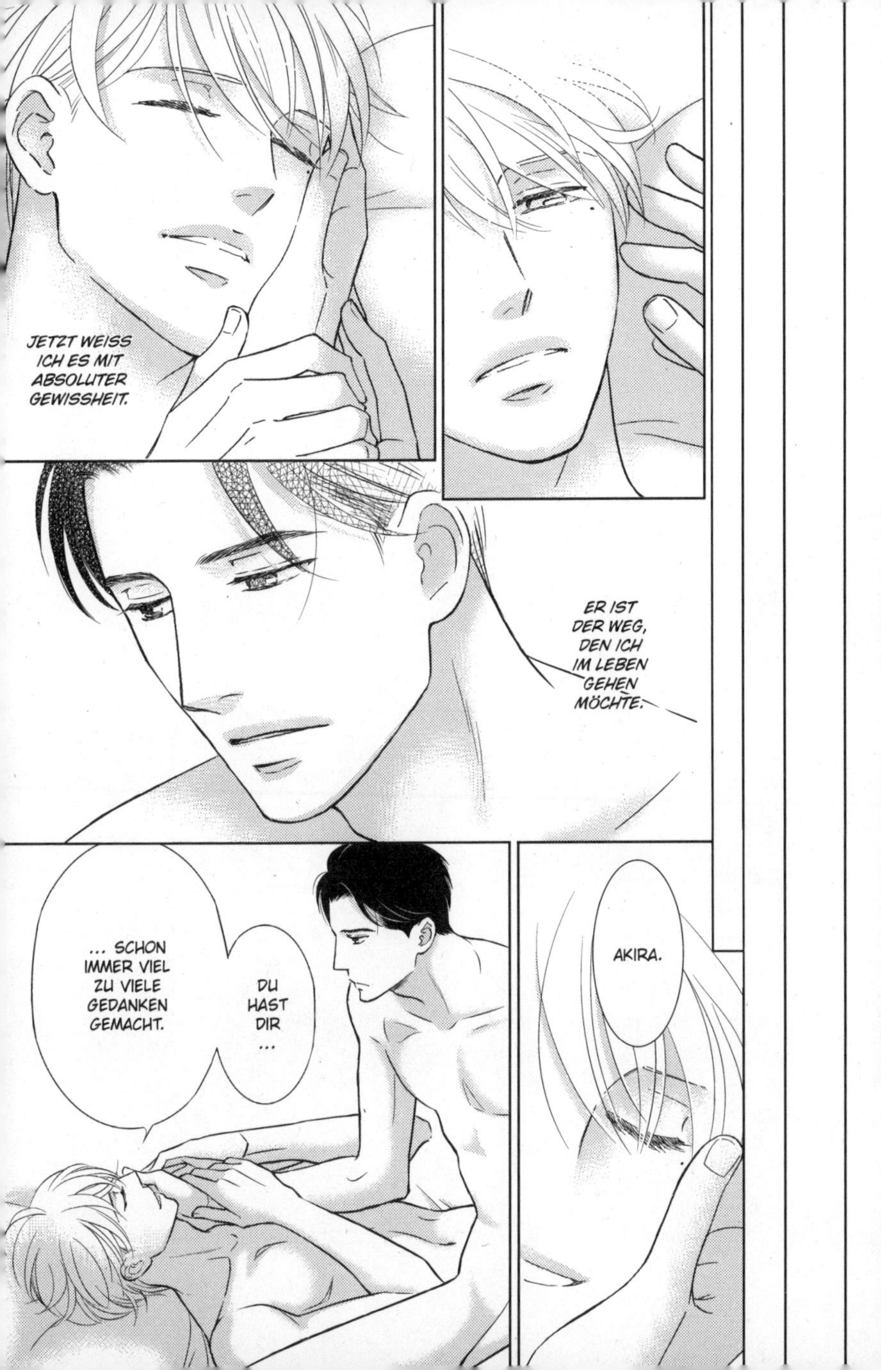
JETZT WEISS ICH ES MIT ABSOLUTER GEWISSHEIT.
ER IST DER WEG, DEN ICH IM LEBEN GEHEN MÖCHTE.
AKIRA.
DU HAST DIR …
… SCHON IMMER VIEL ZU VIELE GEDANKEN GEMACHT.

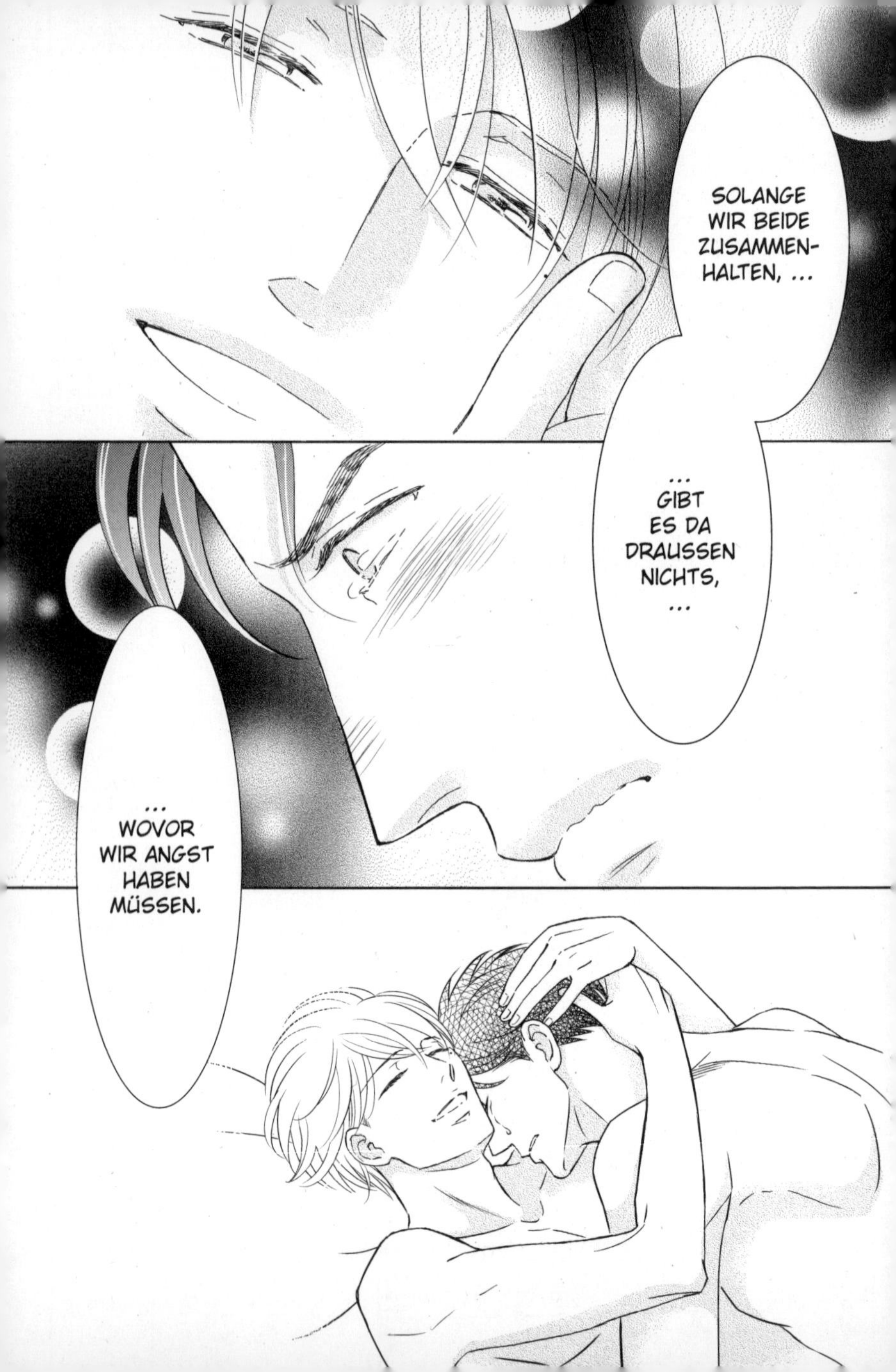
SOLANGE WIR BEIDE ZUSAMMEN-HALTEN, ...
... GIBT ES DA DRAUSSEN NICHTS, ...
... WOVOR WIR ANGST HABEN MÜSSEN.

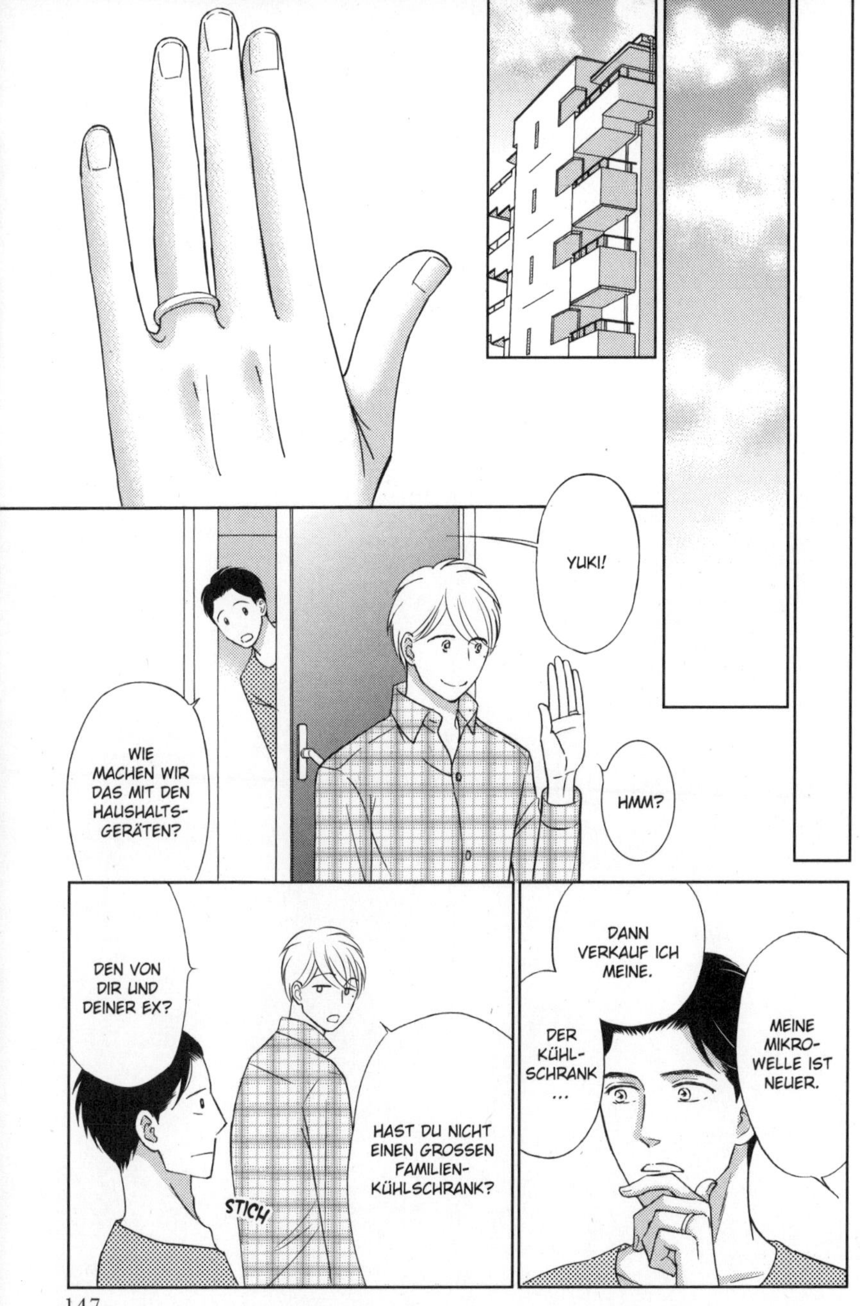
YUKI!
HMM?
WIE MACHEN WIR DAS MIT DEN HAUSHALTS-GERÄTEN?
MEINE MIKRO-WELLE IST NEUER.
DER KÜHL-SCHRANK ...
DANN VERKAUF ICH MEINE.
HAST DU NICHT EINEN GROSSEN FAMILIEN-KÜHLSCHRANK?
DEN VON DIR UND DEINER EX?
STICH

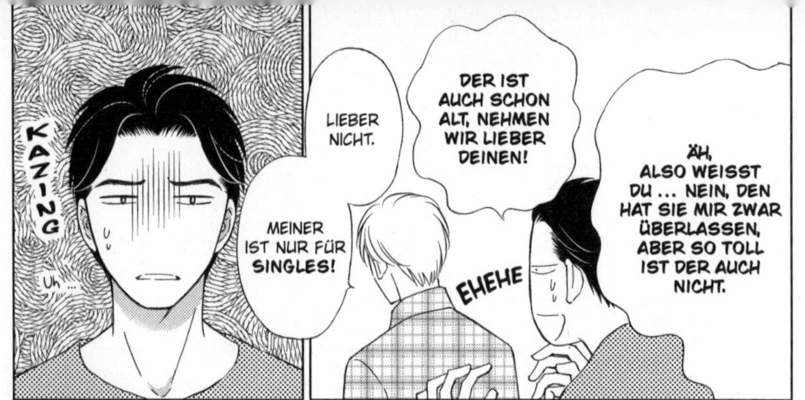
ÄH, ALSO WEISST DU … NEIN, DEN HAT SIE MIR ZWAR ÜBERLASSEN, ABER SO TOLL IST DER AUCH NICHT.
EHEHE
DER IST AUCH SCHON ALT, NEHMEN WIR LIEBER DEINEN!
LIEBER NICHT.
MEINER IST NUR FÜR SINGLES!
KAZING
Uh …

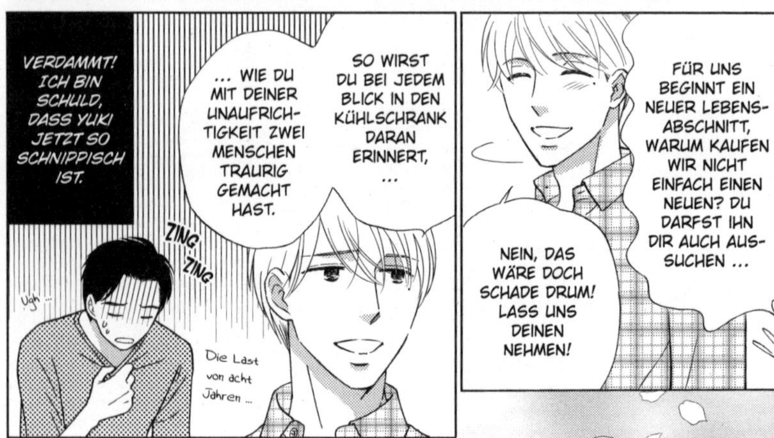
FÜR UNS BEGINNT EIN NEUER LEBENS-ABSCHNITT, WARUM KAUFEN WIR NICHT EINFACH EINEN NEUEN? DU DARFST IHN DIR AUCH AUS-SUCHEN …
NEIN, DAS WÄRE DOCH SCHADE DRUM! LASS UNS DEINEN NEHMEN!
SO WIRST DU BEI JEDEM BLICK IN DEN KÜHLSCHRANK DARAN ERINNERT, …
… WIE DU MIT DEINER UNAUFRICH-TIGKEIT ZWEI MENSCHEN TRAURIG GEMACHT HAST.
VERDAMMT! ICH BIN SCHULD, DASS YUKI JETZT SO SCHNIPPISCH IST.
ZING ZING
Ugh …
Die Last von acht Jahren …

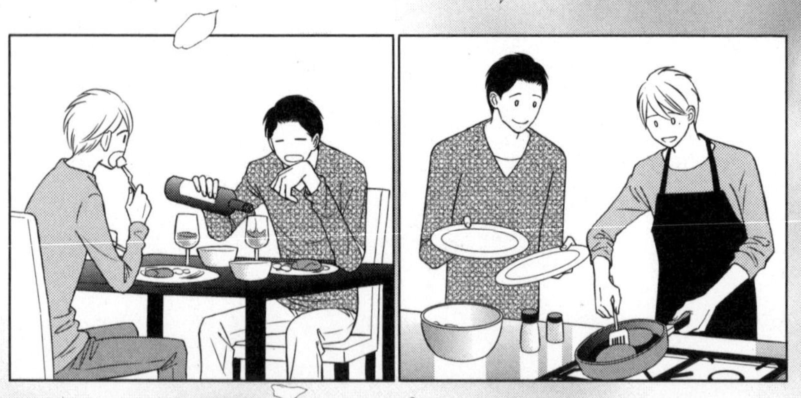

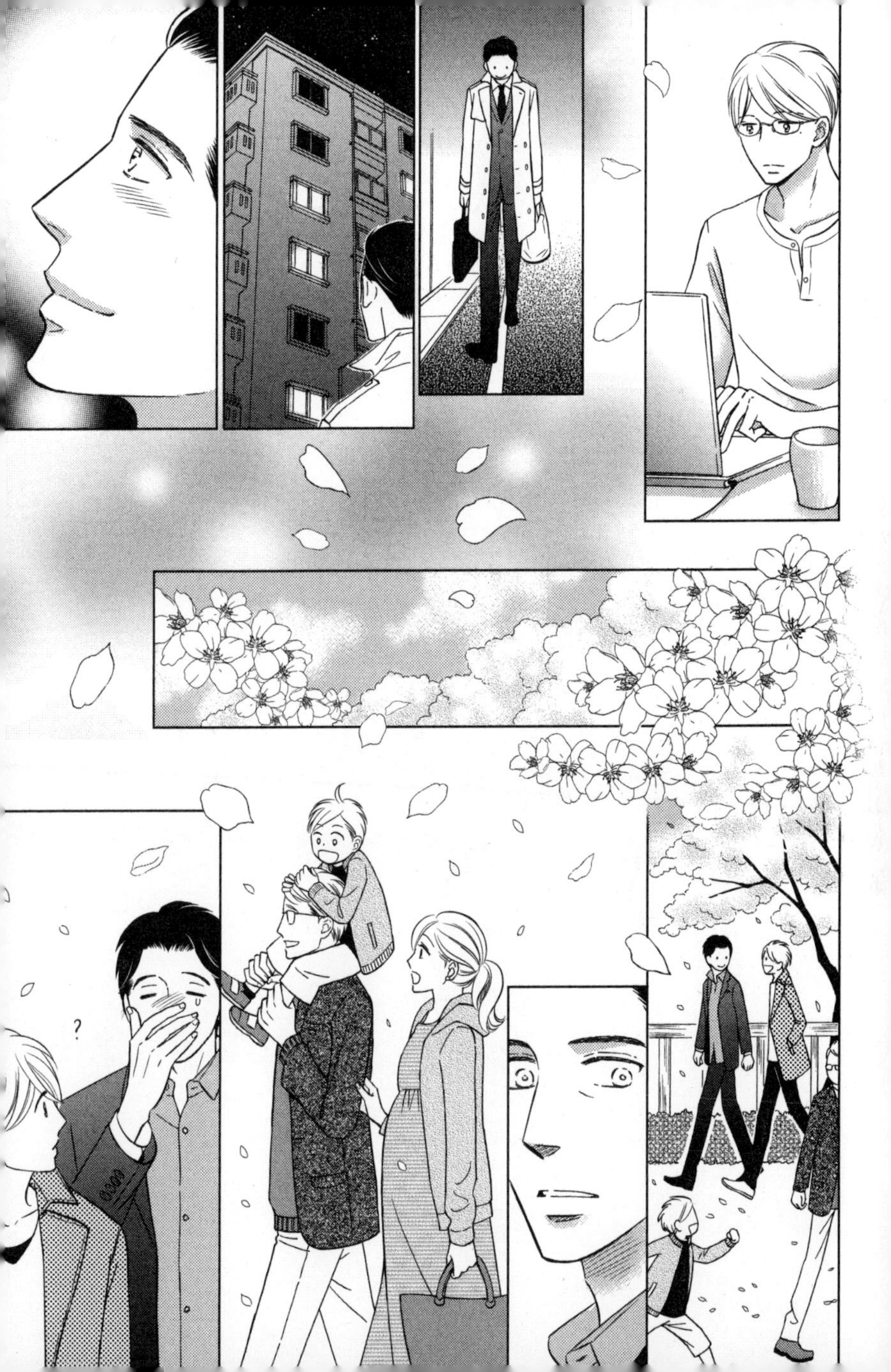

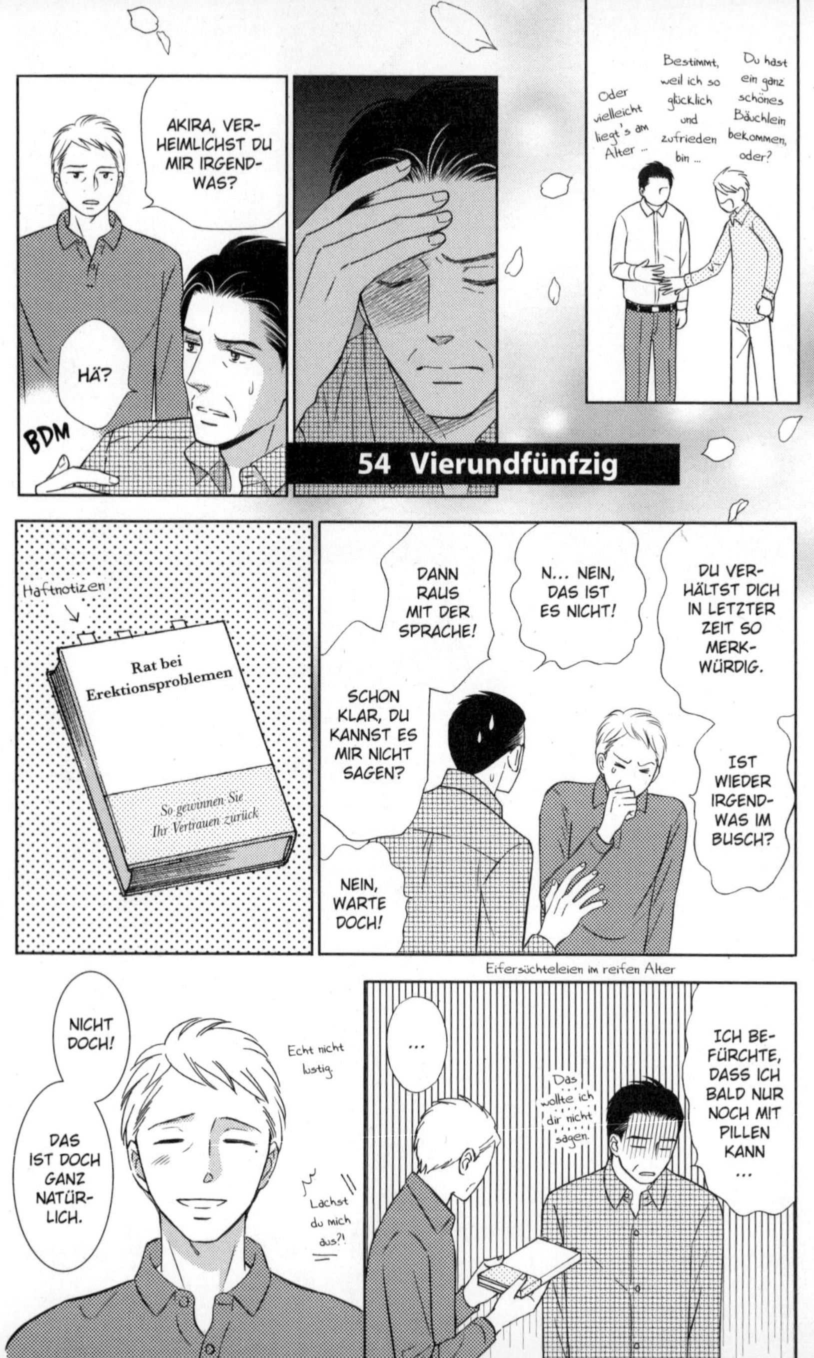
Du hast ein ganz schönes Bäuchlein bekommen, oder?
Bestimmt, weil ich so glücklich und zufrieden bin ...
Oder vielleicht liegt's am Alter ...
AKIRA, VERHEIMLICHST DU MIR IRGENDWAS?
HÄ?
BDM
54 Vierundfünfzig
DU VERHÄLTST DICH IN LETZTER ZEIT SO MERKWÜRDIG.
N... NEIN, DAS IST ES NICHT!
DANN RAUS MIT DER SPRACHE!
IST WIEDER IRGENDWAS IM BUSCH?
SCHON KLAR, DU KANNST ES MIR NICHT SAGEN?
NEIN, WARTE DOCH!
Haftnotizen
Rat bei Erektionsproblemen
So gewinnen Sie Ihr Vertrauen zurück
Eifersüchteleien im reifen Alter
ICH BEFÜRCHTE, DASS ICH BALD NUR NOCH MIT PILLEN KANN ...
...
Das wollte ich dir nicht sagen.
NICHT DOCH!
DAS IST DOCH GANZ NATÜRLICH.
Echt nicht lustig.
Lachst du mich aus?!

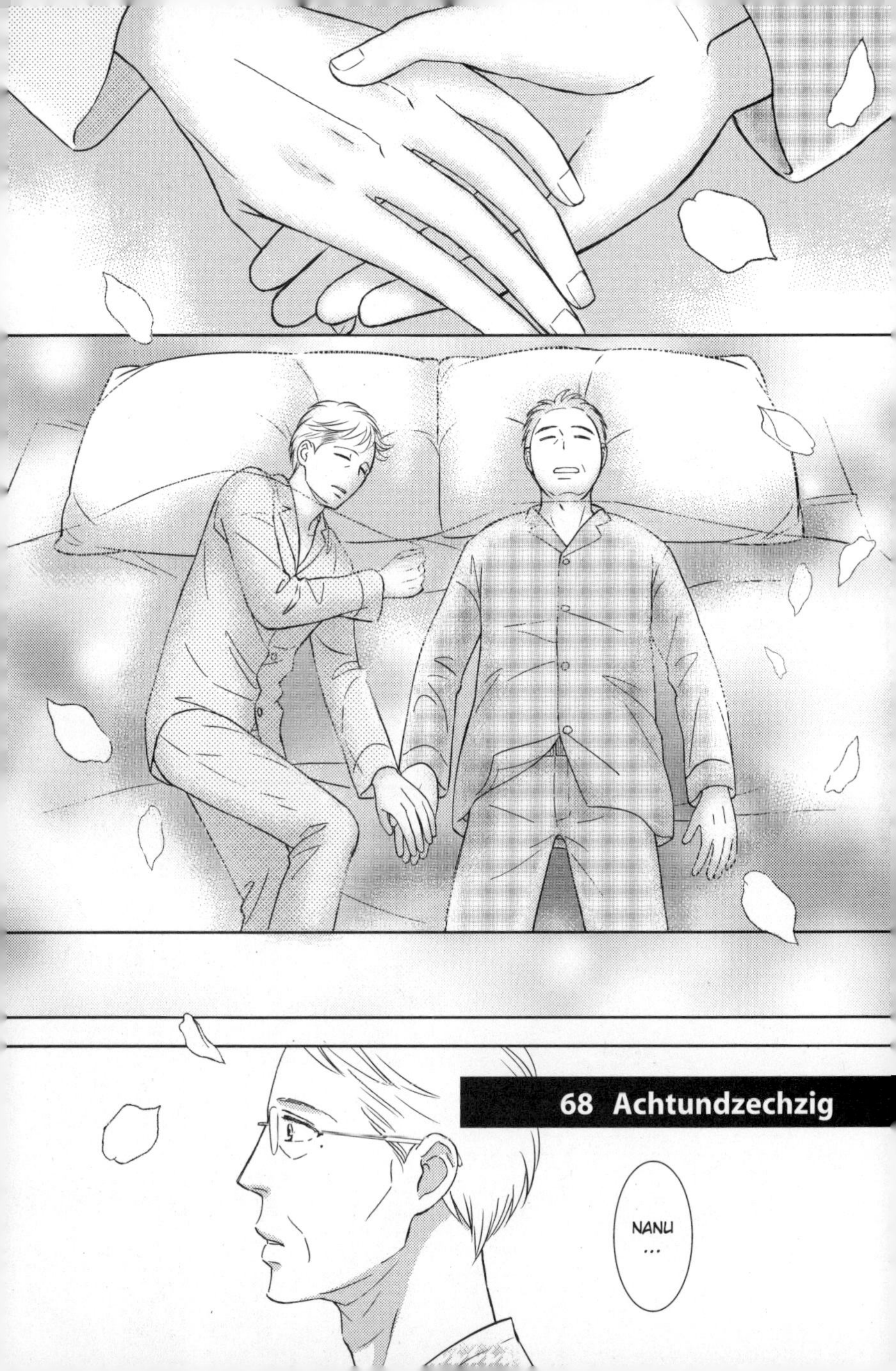

68 Achtundzechzig
NANU
...

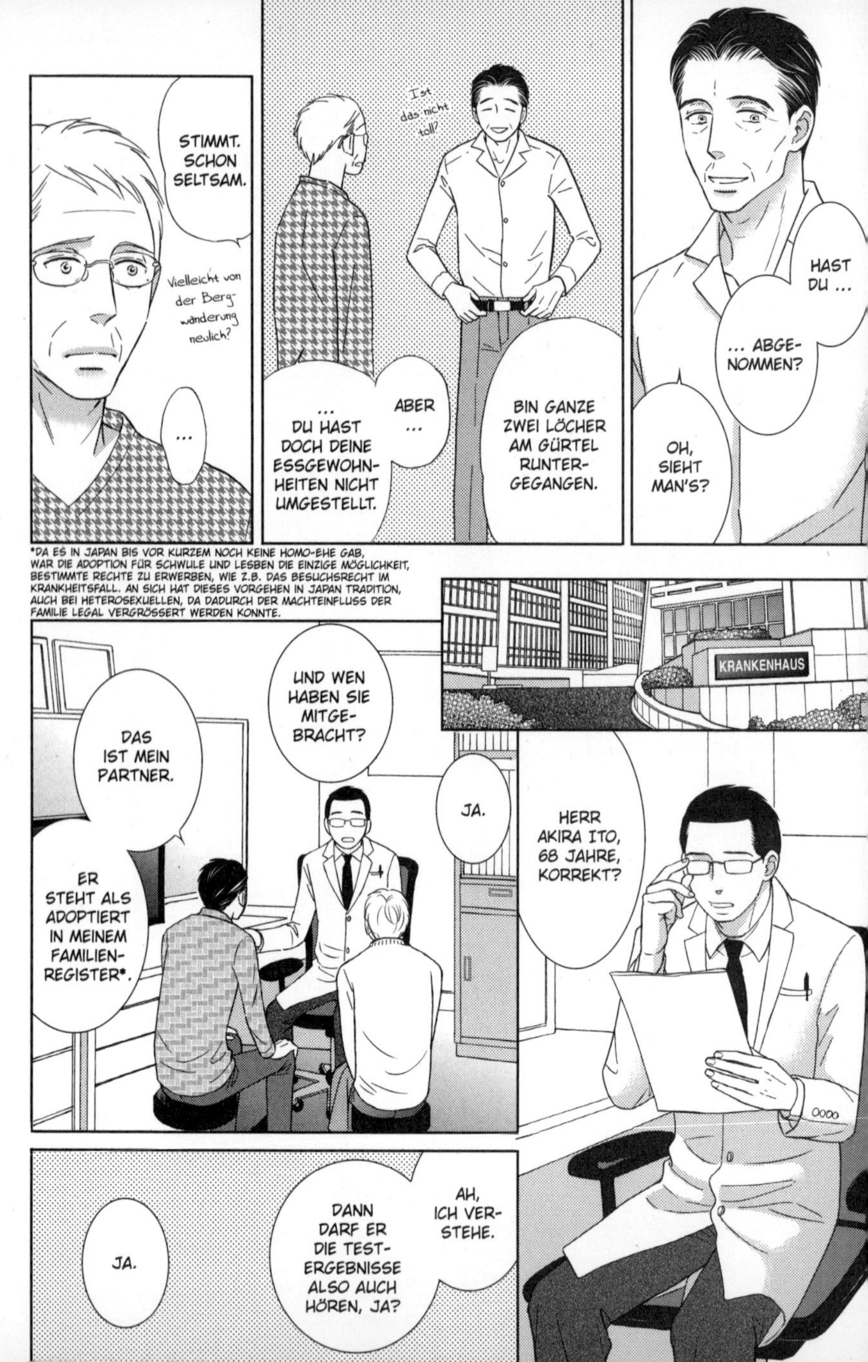

*DA ES IN JAPAN BIS VOR KURZEM NOCH KEINE HOMO-EHE GAB, WAR DIE ADOPTION FÜR SCHWULE UND LESBEN DIE EINZIGE MÖGLICHKEIT, BESTIMMTE RECHTE ZU ERWERBEN, WIE Z.B. DAS BESUCHSRECHT IM KRANKHEITSFALL. AN SICH HAT DIESES VORGEHEN IN JAPAN TRADITION, AUCH BEI HETEROSEXUELLEN, DA DADURCH DER MACHTEINFLUSS DER FAMILIE LEGAL VERGRÖSSERT WERDEN KONNTE.

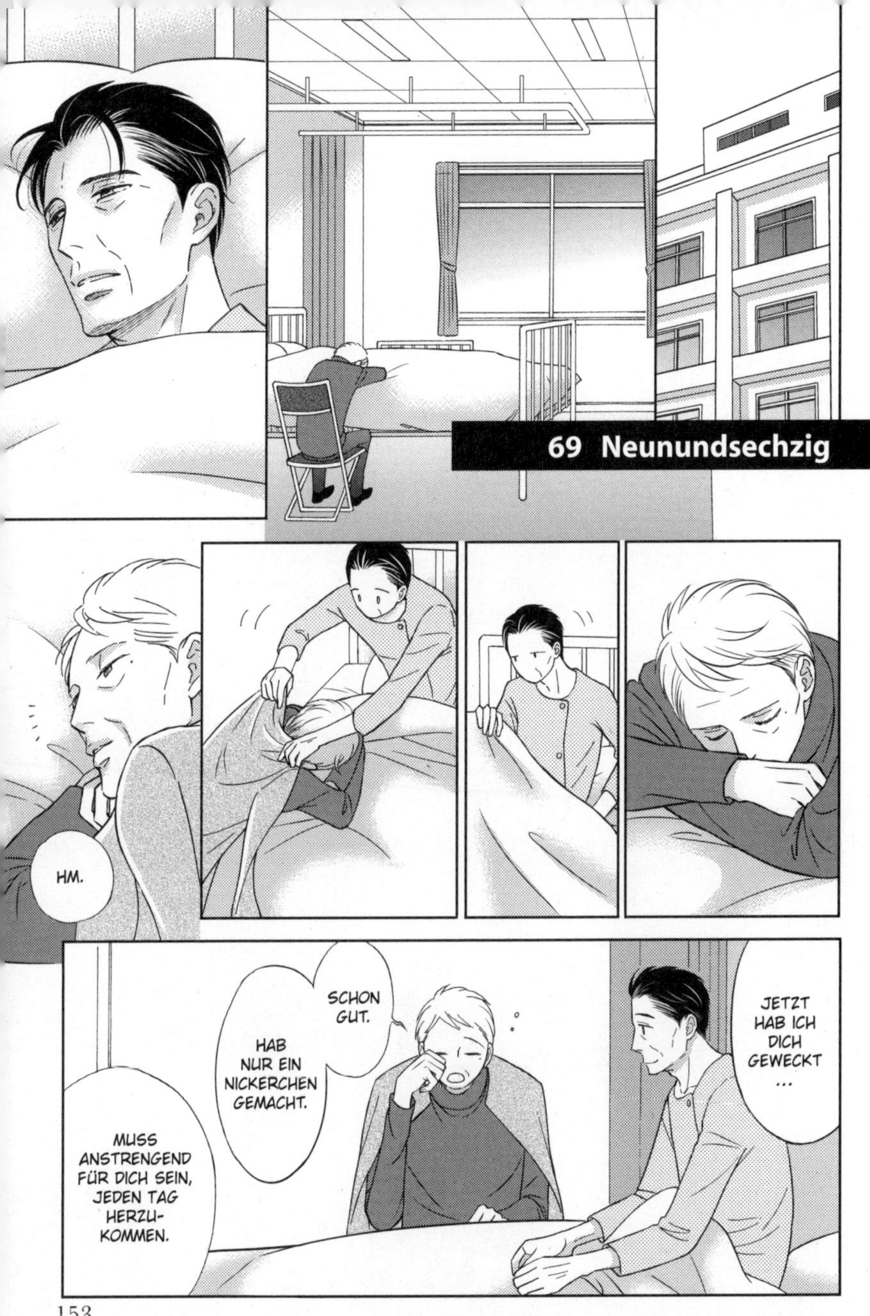
69 Neunundsechzig
HM.
JETZT HAB ICH DICH GEWECKT ...
SCHON GUT.
HAB NUR EIN NICKERCHEN GEMACHT.
MUSS ANSTRENGEND FÜR DICH SEIN, JEDEN TAG HERZUKOMMEN.

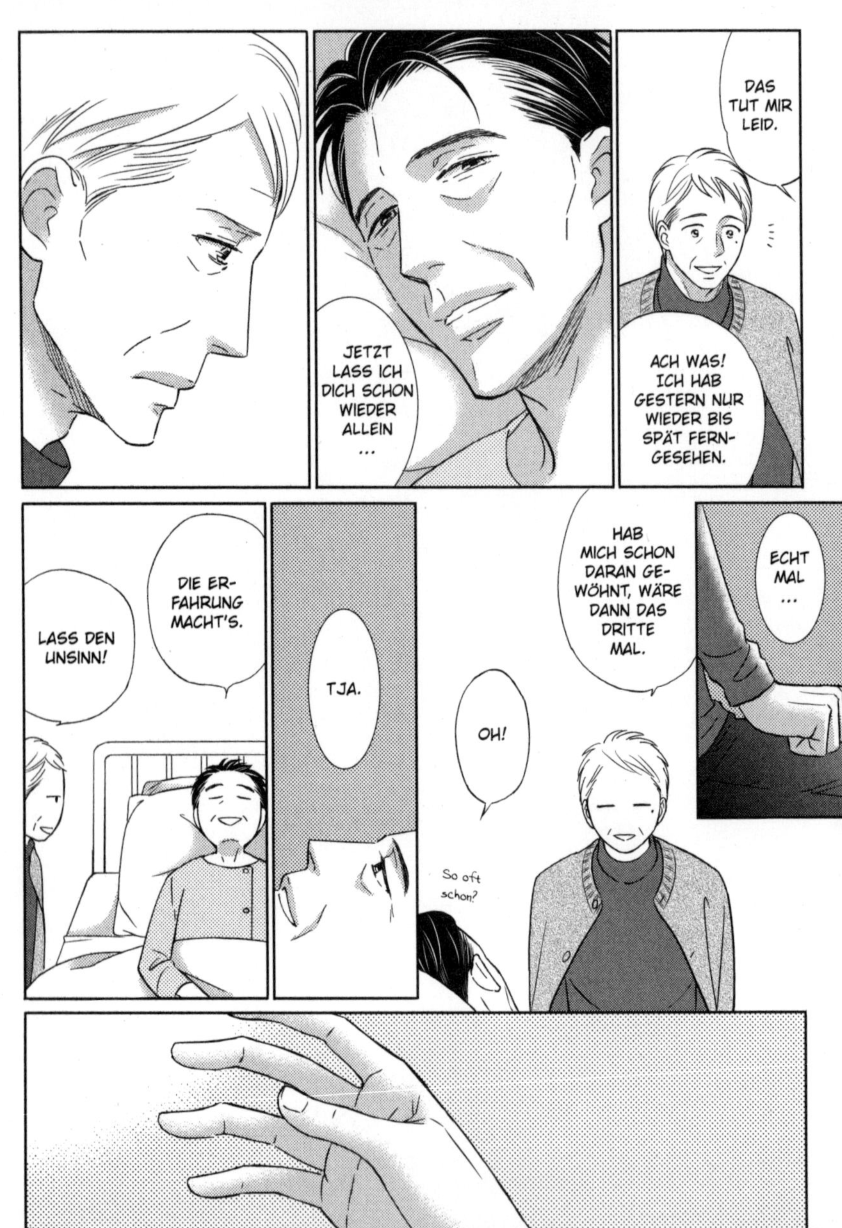
DAS TUT MIR LEID.
ACH WAS! ICH HAB GESTERN NUR WIEDER BIS SPÄT FERNGESEHEN.
JETZT LASS ICH DICH SCHON WIEDER ALLEIN ...
ECHT MAL ...
HAB MICH SCHON DARAN GEWÖHNT, WÄRE DANN DAS DRITTE MAL.
OH!
So oft schon?
TJA.
DIE ERFAHRUNG MACHT'S.
LASS DEN UNSINN!

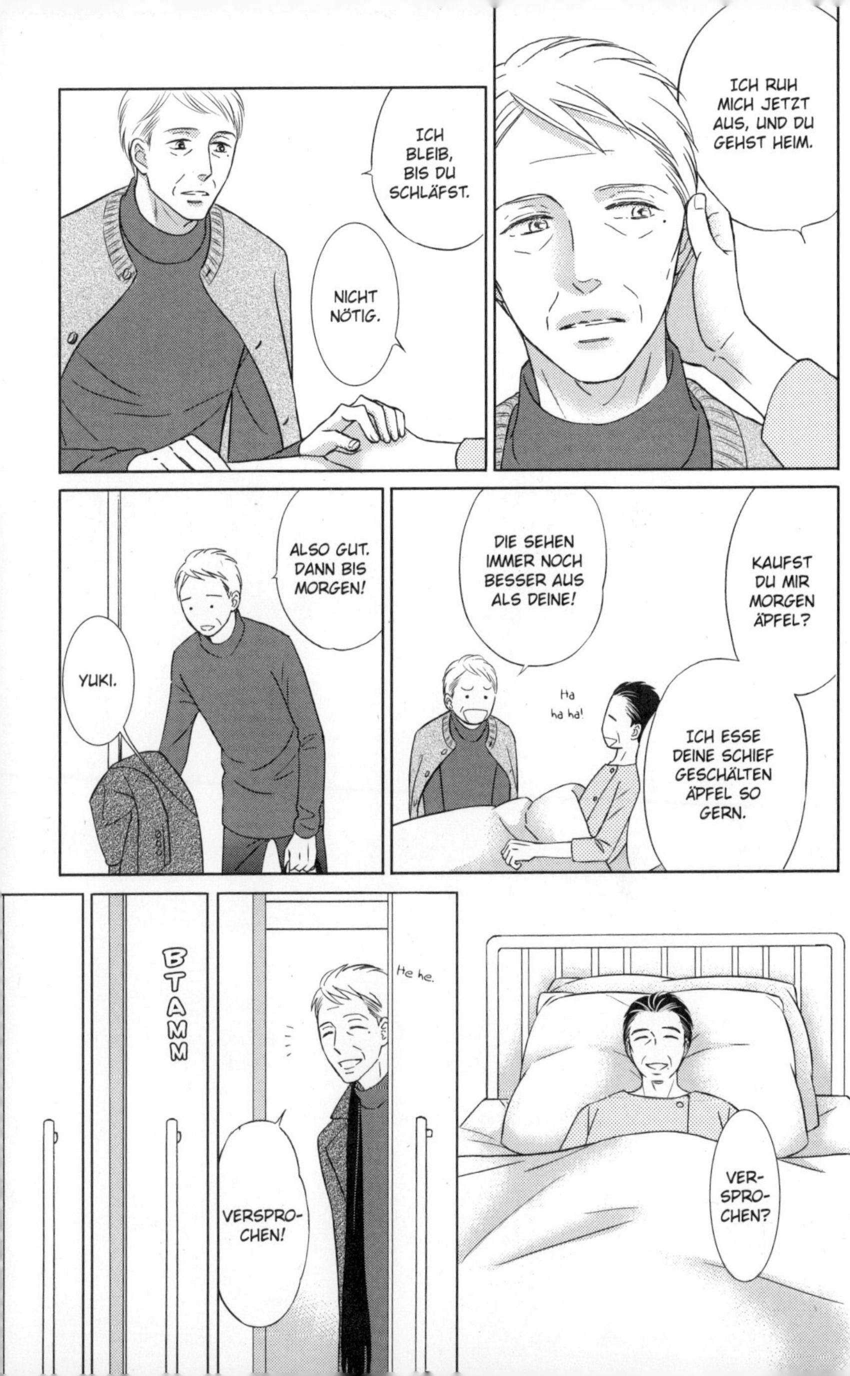

ICH RUH MICH JETZT AUS, UND DU GEHST HEIM.

ICH BLEIB, BIS DU SCHLÄFST.

NICHT NÖTIG.

KAUFST DU MIR MORGEN ÄPFEL?

ICH ESSE DEINE SCHIEF GESCHÄLTEN ÄPFEL SO GERN.

DIE SEHEN IMMER NOCH BESSER AUS ALS DEINE!

Ha ha ha!

ALSO GUT. DANN BIS MORGEN!

YUKI.

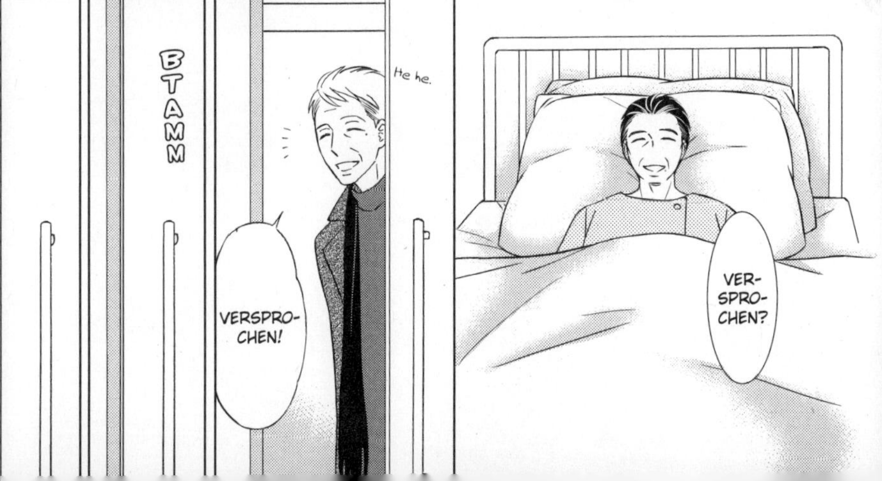

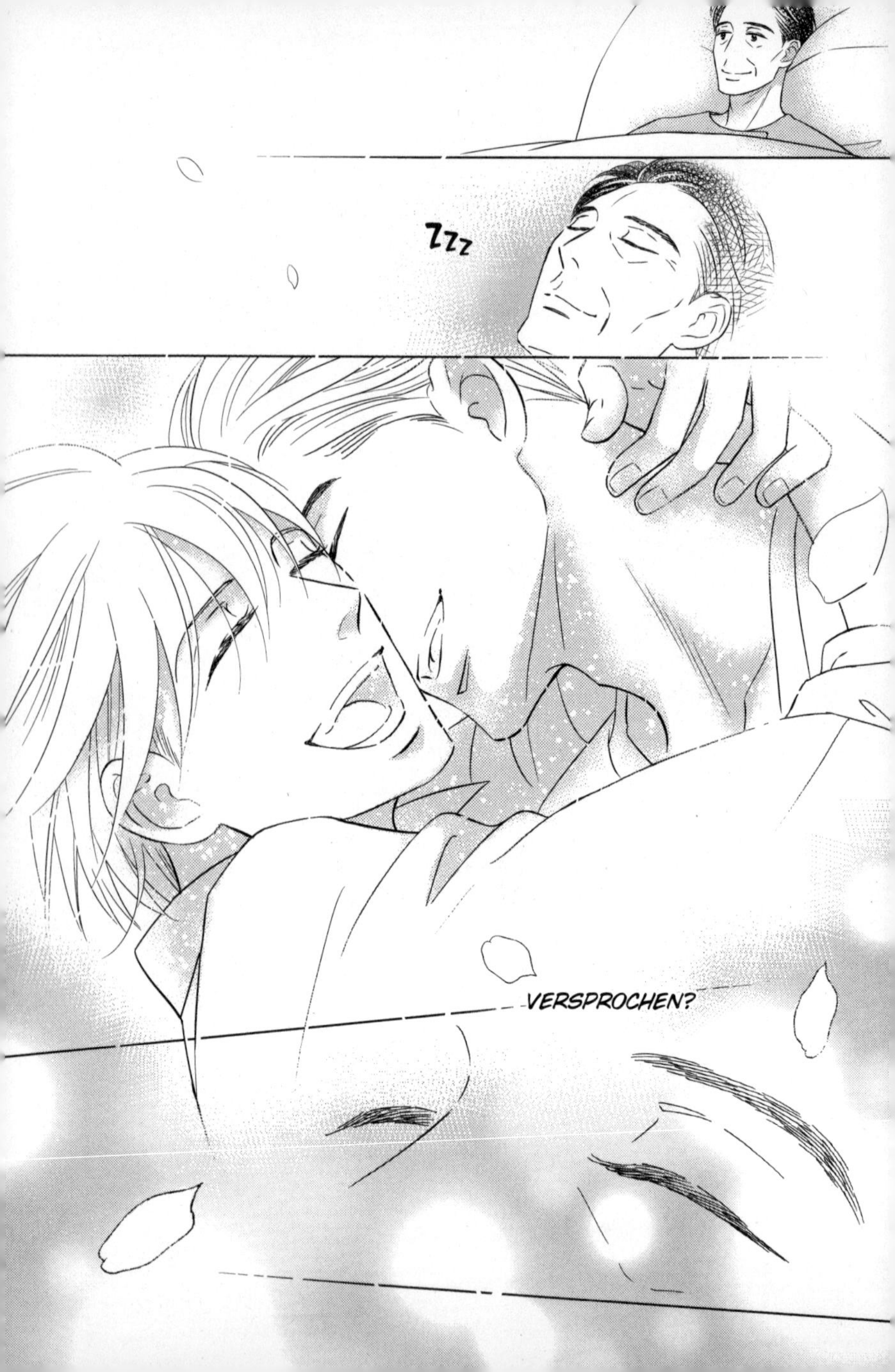
ZZZ
VERSPROCHEN?

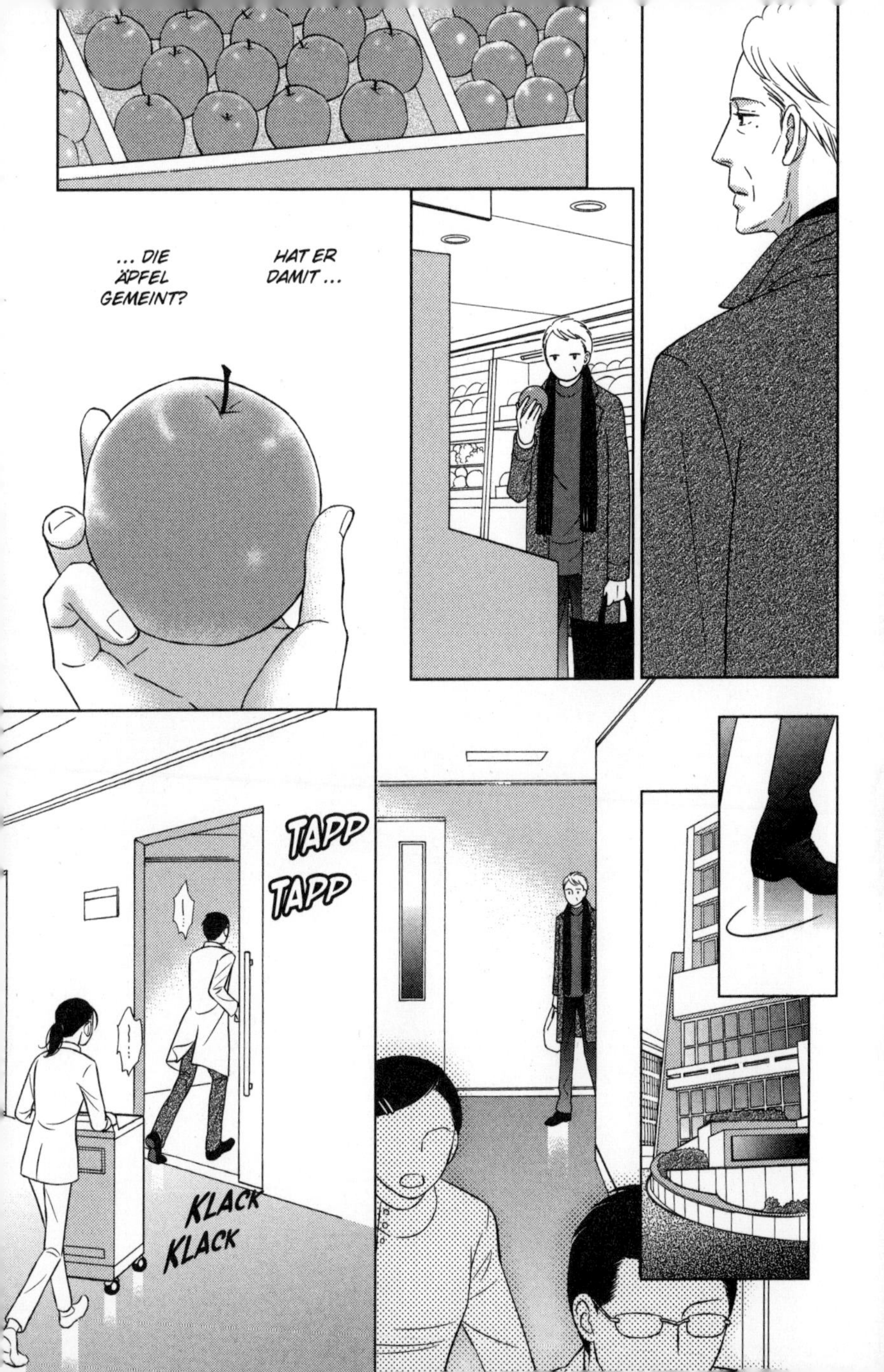
HAT ER DAMIT ...
... DIE ÄPFEL GEMEINT?
TAPP
TAPP
!
!
KLACK
KLACK

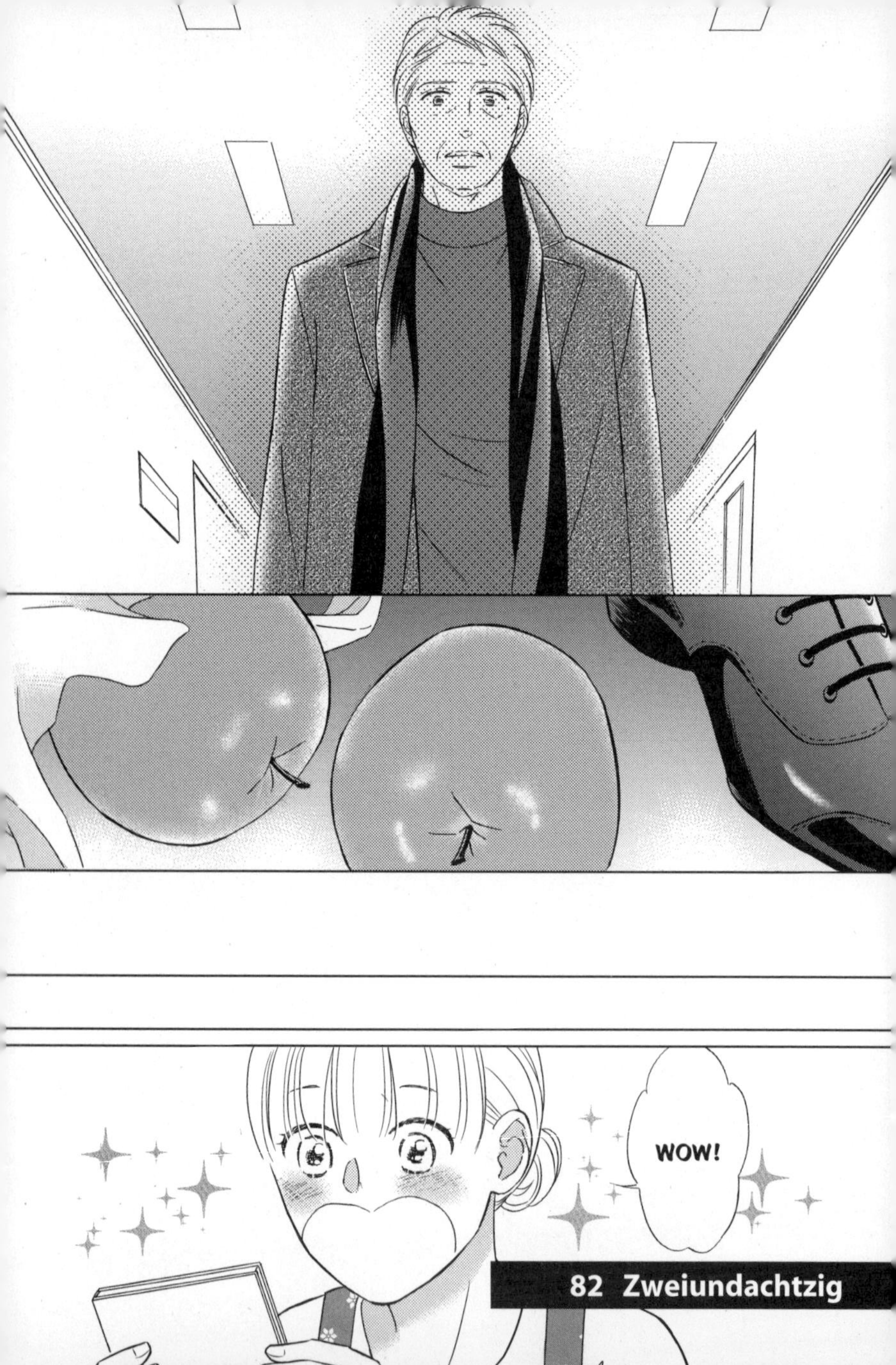
WOW!
82 Zweiundachtzig

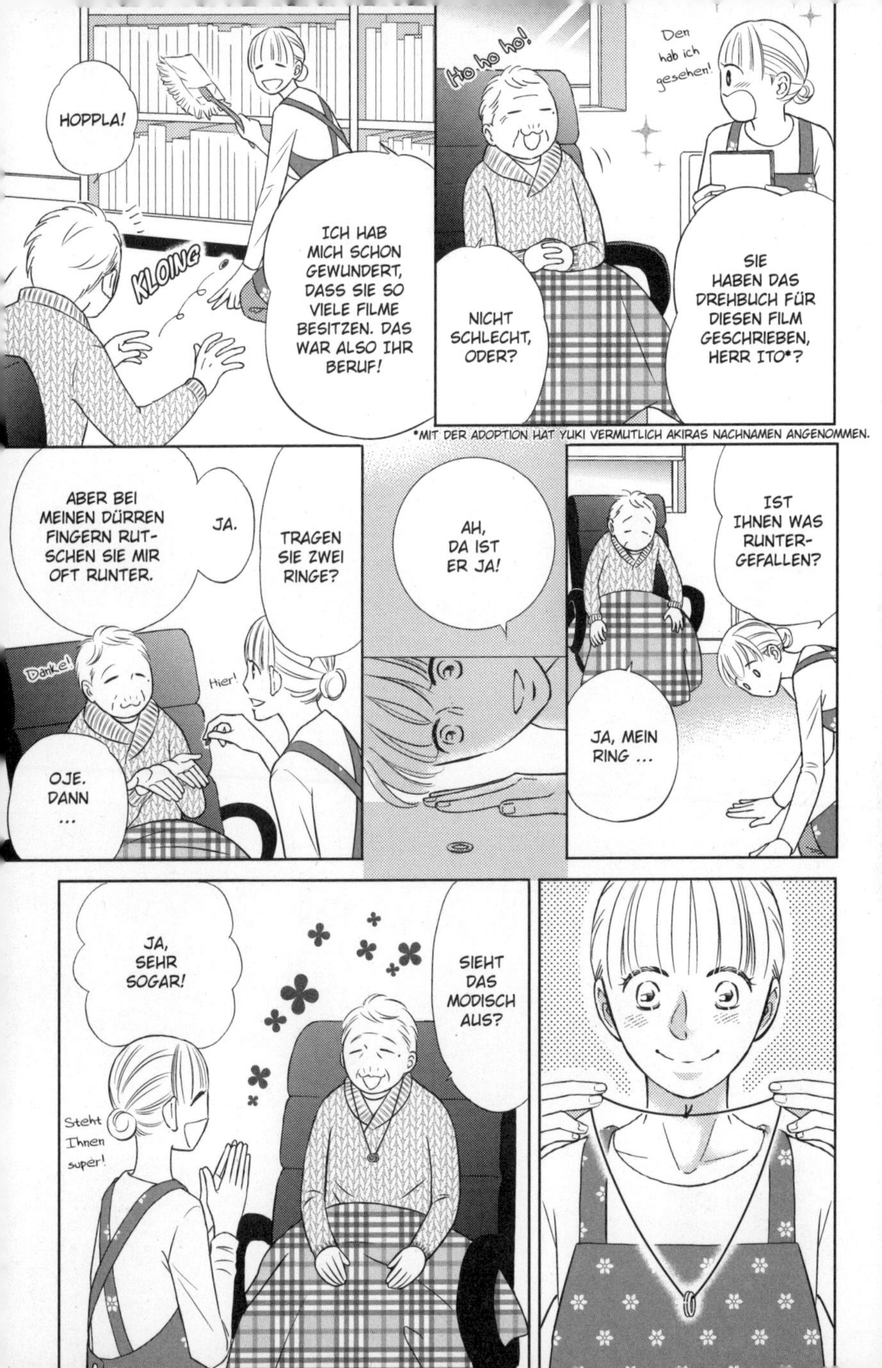
Den hab ich gesehen!
SIE HABEN DAS DREHBUCH FÜR DIESEN FILM GESCHRIEBEN, HERR ITO*?
Ho ho ho!
NICHT SCHLECHT, ODER?
ICH HAB MICH SCHON GEWUNDERT, DASS SIE SO VIELE FILME BESITZEN. DAS WAR ALSO IHR BERUF!
HOPPLA!
KLOING
*MIT DER ADOPTION HAT YUKI VERMUTLICH AKIRAS NACHNAMEN ANGENOMMEN.
IST IHNEN WAS RUNTER-GEFALLEN?
JA, MEIN RING …
AH, DA IST ER JA!
Hier!
Danke!
TRAGEN SIE ZWEI RINGE?
JA.
ABER BEI MEINEN DÜRREN FINGERN RUT-SCHEN SIE MIR OFT RUNTER.
OJE. DANN …
SIEHT DAS MODISCH AUS?
JA, SEHR SOGAR!
Steht Ihnen super!

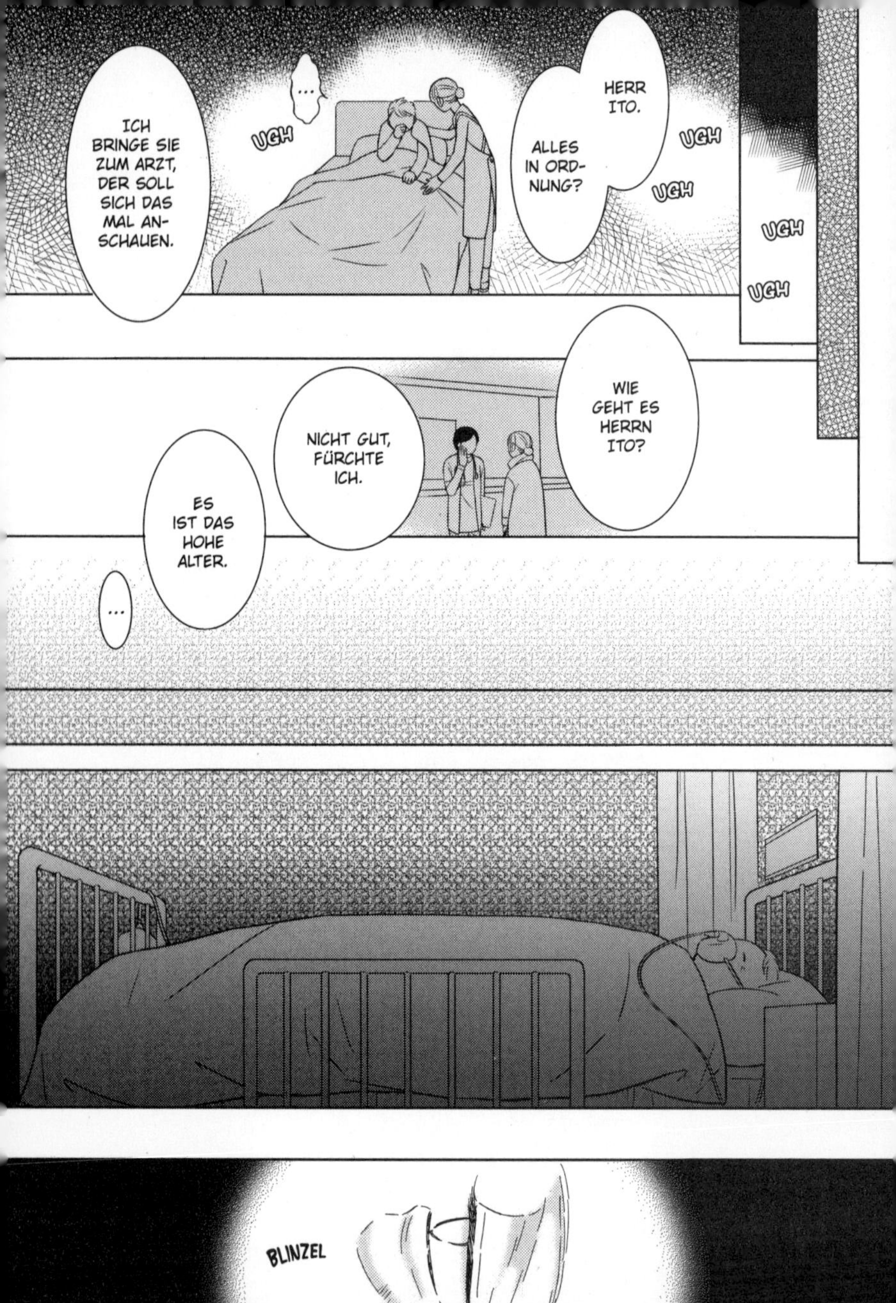
UGH
UGH
UGH
UGH
HERR ITO.
ALLES IN ORDNUNG?
...
UGH
ICH BRINGE SIE ZUM ARZT, DER SOLL SICH DAS MAL ANSCHAUEN.
WIE GEHT ES HERRN ITO?
NICHT GUT, FÜRCHTE ICH.
ES IST DAS HOHE ALTER.
...
BLINZEL

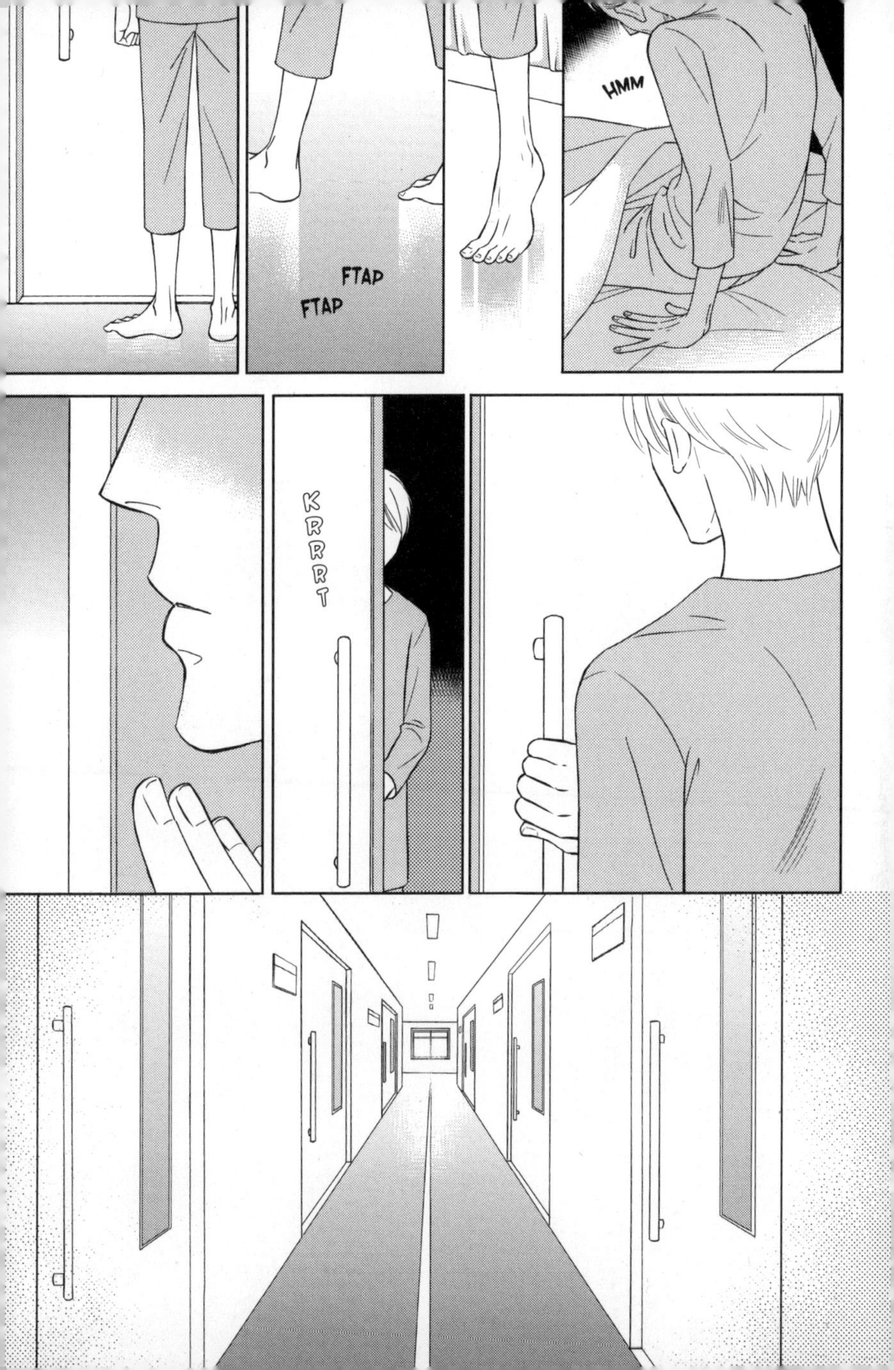
HMM
FTAP
FTAP
KRRRT

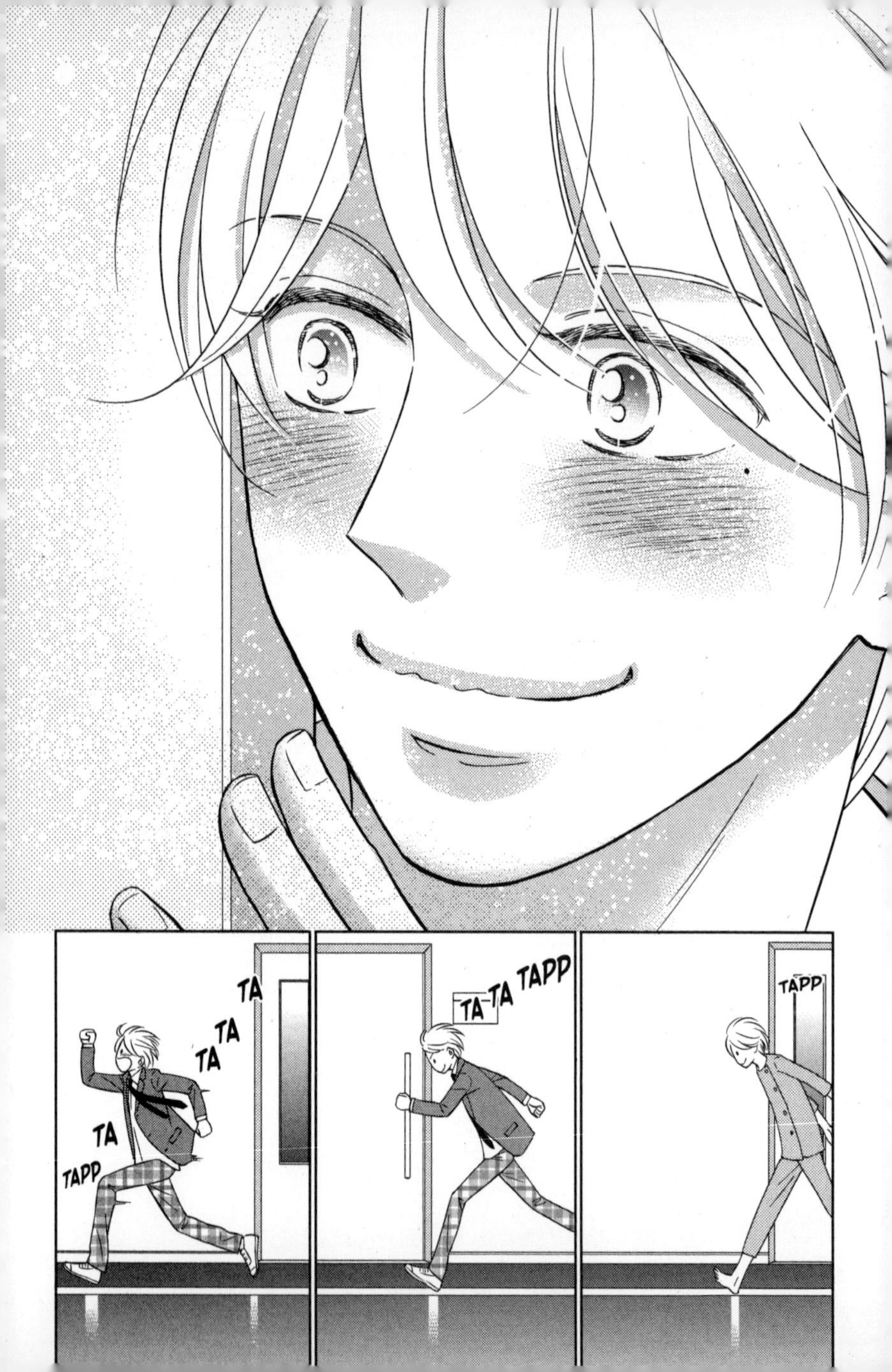
TAPP
TA TA TAPP
TA TA TA
TA TAPP

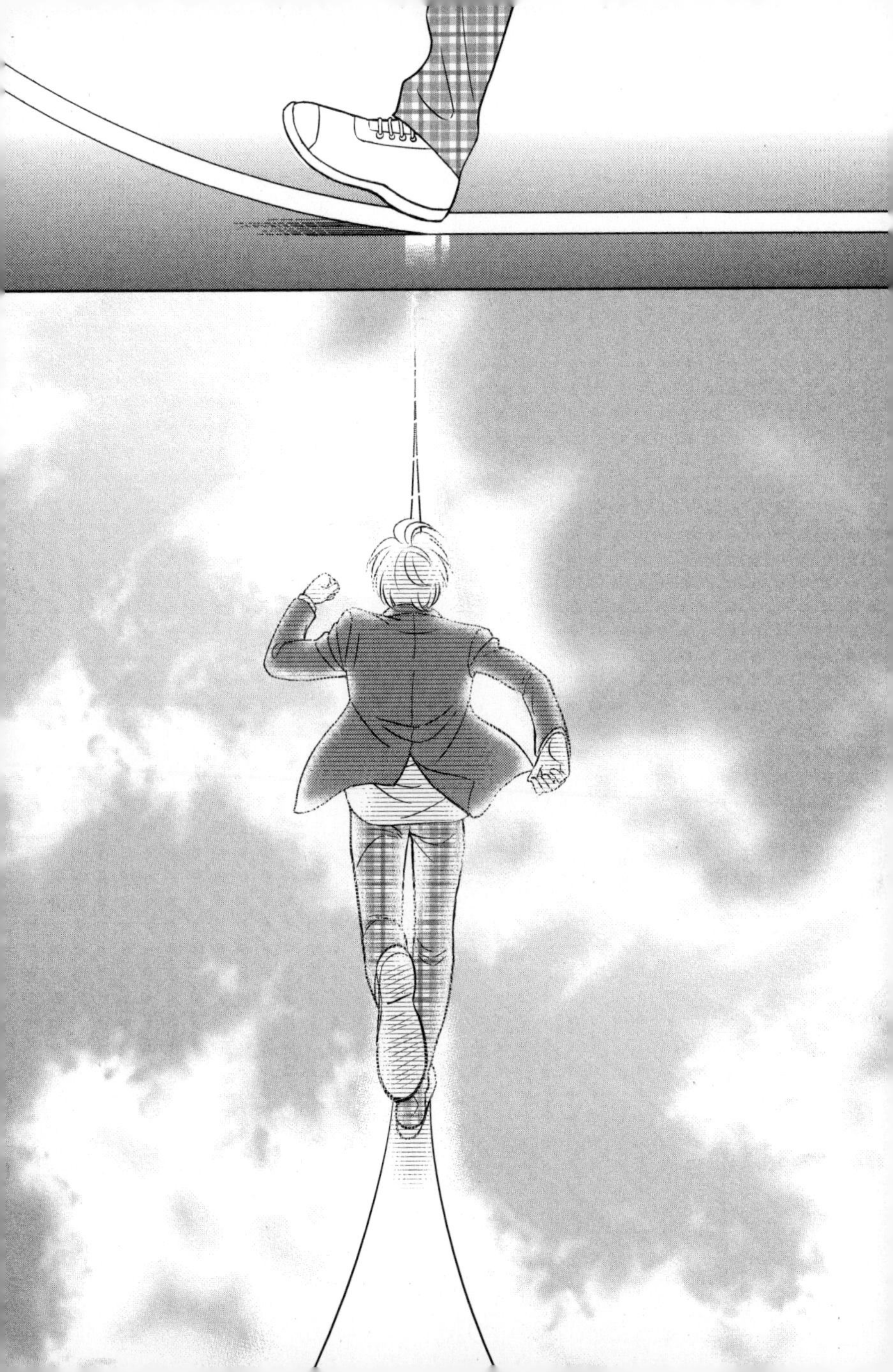

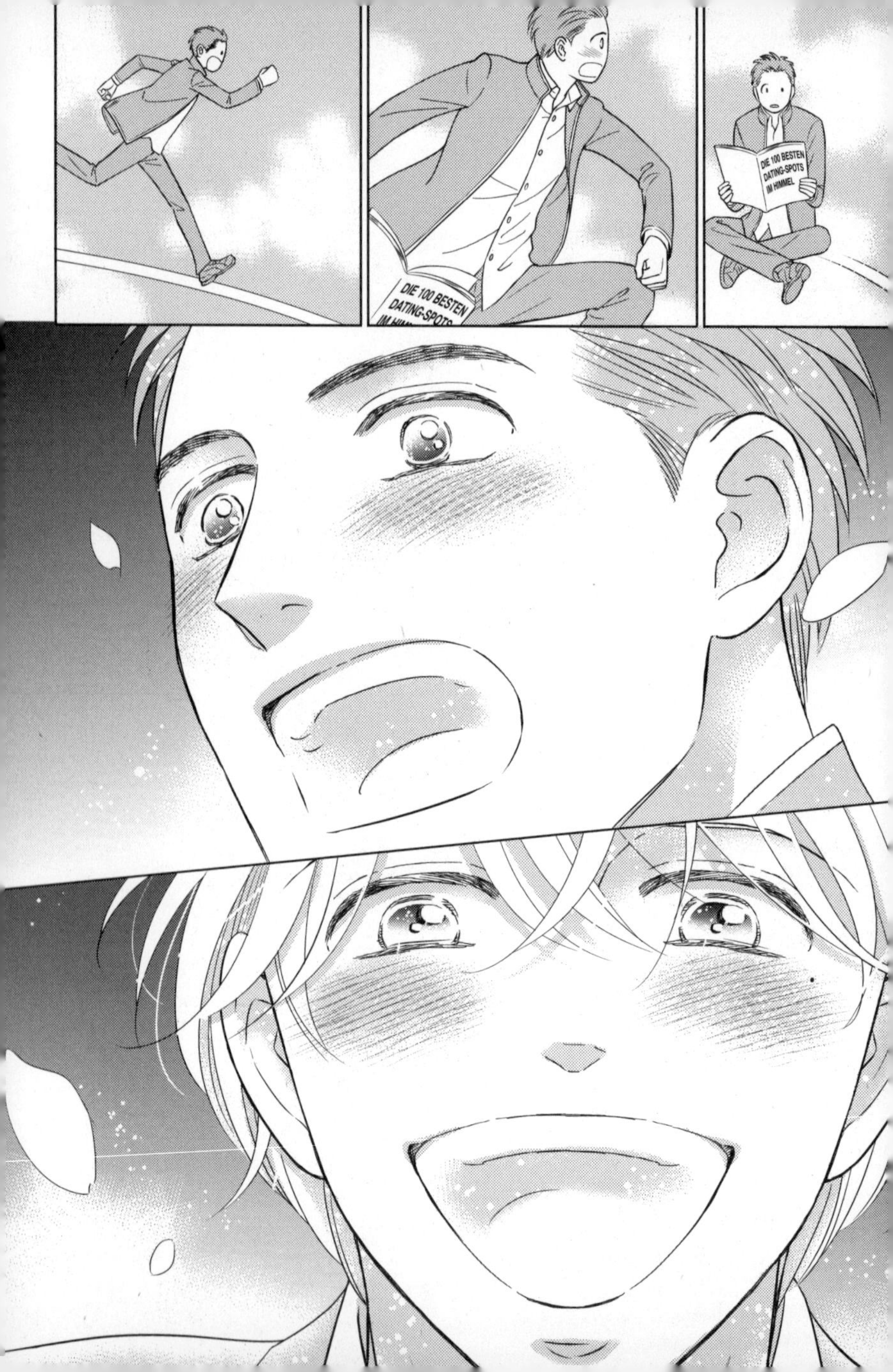
DIE 100 BESTEN DATING-SPOTS IM HIMMEL
DIE 100 BESTEN DATING-SPOTS

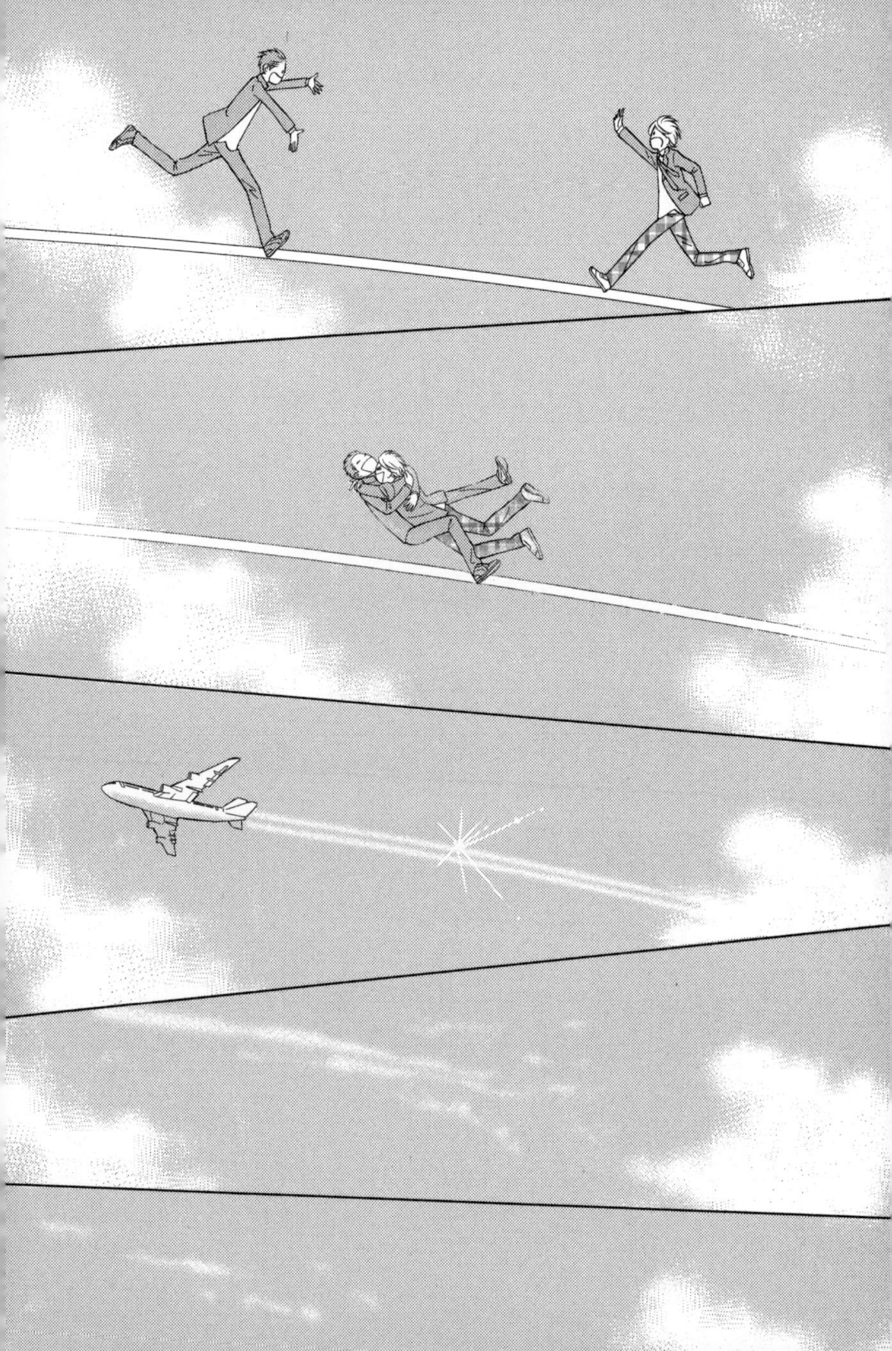

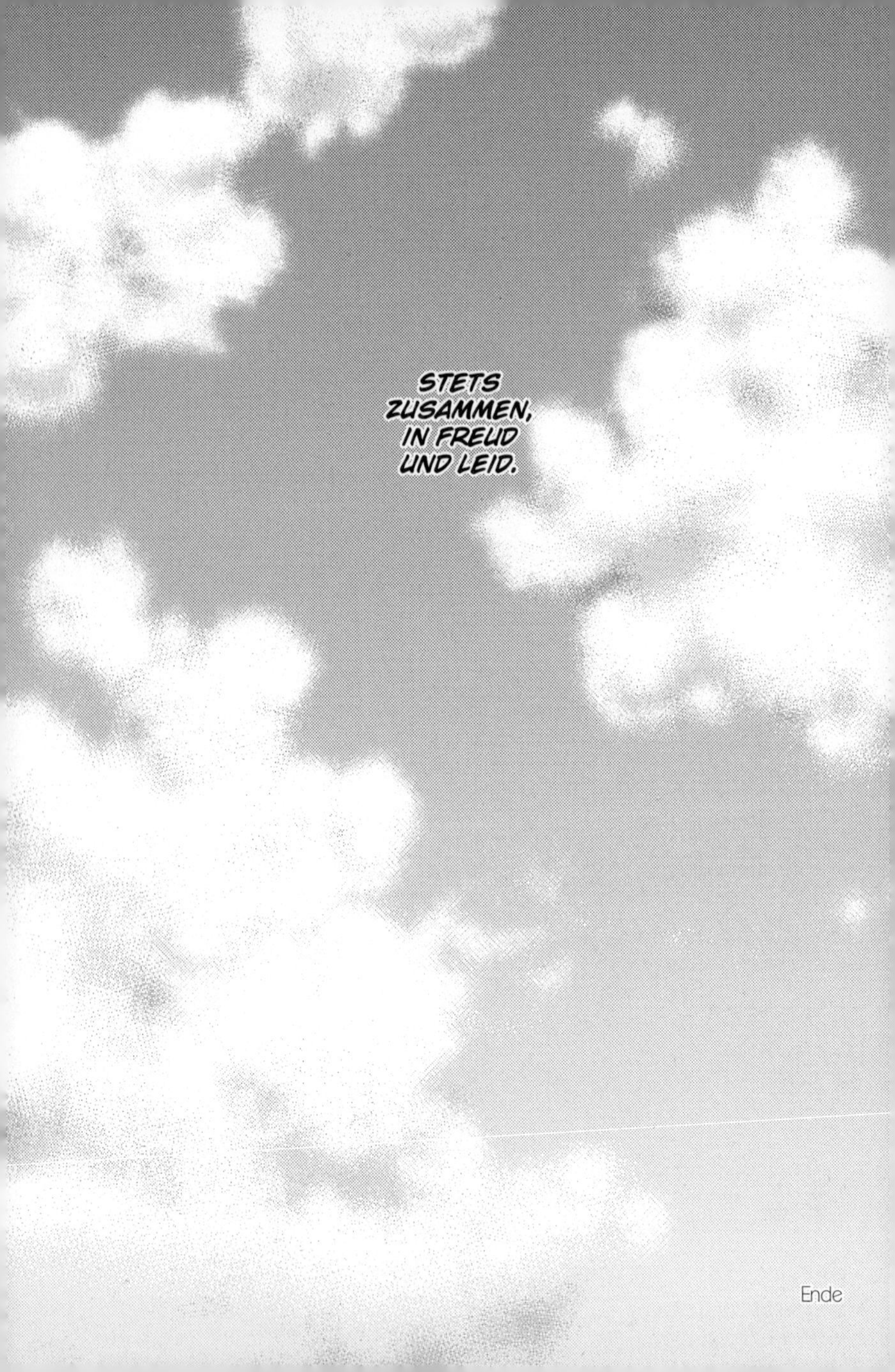

STETS
ZUSAMMEN,
IN FREUD
UND LEID.

Ende

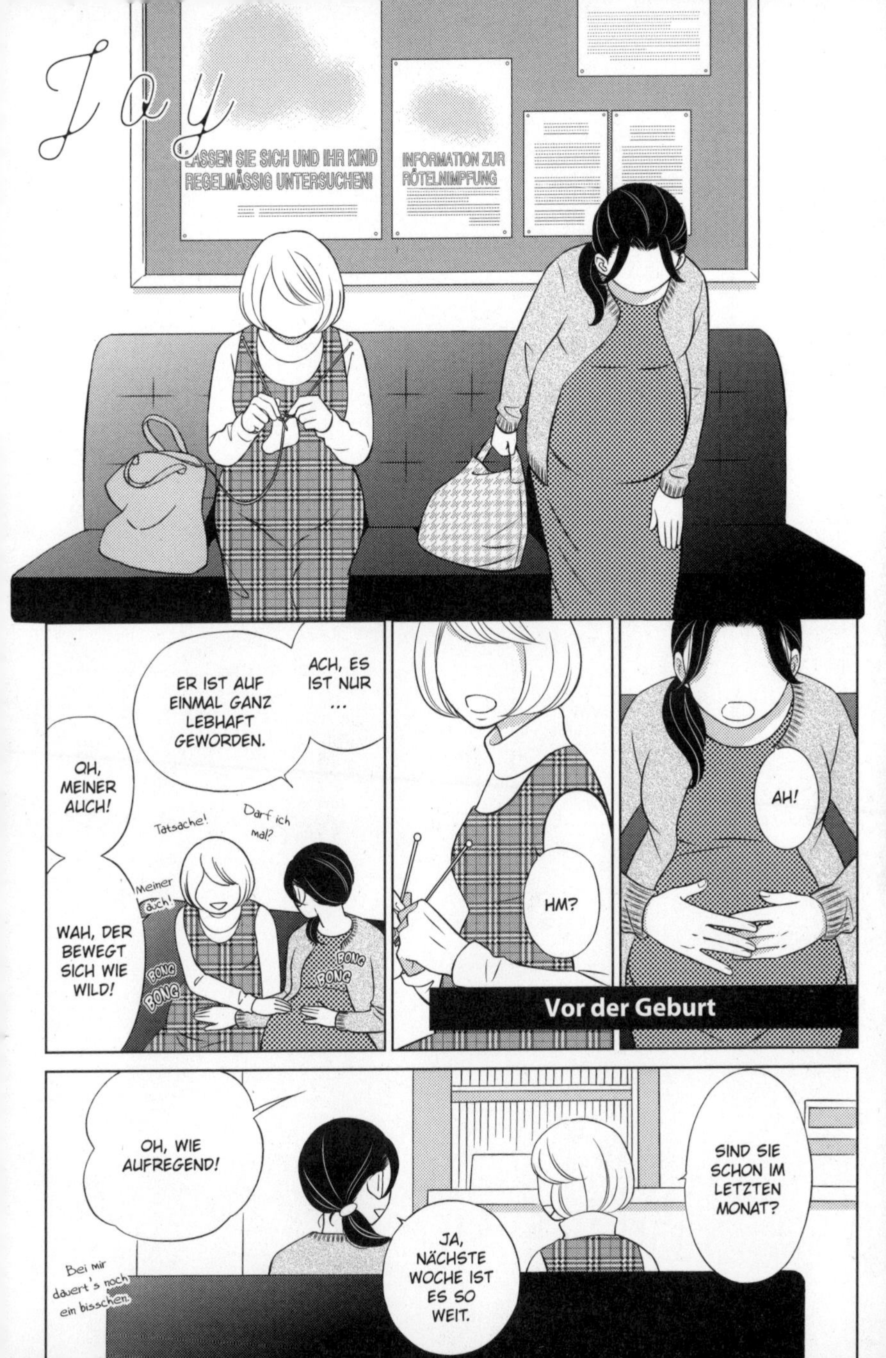
Joy
LASSEN SIE SICH UND IHR KIND REGELMÄSSIG UNTERSUCHEN!
INFORMATION ZUR RÖTELNIMPFUNG
Vor der Geburt
AH!
HM?
ACH, ES IST NUR ...
ER IST AUF EINMAL GANZ LEBHAFT GEWORDEN.
OH, MEINER AUCH!
Tatsache!
Darf ich mal?
Meiner auch!
WAH, DER BEWEGT SICH WIE WILD!
BONG BONG
BONG BONG
SIND SIE SCHON IM LETZTEN MONAT?
JA, NÄCHSTE WOCHE IST ES SO WEIT.
OH, WIE AUFREGEND!
Bei mir dauert's noch ein bisschen.

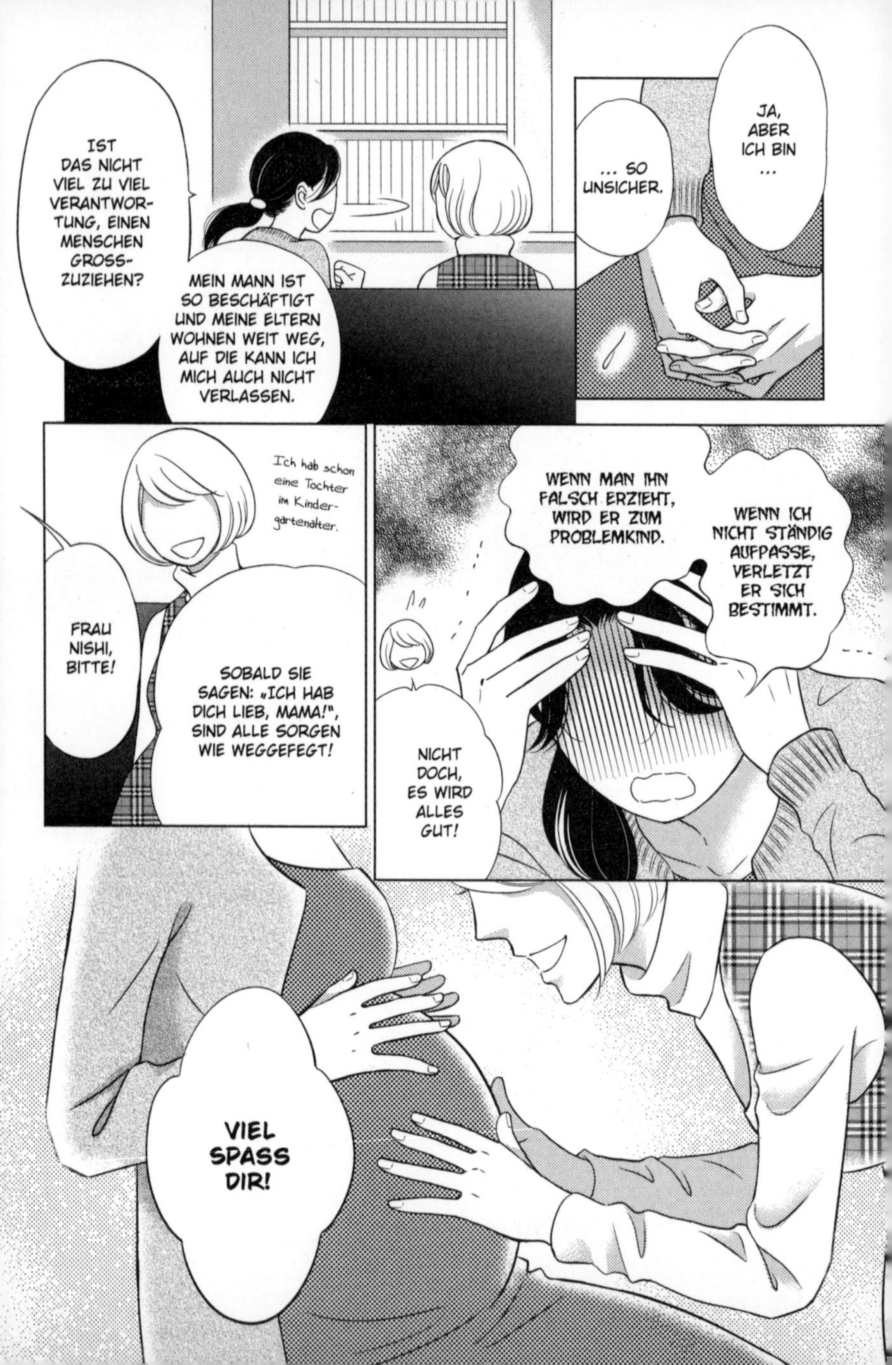
JA, ABER ICH BIN …
… SO UNSICHER.
IST DAS NICHT VIEL ZU VIEL VERANTWORTUNG, EINEN MENSCHEN GROSSZUZIEHEN?
MEIN MANN IST SO BESCHÄFTIGT UND MEINE ELTERN WOHNEN WEIT WEG, AUF DIE KANN ICH MICH AUCH NICHT VERLASSEN.
WENN ICH NICHT STÄNDIG AUFPASSE, VERLETZT ER SICH BESTIMMT.
WENN MAN IHN FALSCH ERZIEHT, WIRD ER ZUM PROBLEMKIND.
NICHT DOCH, ES WIRD ALLES GUT!
Ich hab schon eine Tochter im Kindergartenalter.
SOBALD SIE SAGEN: „ICH HAB DICH LIEB, MAMA!", SIND ALLE SORGEN WIE WEGGEFEGT!
FRAU NISHI, BITTE!
VIEL SPASS DIR!

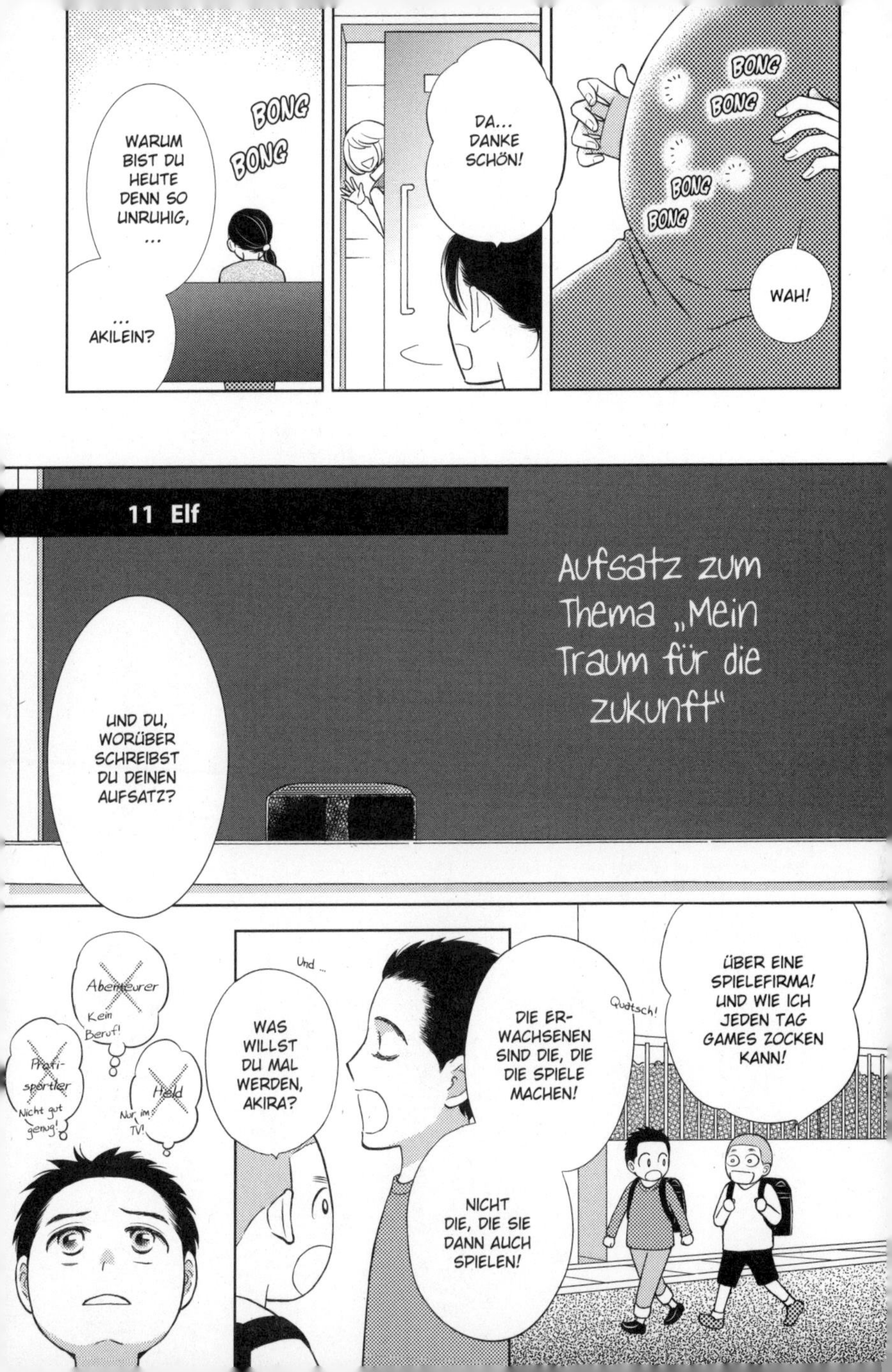

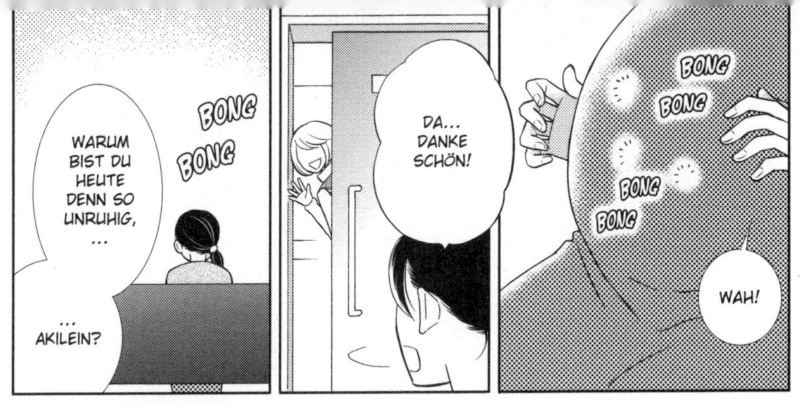

11 Elf

Aufsatz zum Thema „Mein Traum für die Zukunft"

UND DU, WORÜBER SCHREIBST DU DEINEN AUFSATZ?

ÜBER EINE SPIELEFIRMA! UND WIE ICH JEDEN TAG GAMES ZOCKEN KANN!

Quatsch!

DIE ER-WACHSENEN SIND DIE, DIE DIE SPIELE MACHEN!

NICHT DIE, DIE SIE DANN AUCH SPIELEN!

Und …

WAS WILLST DU MAL WERDEN, AKIRA?

Abenteurer
Kein Beruf!

Profi-sportler
Nicht gut genug!

Held
Nur im TV!

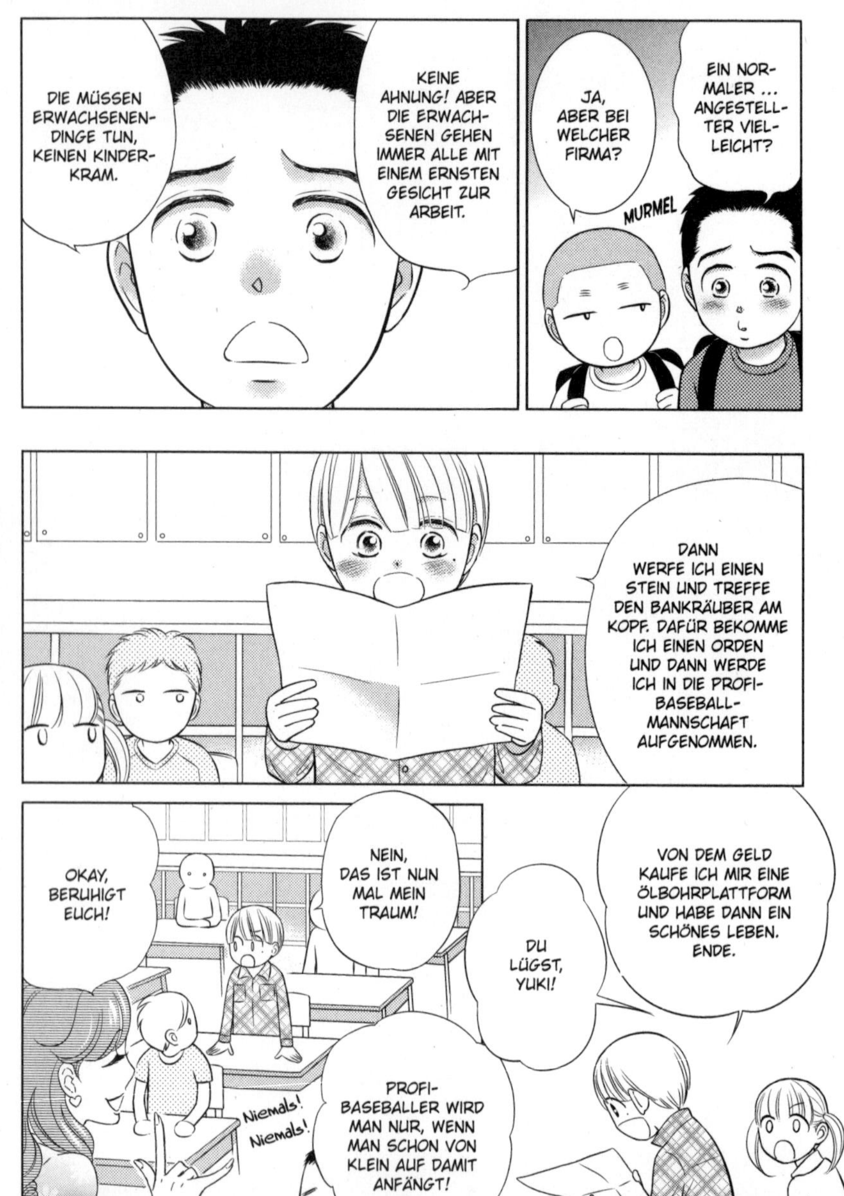
EIN NORMALER … ANGESTELLTER VIELLEICHT?
JA, ABER BEI WELCHER FIRMA?
MURMEL
KEINE AHNUNG! ABER DIE ERWACHSENEN GEHEN IMMER ALLE MIT EINEM ERNSTEN GESICHT ZUR ARBEIT.
DIE MÜSSEN ERWACHSENENDINGE TUN, KEINEN KINDERKRAM.
DANN WERFE ICH EINEN STEIN UND TREFFE DEN BANKRÄUBER AM KOPF. DAFÜR BEKOMME ICH EINEN ORDEN UND DANN WERDE ICH IN DIE PROFI-BASEBALL-MANNSCHAFT AUFGENOMMEN.
VON DEM GELD KAUFE ICH MIR EINE ÖLBOHRPLATTFORM UND HABE DANN EIN SCHÖNES LEBEN. ENDE.
DU LÜGST, YUKI!
NEIN, DAS IST NUN MAL MEIN TRAUM!
PROFI-BASEBALLER WIRD MAN NUR, WENN MAN SCHON VON KLEIN AUF DAMIT ANFÄNGT!
Niemals! Niemals!
Du bist doch im Fußballteam!
OKAY, BERUHIGT EUCH!

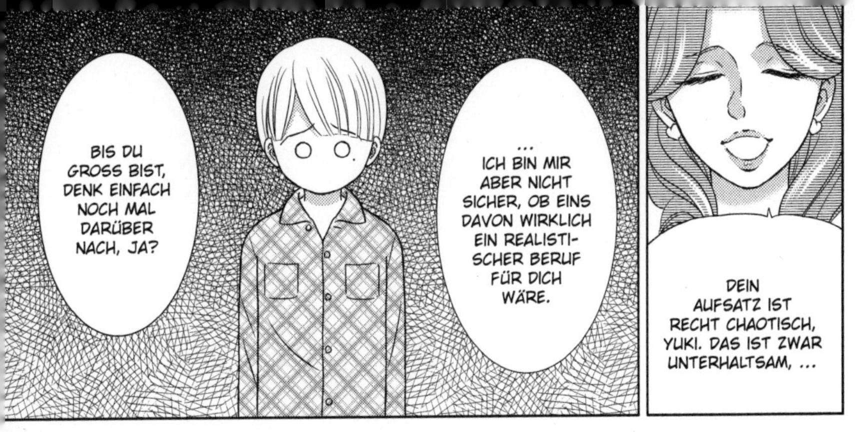

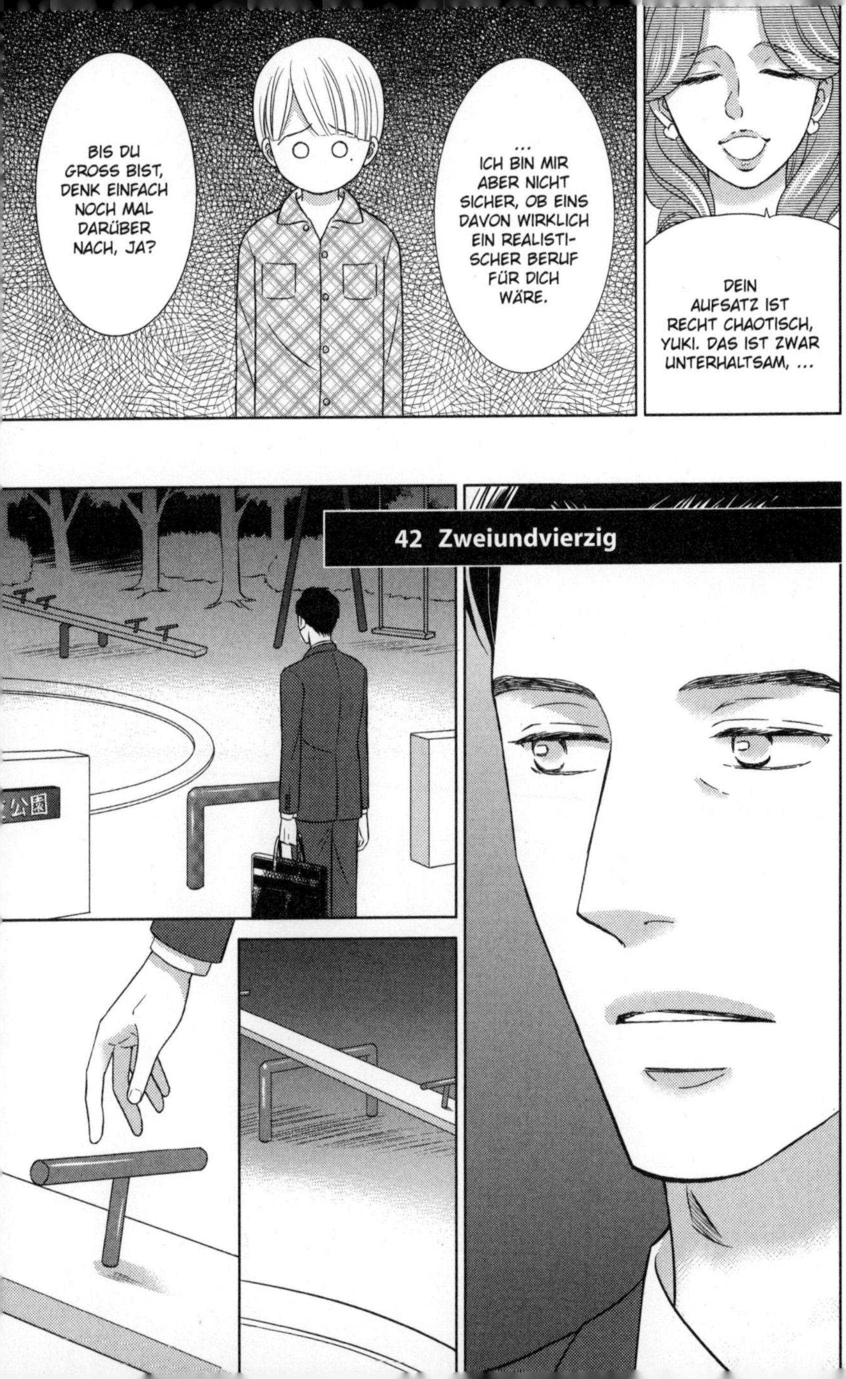

42 Zweiundvierzig

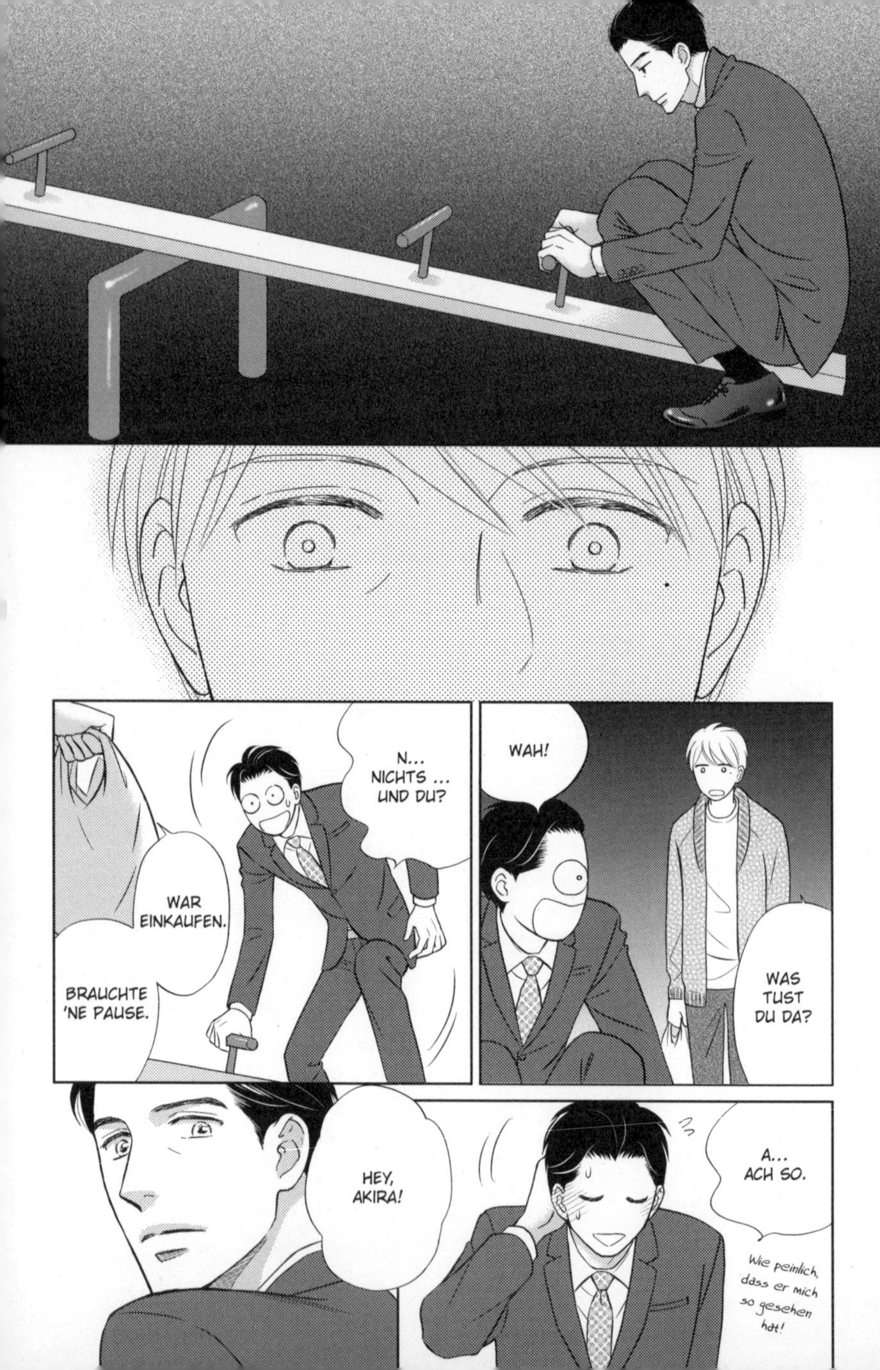
WAH!
WAS TUST DU DA?
N... NICHTS ... UND DU?
WAR EINKAUFEN.
BRAUCHTE 'NE PAUSE.
A... ACH SO.
Wie peinlich, dass er mich so gesehen hat!
HEY, AKIRA!

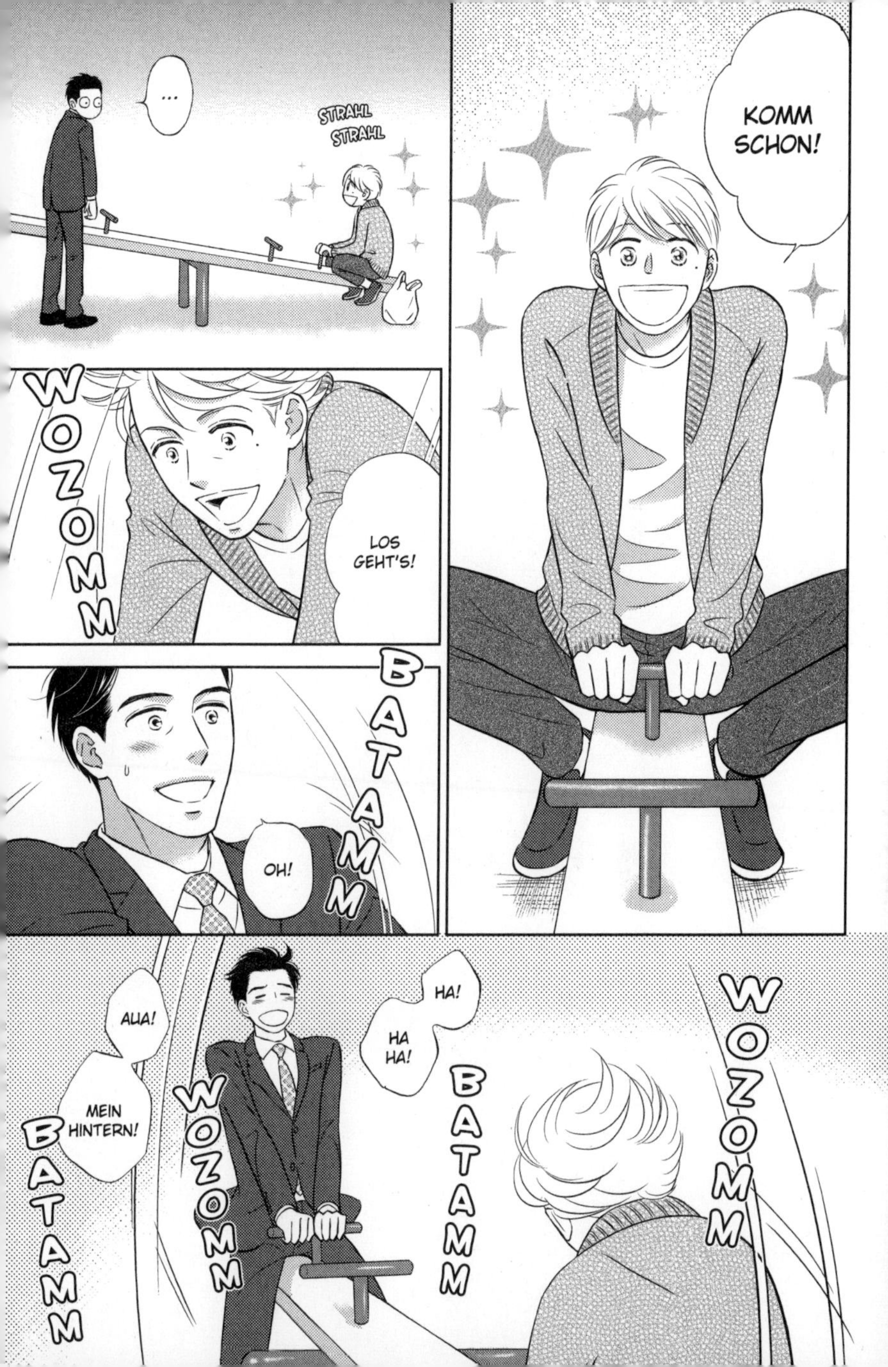
KOMM SCHON!
STRAHL
STRAHL
...
WOZOMM
LOS GEHT'S!
BATAMM
OH!
WOZOMM
BATAMM
HA!
HA HA!
WOZOMM
AUA!
MEIN HINTERN!
BATAMM

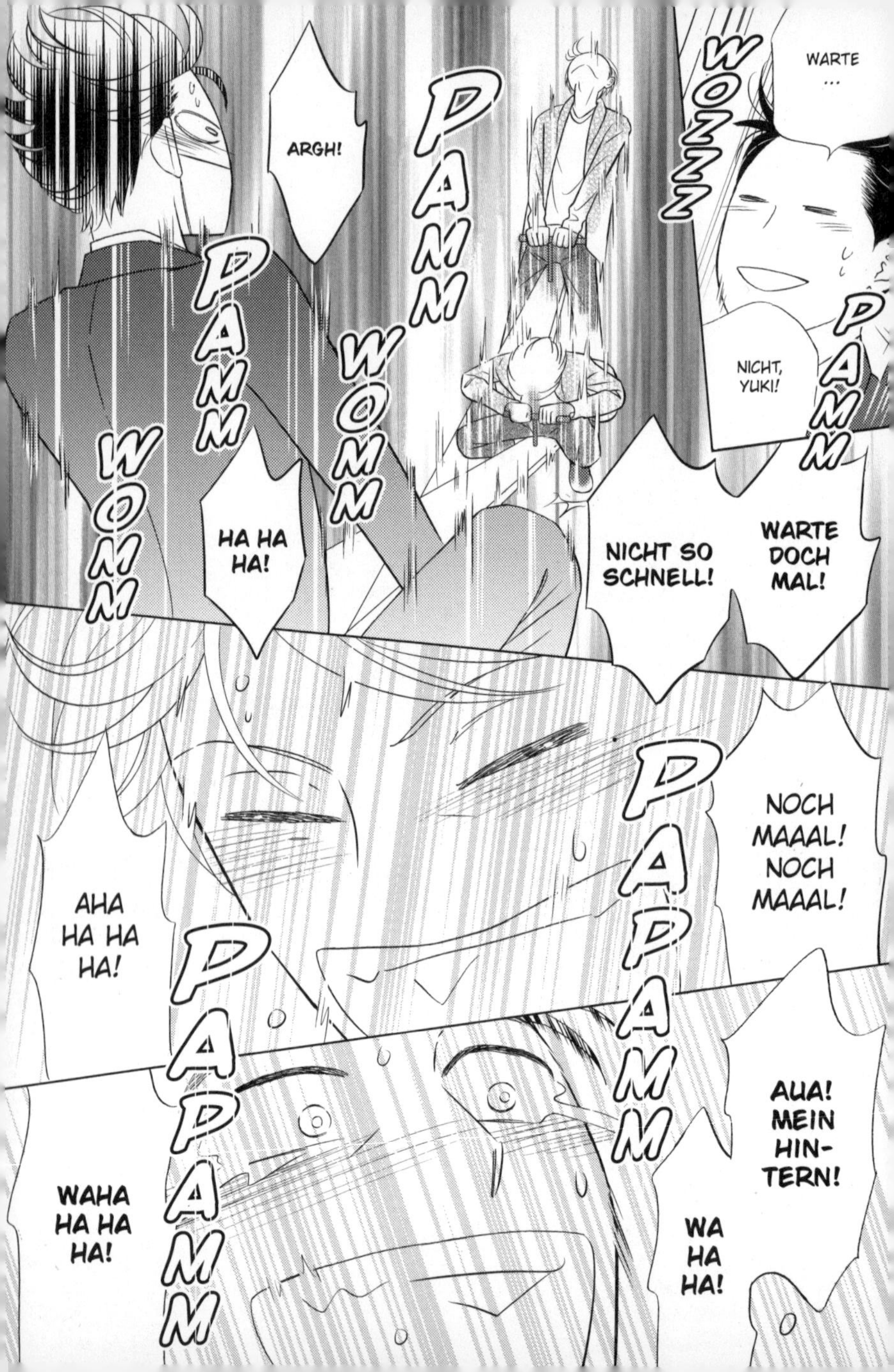
WARTE …
WOZZZ
NICHT, YUKI!
PAMM
WARTE DOCH MAL!
NICHT SO SCHNELL!
PAMM
WOMM
ARGH!
PAMM
WOMM
HA HA HA!
NOCH MAAAL! NOCH MAAAL!
PAPAMM
AHA HA HA HA HA!
AUA! MEIN HIN-TERN!
WA HA HA!
PAPAMM
WAHA HA HA HA!

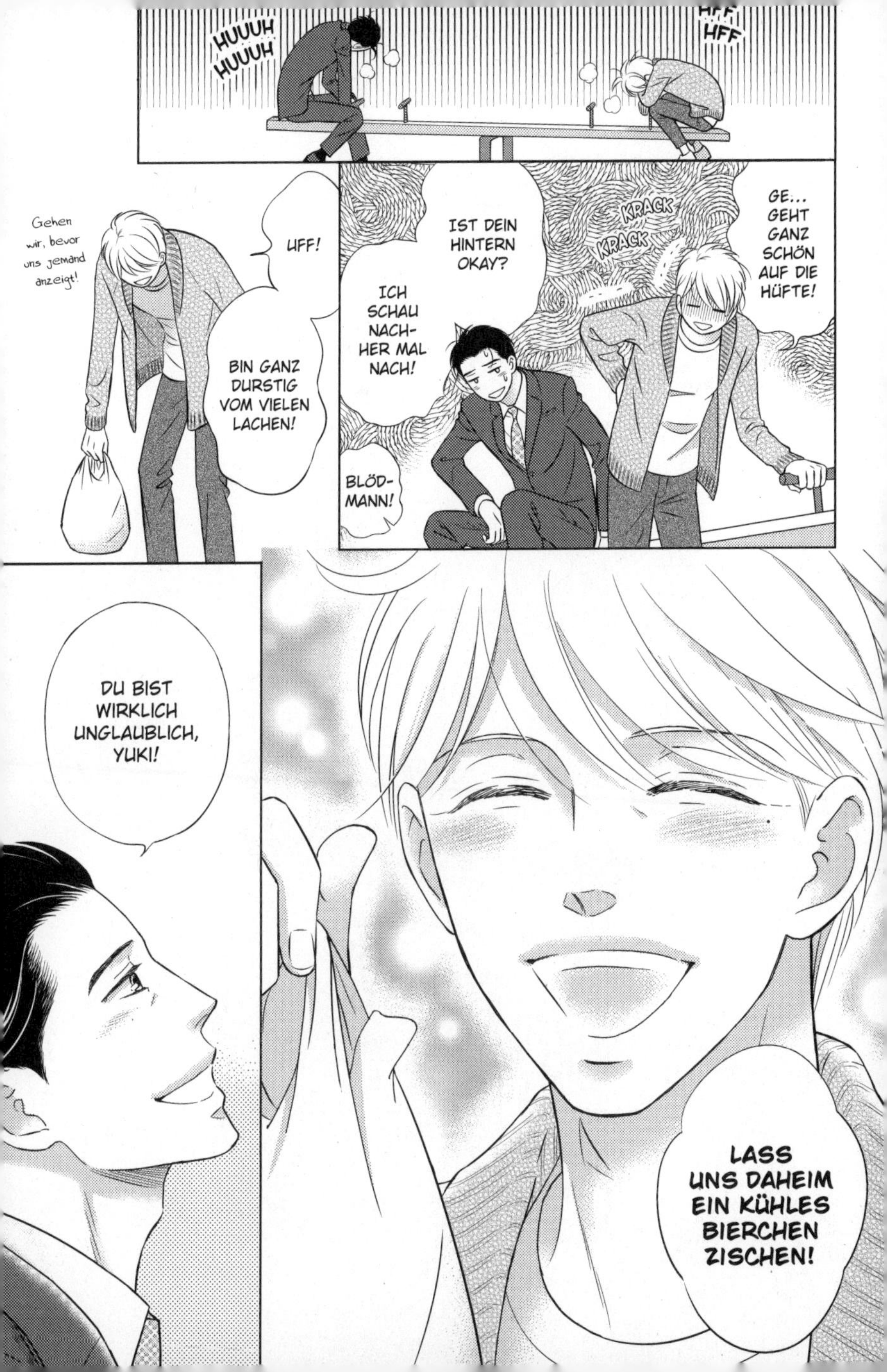
HFF HFF
HUUUH HUUUH
GE... GEHT GANZ SCHÖN AUF DIE HÜFTE!
KRACK
KRACK
IST DEIN HINTERN OKAY?
ICH SCHAU NACH-HER MAL NACH!
BLÖD-MANN!
UFF!
BIN GANZ DURSTIG VOM VIELEN LACHEN!
Gehen wir, bevor uns jemand anzeigt!
LASS UNS DAHEIM EIN KÜHLES BIERCHEN ZISCHEN!
DU BIST WIRKLICH UNGLAUBLICH, YUKI!

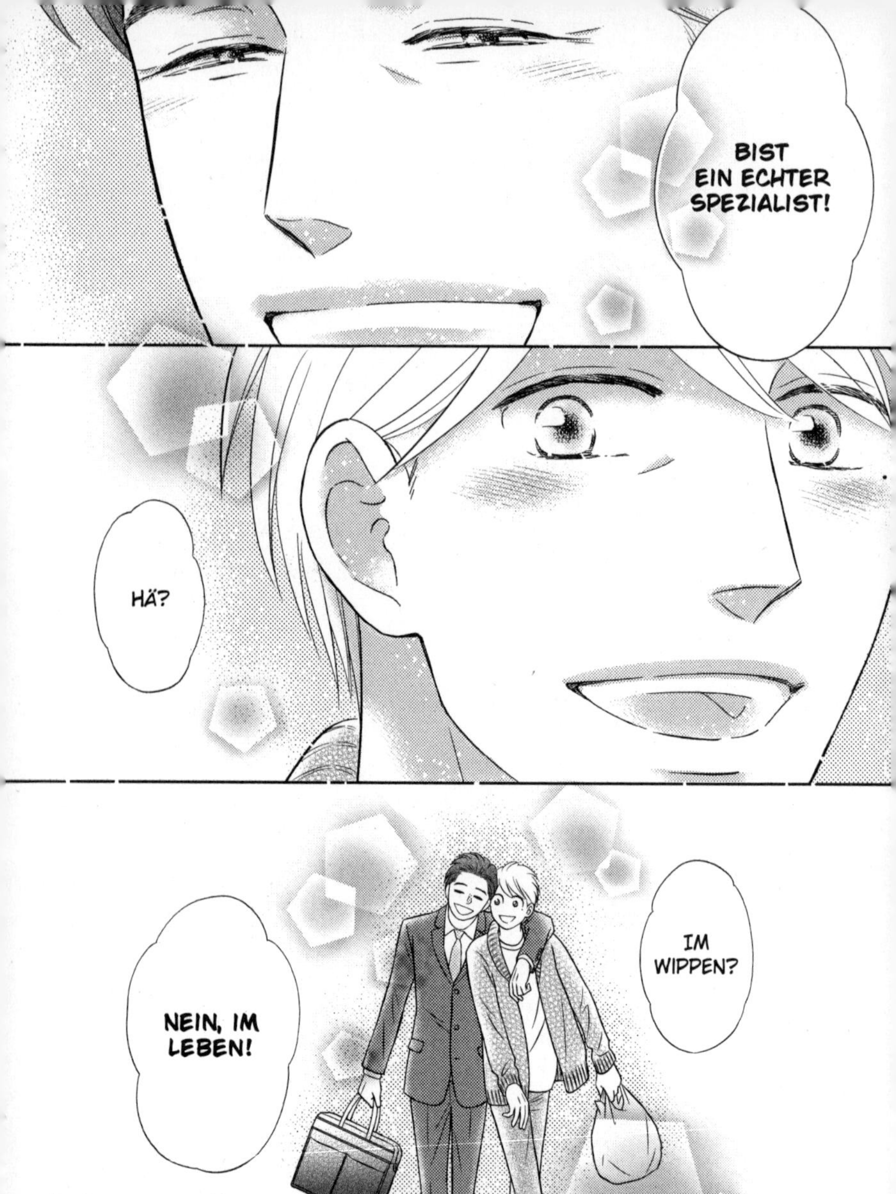

Allen, die meinen Manga gekauft haben, meinen Redakteuren S-Sama, T-Sama und M-Sama, und allen, die mir Kraft gespendet haben, danke ich von Herzen!

Miya Tokokura

Ende

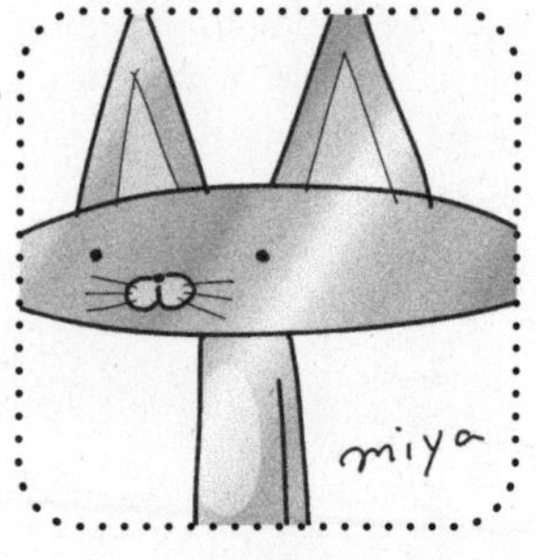

Miya Tokokura

Ich fühle mich, als hätte ich die Zeitkapsel geöffnet, die ich mit 17 Jahren in der Erde verbuddelt habe. Ich hoffe, die Geschichte hat euch gefallen.

Life – Mit dir, ans Ende der Zeit

First published in Japan in 2017 by HOUBUNSHA CO., LTD., Tokyo.
German translation rights arranged with HOUBUNSHA CO., LTD.
through Tuttle-Mori Agency, Inc., Tokyo.

Verlegt unter dem Label KAZÉ MANGA
durch Crunchyroll SA

Aus dem Japanischen von Gandalf Bartholomäus

Redaktion: Christin Tewes
Herstellung: Sonja Lesch
Lettering: Datagrafix Inc.
Druck und Bindung: GGP Media GmbH, Pößneck

ISBN: 978-2-88921-824-0